仿真科学与技术及其军事应用丛书

总装备部科技创新人才团队专项经费资助

作战仿真可信性

谭亚新　王立国　杨学会
郭齐胜　范　锐　黄俊卿　编著

国防工业出版社

·北京·

图书在版编目(CIP)数据

作战仿真可信性/谭亚新等编著.—北京:国防工业出版社,2014.1
(仿真科学与技术及其军事应用丛书)
ISBN 978-7-118-08708-6

Ⅰ.①作... Ⅱ.①谭... Ⅲ.①作战模拟 – 计算机仿真 – 研究 Ⅳ.①E83 – 39

中国版本图书馆 CIP 数据核字(2013)第 096128 号

※

国防工业出版社出版发行

(北京市海淀区紫竹院南路23号 邮政编码100048)
北京嘉恒彩色印刷责任有限公司
新华书店经售

*

开本 710×960 1/16 印张 15¼ 字数 260 千字
2014 年 1 月第 1 版第 1 次印刷 印数 1—3000 册 定价 45.00 元

(本书如有印装错误,我社负责调换)

国防书店:(010)88540777 发行邮购:(010)88540776
发行传真:(010)88540755 发行业务:(010)88540717

丛书编写委员会

总 序

　　为了满足仿真工程学科建设与人才培养的需求,郭齐胜教授策划在国防工业出版社出版了国内第一套成体系的系统仿真丛书——"系统建模与仿真及其军事应用系列丛书"。该丛书在全国得到了广泛的应用,取得了显著的社会效益,对推动系统建模与仿真技术的发展发挥了重要作用。

　　系统建模与仿真技术在与系统科学、控制科学、计算机科学、管理科学等学科的交叉、综合中孕育和发展而成为仿真科学与技术学科。针对仿真科学与技术学科知识更新快的特点,郭齐胜教授组织多家高校和科研院所的专家对"系统建模与仿真及其军事应用系列丛书"进行扩充和修订,形成了"仿真科学与技术及其军事应用丛书"。该丛书共 19 本,分为"理论基础—应用基础—应用技术—应用"4 个层次,系统、全面地介绍了仿真科学与技术的理论、方法和应用,体系科学完整,内容新颖系统,军事特色鲜明,必将对仿真科学与技术学科的建设与发展起到积极的推动作用。

中国工程院院士

中国系统仿真学会理事长

李伯虎

2011 年 10 月

序 言

系统建模与仿真已成为人类认识和改造客观世界的重要方法,在关系国家实力和安全的关键领域,尤其在作战试验、模拟训练和装备论证等军事领域发挥着日益重要的作用。为了培养军队建设急需的仿真专业人才,装甲兵工程学院从 1984 年开始进行理论研究和实践探索,于 1995 年创办了国内第一个仿真工程本科专业。结合仿真工程专业创建实践,我们在国防工业出版社策划出版了"系统建模与仿真及其军事应用系列丛书"。该丛书由"基础—应用基础—应用"三个层次构成了一个完整的体系,是国内第一套成体系的系统仿真丛书,首次系统阐述了建模与仿真及其军事应用的理论、方法和技术,形成了由"仿真建模基本理论—仿真系统构建方法—仿真应用关键技术"构成的仿真专业理论体系,为仿真专业开设奠定了重要的理论基础,得到了广泛的应用,产生了良好的社会影响,丛书于 2009 年获国家级教学成果一等奖。

仿真科学与技术学科是以建模与仿真理论为基础,以计算机系统、物理效应设备及仿真器为工具,根据研究目标建立并运行模型,对研究对象进行认识与改造的一门综合性、交叉性学科,并在各学科各行业的实际应用中不断成长,得到了长足发展。经过 5 年多的酝酿和论证,中国系统仿真学会 2009 年建议在我国高等教育学科目录中设置"仿真科学与技术"一级学科;教育部公布的 2010 年高考招生专业中,仿真科学与技术专业成为 23 个首次设立的新专业之一。

最近几年,仿真技术出现了与相关技术加速融合的趋势,并行仿真、网格仿真及云仿真等先进分布仿真成为研究热点;军事模型服务与管理、指挥控制系统仿真、作战仿真试验、装备作战仿真、非对称作战仿真以及作战仿真可信性等重要议题越来越受到关注。而"系统建模与仿真及其军事应用系列丛书"中出版最早的距今已有 8 年多时间,出版最近的距今也有 5 年时间,部分内容需要更新。因此,为满足仿真科学与技术学科建设和人才培养的需求,适应仿真科学与技术快速发展的形势,反映仿真科学与技术的最新研究进展,我们组织国内 8 家高校和科研院所的专家,按照"继承和发扬原有特色和优点,转化和集成科研学术成果,规范和统一编写体例"的原则,采用"理论基础—应用基础—应用技术—应用"的编写体系,保留了"系统建模与仿真及其军事应用系列丛书"中除《装备效能评估概论》外的其余 9 本,对内容进行全面修订并修改了 5 本书的书名,另增加了 10 本新书,形成"仿真科学与技术及其军事应用丛书",该丛书体系结构如下图所示(图中黑体表示新增加的图书书名,括号中为修改前原丛书中的书名):

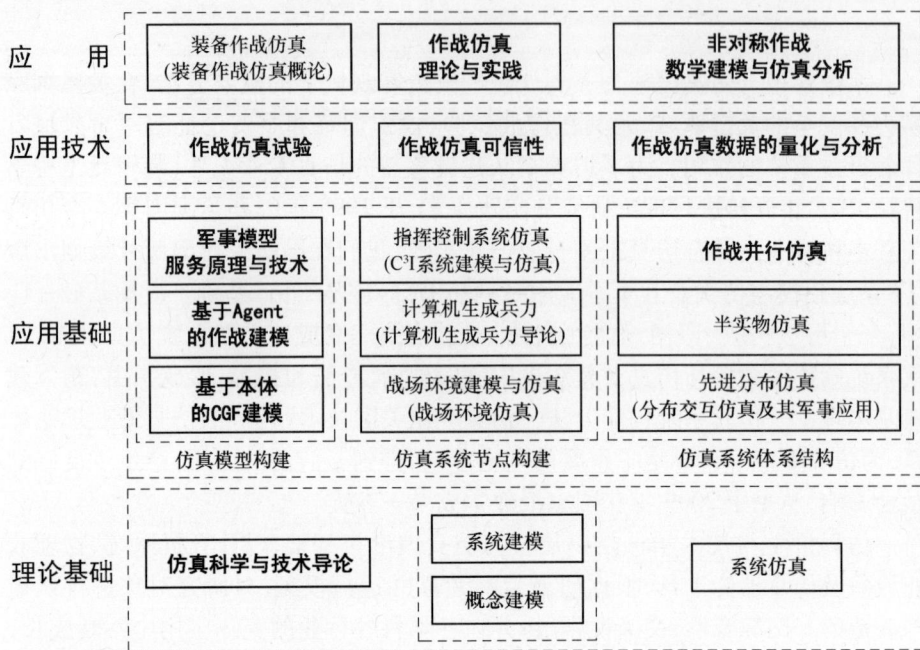

应　　用	装备作战仿真 (装备作战仿真概论)	**作战仿真 理论与实践**	**非对称作战 数学建模与仿真分析**
应用技术	**作战仿真试验**	**作战仿真可信性**	**作战仿真数据的量化与分析**
应用基础	**军事模型 服务原理与技术** **基于Agent 的作战建模** **基于本体 的CGF建模**	指挥控制系统仿真 (C³I系统建模与仿真) 计算机生成兵力 (计算机生成兵力导论) 战场环境建模与仿真 (战场环境仿真)	**作战并行仿真** 半实物仿真 先进分布仿真 (分布交互仿真及其军事应用)
	仿真模型构建	仿真系统节点构建	仿真系统体系结构
理论基础	**仿真科学与技术导论**	系统建模 概念建模	系统仿真

中国工程院院士、中国系统仿真学会理事长李伯虎教授在百忙之中为本丛书作序。丛书的出版还得到了中国系统仿真学会副秘书长、中国自动化学会系统仿真专业委员会副主任委员、《计算机仿真》杂志社社长兼主编吴连伟教授,空军指挥学院作战模拟中心毕长剑教授,装甲兵工程学院训练部副部长王树礼教授、装备指挥与管理系副主任王洪炜副教授和国防工业出版社相关领导的关心、支持和帮助,在此一并表示衷心的感谢!

仿真科学与技术涉及多学科知识,而且发展非常迅速,加之作者理论基础与专业知识有限,丛书中疏漏之处在所难免,敬请广大读者批评指正。

郭齐胜

2012 年 3 月

总 序

仿真技术具有安全性、经济性和可重复性等特点,已成为继理论研究、科学实验之后第三种科学研究的有力手段。仿真科学是在现代科学技术发展的基础上形成的交叉科学。目前,国内出版的仿真技术方面的著作较多,但系统的仿真科学与技术丛书还很少。郭齐胜教授主编的"系统建模与仿真及其军事应用系列丛书"在这方面作了有益的尝试。

该丛书分为基础、应用基础和应用三个层次,由《概念建模》、《系统建模》、《半实物仿真》、《系统仿真》、《战场环境仿真》、《C^3I 系统建模与仿真》、《计算机生成兵力导论》、《分布交互仿真及其军事应用》、《装备效能评估概论》、《装备作战仿真概论》10 本组成,系统、全面地介绍了系统建模与仿真的理论、方法和应用,既有作者多年来的教学和科研成果,又反映了仿真科学与技术的前沿动态,体系完整,内容丰富,综合性强,注重实际应用。该丛书出版前已在装甲兵工程学院等高校的本科生和研究生中应用过多轮,适合作为仿真科学与技术方面的教材,也可作为广大科技和工程技术人员的参考书。

相信该丛书的出版会对仿真科学与技术学科的发展起到积极的推动作用。

中国工程院院士

2005年3月27日

序 言

仿真科学与技术具有广阔的应用前景,正在向一级学科方向发展。仿真科技人才的需求也在日益增大。目前很多高校招收仿真方向的硕士和博士研究生,军队院校中还设立了仿真工程本科专业。仿真学科的发展和仿真专业人才的培养都在呼唤成体系的仿真技术丛书的出版。目前,仿真方面的图书较多,但成体系的丛书极少。因此,我们编写了"系统建模与仿真及其军事应用系列丛书",旨在满足有关专业本科生和研究生的教学需要,同时也可供仿真科学与技术工作者和有关工程技术人员参考。

本丛书是作者在装甲兵工程学院及北京理工大学多年教学和科研的基础上,系统总结而写成的,绝大部分初稿已在装甲兵工程学院和北京理工大学相关专业本科生和研究生中试用过。作者注重丛书的系统性,在保持每本书相对独立的前提下,尽可能地减少不同书中内容的重复。

本丛书部分得到了总装备部"1153"人才工程和军队"2110 工程"重点建设学科专业领域经费的资助。中国工程院院士、中国系统仿真学会副理事长、《系统仿真学报》编委会副主任、总装备部仿真技术专业组特邀专家、哈尔滨工业大学王子才教授在百忙之中为本丛书作序。丛书的编写和出版得到了中国系统仿真学会副秘书长、中国自动化学会系统仿真专业委员会副主任委员、《计算机仿真》杂志社社长兼主编吴连伟教授,以及装甲兵工程学院训练部副部长王树礼教授、学科学位处处长谢刚副教授、招生培养处处长钟孟春副教授、装备指挥与管理系主任王凯教授、政委范九廷大校和国防工业出版社的关心、支持和帮助。作者借鉴或直接引用了有关专家的论文和著作。在此一并表示衷心的感谢!

由于水平和时间所限,不妥之处在所难免,欢迎批评指正。

郭齐胜

2005 年 10 月

前　言

    仿真科学与技术是以建模与仿真理论为基础,根据研究目标,建立并利用模型,以计算机系统、物理效应设备及仿真器为工具,对研究对象进行分析、设计、运行和评估的一门综合性、交叉性学科。随着应用领域的不断扩大,有专家提出"建模与仿真技术与高性能计算一起,正成为继理论研究和实验研究之后的第三种认识、改造客观世界的重要手段"。

    在所有应用领域中,军事、国防领域的仿真应用最为广泛和深入。军事转型在我国的深入开展,决定了探寻适应未来信息化战争的武器装备体系成为当前我军装备发展和建设不可回避的问题;探索信息化条件下部队的训练模式,尽快形成"基于信息系统的体系作战能力"迫在眉睫;而随着军事斗争准备的深入,各种作战方案的制定,也需要对装备战损、弹药消耗等进行预计,并以此为参考确定装备、弹药保障需求。利用仿真技术,构建作战仿真系统,在"作战实验室"中进行仿真对抗,可以评估装备体系的作战效能,优化装备体系,也可以对装备、弹药保障需求进行预计。采用基于仿真系统支持的模拟训练方式,可以为转型条件下的部队官兵提供安全、经济、逼真的训练环境,并保证良好的训练效果。因此,作战仿真是研究、解决上述问题的有效手段,甚至是唯一的手段。

    仿真可信性(Credibility)是仿真相对于特定的应用目的而言,其环境、过程、现象和结果正确反映原型系统客观规律的程度。它是作战仿真的生命线:一方面,作战的复杂性某种程度上决定了要确保作战仿真完全可信,精确预报未来战争的时间、地点、胜负、伤亡,在当前条件下有极大的难度;另一方面,如克劳塞维茨所言"战争是充满了危险的领域",它不但直接关系到参战人员的生死存亡,战争的胜负甚至关系到国家领土、主权乃至政权存亡等政治问题,只有可信的仿真及其结果才能支持作战与保障的决策。这种矛盾的存在,使很多从事作战仿真的人员如临深渊、如履薄冰,坦言"作战仿真是一件危险的事情",不敢随便提供作战仿真的结论,而军队的决策层也不敢轻信作战仿真的结果。为使作战仿真在国防和军队建设中发挥更大、更好、更为关键的作用,解决作战仿真的可信性问题至关重要,这也是撰写本书的初衷。

全书分为 11 章,按照"基础—理论—方法—应用"的体系编写,内容涉及作战仿真可信性中各个层次、各个方面的内容。第 1 章为绪论;第 2 章讲述作战仿真的一般过程,分析了各环节中影响作战仿真可信性的因素;第 3 章论述了建模与仿真的相似理论,重点阐述了相似的传递性和叠加性,提供了一种分阶段、多侧面保证作战仿真过程和结果与原型系统相似,从而提高仿真可信性的思路;第 4 章论述了仿真可信性的理论体系及作战仿真可信性的基本理论;第 5~8 章论述了装备级、战术级作战仿真系统以及战争复杂系统仿真可信性的分析与评估方法,包括基于相似理论的评估方法、基于层次分析法的评估方法、基于模糊综合评判的方法、基于粗糙集的方法、基于粗糙—模糊的评估方法、基于模糊推理的评估方法等;第 9 章阐述了作战仿真可信性的控制方法——面向数据、模型、仿真试验过程、仿真应用的方法(DMPA);第 10 章针对仿真系统中的病态数据,阐释了病态数据的检测方法;第 11 章给出了两个典型的作战仿真可信性评估与控制的实例。

本书有两个特点:第一,成系统地介绍了作战仿真可信性的相关理论、方法、技术,普适性好,弥补了国内在作战仿真可信性专著出版上的不足;第二,对当前困扰广大作战仿真研究人员的战争复杂系统的仿真可信性进行了较为深刻的论述,针对性强。本书可作为广大作战仿真研究人员的参考书,也可作为军用仿真工程专业的教科书。

在本书的编著过程中,作者参阅和部分引用了国内外许多专家学者的论文和专著,在此对他们表示衷心的感谢!

由于作者水平有限,对某些问题的理解不是十分透彻,书中不妥甚至疏漏之处在所难免,恳请读者批评指正!

作 者
2013 年 2 月于北京

目录

第1章

绪 论

随着仿真技术本身的不断发展和人们对仿真技术应用价值认识的不断深入,其应用领域越来越广泛。与此同时,对仿真正确性和可信度的要求也越来越高。仿真系统的最终结果对于预期工程应用来说是否具有可用性,将直接影响到基于仿真结果所进行的一系列应用或决策过程。一个不正确的仿真结果可能导致重大的决策失误或训练事故。从某种意义上来说,只有保证了仿真的正确性和可信度,最终得到的仿真结果才有实际应用价值和意义,仿真系统才真正具有生命力。因此,如何评估仿真系统的正确性和可信度,一直是仿真理论和仿真技术发展中一个不容忽视的问题。

1.1 作战仿真的分类

按照不同的规模,武装斗争可分为战争、战役、战斗三个逐次包含的层次[3]。自 20 世纪 90 年代以来,在军事需求的牵引下,在计算机技术和信息技术的推动下,作战仿真不断发展,其仿真范围已涵盖战略、战役、战术、技术四个层次,战略层仿真主要用于军事对抗和危机处理等问题的研究;战役层仿真适用于联合战役、军种战役层次的问题研究;战术层仿真分为兵团战术和分队战术仿真[5],技术层主要对单个装备或单武器系统进行仿真。通过作战仿真,可以解决装备建设、作战与保障的辅助决策、部队训练等三个方面的重大问题。在装备建设方面,可用于武器装备发展的评估论证、装备战技指标的论证等;在辅助决策方面,可进行装备保障需求预计、装备保障指挥决策支持、作战方案优化、战法训法创新、部队作战能力评估等;在部队训练方面,可进行作战理论研

究、装备操作技能训练、参谋作业训练、指挥员的指挥训练、装备的培训等,如表
1-1所列。

表1-1 作战仿真的分层和分类

作用 层次	装备建设	辅助决策	部队训练
战略层	武器装备发展战略规划论证	战争决策分析	战略决策训练
战役层	武器装备体系论证	战役方案分析	战役指挥训练
战术层	多武器装备系统、 武器系统战技指标论证	战术方案分析 武器运用分析	战术指挥训练 操纵技能训练
技术层	装备论证	装备性能优化	装备培训

从国内外作战仿真的发展来看,联合作战样式已逐渐成为作战仿真的主要
样式。我军认为,联合作战是指由两个以上军种的军团,特殊情况下也可以是
两个以上军种的若干战术兵力编成的战役军团,在联合指挥机构的统一指挥下
共同实施的作战行动[4,6]。当今世界各国,尤其是军事强国,清醒地认识到一体
化联合作战是未来作战的主要样式,一方面旗帜鲜明地提出大力加强联合作战
的研究,如美国提出的军事转型的第一大支柱是"加强联合作战",第三大支柱
则是"概念的发展和试验",其中的"试验"重点是仿真试验[7]。他们在"作战实
验室"里采用模拟仿真的方法,积极探索联合作战的理论,并研究适应不同作战
理论的装备体系;另一方面,在阿富汗战争、伊拉克战争等实战中,不断地进行
联合作战实践,验证并修正联合作战的理论、调整装备发展计划。通过"理论—
仿真—实战"的不断循环,使联合作战理论日趋成熟,装备发展计划日趋完善,
其中作战仿真是不可或缺的环节和手段。

我军在未来可能的信息化条件下的局部战争,必将是一场联合作战,因此,
我军也在大力加强联合作战的研究。但是,我军的联合作战存在以下问题:第
一是缺乏"联合作战的文化和联合作战的人才";第二是缺乏联合作战的实战经
验,联合作战的军事理论缺乏实战验证;第三是缺乏联合作战的物质基础,即缺
乏能够很好地适应未来信息化条件下联合作战的装备体系。在当前情况下,充
分发挥作战仿真的作用,可在一定程度上解决上述难题。利用作战仿真系统,
加大人在仿真中的作用,让干部、战士在虚拟的环境中进行联合作战,可以培养
他们的联合作战意识,增强联合作战观念,掌握联合作战方法,积累联合作战文
化,全面提高联合作战素质;在没有实战的情况下,我们通过仿真推演的方法,
可以接近实战的研究联合作战理论;在"作战实验室"中,用基于仿真的方法分

析、评估我军未来信息化条件下联合作战的装备体系，找到其中的"短板"并加以调整、修改，可使其逐步趋于完善；通过仿真训练，可以深入研究新装备的运用规律，使士兵迅速掌握其操作技能，加快战斗力的形成。

基于客观的军事牵引，近年来，作战仿真的蓬勃发展，在战略、战役、战术各个层面全面展开。面对这种发展趋势，为使作战仿真理论和技术的发展与各种军事应用需求的发展相匹配，加强作战仿真的研究势在必行。

1.2 作战仿真可信性的作用和意义

研究作战仿真可信性具有很重要的理论和现实意义：

（1）可信的作战仿真是促进装备建设和提升部队作战能力的重要手段。研究作战仿真的可信性，可提高部队应用仿真系统的信心，降低仿真应用的风险。而它最重要的现实意义是有助于提升部队的作战能力，发展作战方法。

综观历史上技术、战术的发展历程，可以看出，技术对战术的影响，有时是决定性的，即新技术将引发战术的变革。至今这个规律仍然没有改变，即先进的技术产生先进的武器装备，只要这种武器实现批量生产并装备部队，势必引起作战理论、作战样式、作战编制的一系列变化，引发与之相适应的军事理论和战法研究，以形成新的作战能力。现在，我军正在经历一场军事变革，装备不断更新，那么，应该建设怎样的装备体系？如何使用这些装备？什么样的编制、编配能使这些新装备更好地发挥作战能力？怎样才能使战士迅速掌握这些装备？这些装备在作战中应该采用什么样的作战方法？……以装备建设和新装备快速形成战斗力为核心会产生作战理论、装备体系、战法训法等方面的一系列问题。应用仿真手段可以探寻这些问题的答案，可信性较高的仿真结果将为这些问题的解决提供重要参考，推动我军装备建设，提高部队作战能力。

（2）有助于促进军事问题的定量化研究，满足军事斗争准备客观需求。钱学森指出，军事科学作为一门科学，必然越来越多地应用数学的方法，越来越变成一门定量的、精确的科学。尽管作战情况的确非常复杂，难以精确描述，定量分析存在很多困难，但还是应该朝这个方向努力。

20世纪初，英国工程师兰彻斯特第一次采用数学方法来研究战争，开创了定量研究战争的先河。第二次世界大战以武器效能分析为基础而产生出来的军事运筹学，将战争的研究提高到了现代科学的层次。但这些传统的方法有很大的局限性，要么建立的模型过于简单，要么所建立的模型适应性差，或模型仅仅局限于理论层次，不具有实用性，而作战仿真的方法可以克服这些缺陷。研究作战仿真可信性的相关理论、方法、技术,可提高仿真可信性,使仿真及其结果应用于解决军事领域的实际问题,如支持军事斗争准备中的装备保障需求预计,为高层决策提供定量参考,更好地制定作战与保障计划,可满足军事斗争准备的客观需求。

(3) 有助于促进仿真可信性理论的完善。随着仿真技术在各个领域的应用不断向深度和广度两个方向发展,仿真作为一门新兴的科学已经逐渐成熟。对于仿真科学的理论体系中是否应当包含仿真可信性理论,仿真界的专家虽然在提法上有所区别,但所有提法在本质上是一致的,那就是,仿真可信性的相关理论是仿真科学理论体系中的一部分。军事领域是仿真科学与技术应用最广、最成功的领域,可以说,军事领域的仿真可信性的相关理论是整个仿真可信性相关理论中最重要的一部分。作战仿真是军事领域的前沿,因此,研究作战仿真可信性,是对仿真可信性理论的丰富和完善。

1.3　仿真可信性的研究现状

从仿真技术在各领域应用的那一天起,仿真可信性的问题就引起了人们的重视,成为所有仿真人员和相关领域用户共同关注的话题。对于一切仿真,在评价其优劣时,"仿真可信性如何?"都会被专家提出。所以,伴随着仿真技术的不断发展,仿真可信性的理论、方法、技术、规范、工具等也在同步发展。而军事领域的仿真实践为仿真可信性研究的发展做出了较多的贡献。

1.3.1　仿真可信性研究的发展历程

纵观仿真可信性研究的发展历程,可以认为它基本上经历了产生、发展和规范化三个阶段。

1. 仿真可信性研究的产生阶段

20 世纪 70 年代中期前,可以认为是仿真可信性发展的第一阶段。在这一阶段,诸多关于仿真可信性的重要概念、术语和原则初步确立,为该领域的后续研究指明了方向。在仿真技术发展初期,人们对利用模型代替原型系统进行仿真试验的可信性是持怀疑态度的。所以,Biggs 和 Cawthorne 在 1962 年对"警犬"导弹仿真可信性进行了全面研究,被认为是早期仿真可信性研究的代表。1967 年,Fishman 和 Kiviat 最早提出了仿真的校核和验证问题。他们认为仿真模型的有效性研究可以划分为两个部分,即模型的校核和验证(Verification and Validation,V&V):模型校核是判断模型在计算机上的实现是否正确;模型验证是指通过比较相同输入条件下和运行环境中的模型与原型系统输出之间的一致性,从而评价模型的可信性。Hermann 提出可以从不同角度来验证仿真模型和真实对象之间的一致性[13]。Miharm(1972)将模型开发过程分为 5 个步骤,即系统分析、系统集成、模型校核、模型验证和模型分析,首次将仿真可信性分析作为仿真工作的一个有机组成部分[14]。20 世纪 70 年代中期,美国计算机仿真学会(SCS)为建立与模型可信性相关的概念、术语和规范,成立了"模型可信度技术委员会"(TCMC),这是一个重要的里程碑,标志着仿真可信性研究的组织化。

2. 仿真可信性研究的发展阶段

20 世纪 70 年代末到 90 年代初,是仿真可信性研究的发展阶段。自 20 世纪 80 年代以来,几乎每年的夏季计算机仿真会议(SCSC)和冬季仿真会议(WSC)都有关于模型可信性的专题讨论;美国军事运筹学会(MORS)自 1989 年召开了多次有关模型校核、验证和确认的讨论会,在此基础上,逐步形成和发展了建模与仿真(Modeling and Simulation,M&S)的校核、验证与确认(Verification, Validation and Accreditation, VV&A)技术,使仿真可信性研究向系统化、全面化的方向发展[15]。而且,很多学者结合工程实践,提出了许多模型校核和验证的方法。如图灵测试(Turing Test)、最优时间匹配法都是这一阶段提出来的;1984 年,Holmes 提出了确定模型动态特性置信度等级的 CLIMB(Confidence Level Sin Model Behavior)方法。Balci(1989,1990)认为可信性评估应贯穿于仿真研究的全生命周期中,他将仿真研究的全生命周期划分为仿真开发的 10 个阶段,10 个过程及贯穿于其中的 13 个可信性评估步骤,并提出了一种综合所有步骤的评估结果以形成一个量化衡量指标的思路。1994 年,Sargent 对模型验证的方法进行了综述,为这些方法的应用提供了指导。而美国国防部公布的 VV&A 建议规范中归纳总结了 76 种校核与验证方法,分为静态方法、动态方法、正规方法和非正规方法四大类,为这方面的研究提供了全面的指导[15]。1994 年,美国国防部建模与仿真办公室(DMSO)为了对 VV&A 在模型可信性研究中进行广泛而全面的示范,在反坦克先进技术演示(Anti-Armor Advanced Technology Demonstration ,A^{2}ATD)项目中,资助实施了 VV&A 的 9 步过程模型,取得了很好的效果。

3. 仿真可信性研究的规范化阶段

从 20 世纪 90 年代中期至今,仿真应用几乎渗透到各个国家的各个领域,可信性的重要性也得到更广泛的关注。但是,仿真可信性的标准、规范等基本问题仍然跟不上仿真应用的步伐,所以,以美国为代表的西方国家和科研机构加强了对仿真可信性标准化、规范化工作的研究力度。

1993 年，美国陆军颁布了《陆军建模与仿真的校核、验证和确认》。1996年，美国国防部提交了《VV&A 建议实施指南》(VV&A Recommended Practices Guide，VV&ARPG)，并于 2002 年秋组织各部门对其进行了修订，随之将其推荐为 IEEE 标准；美国陆军、海军、空军、导弹防御机构分别在此基础上，形成了各自的 VV&A 手册，而在航空航天、机械工程、核联盟、工程计算领域等也都建立了相应的 V&V 标准[16,18]。1998 年 7 月，IEEE 计算机协会发表了关于 DIS VV&A 的标准 IEEE Std 1278.4，成为 DIS 系列标准之一。2001 年，英法国防研究组织资助了一项 VV&A 框架，对两国间相关领域所遵循的共同性问题进行研究。2003 年 5 月，加拿大制定和发布了建模与仿真 VV&A 指南的初稿，是加拿大建模与仿真可信性的初步标准。

美国 NASA 中心对仿真可信性的规范化方面研究非常深入，2007 年，其研究人员提出了一种 M&S 的通用标准，该标准分别从问题域、M&S 域、用户域的角度提出了仿真可信性的标准[19]。

2008 年 1 月，美国国防部发布建模与仿真(M&S)校核、验证与确认文档标准 MIL – STD – 3022，该标准建立了建模与仿真中校核、验证与确认过程中的四个核心产品的文档模板，包括确认计划、校核验证计划、校核验证报告和确认报告。该标准适用于美国国防部和其下属机构的所有建模与仿真开发、使用或管理的 VV&A 过程。

建模与仿真过程中校核与验证需要结构化和标准化的过程，但是考虑到很多过程可操作性不强或依赖于模型的运行，王忠实和 Lehmann 于 2008 年提出了一种 V – Modell XT 的仿真校核与验证的标准化方法，该方法借鉴德国 IT 业的标准开发过程，对解决国防工程中的建模与仿真可信性问题有重要意义[20]。

在本阶段，尤其是进入 21 世纪以来，复杂系统建模与仿真成为仿真应用领域的一个新的热点，对复杂仿真系统仿真可信性的理论、方法、测试与评估(T&E)技术的需求也越来越迫切。研究人员重点在可信性评估方法上进行了一些探索，基于层次分析法[21,22]、模糊综合评判[23]、人工智能[24]、粗糙集[25]系统辨识[26,27]等理论的原有方法得到了改进，一些新方法应运而生，在一定范围的应用中有针对性地解决了很多问题。但是，这些方法往往是某具体仿真系统开发过程中的"衍生物"，具有局限性，还难以向所有仿真应用推广。

在国内，对仿真可信性的研究也越来越深入，其中，哈尔滨工业大学、国防科技大学、空军工程大学、北京航空航天大学、装甲兵工程学院在本方向的研究具有代表性。哈尔滨工业大学主要对复杂大系统的仿真概念模型的可信性进行了研究，而且为了有效量化复杂仿真系统的可信度，提出一个全新的可信度量化指导框架，建立了适合复杂仿真系统的可信性评估指标体系，并针对复杂仿真系统可信性量化主观性和不确定性比较强的特点给出可信度量化途径[28-33]；国防科技大学对 HLA 仿真系统的模型、数据、逼真度和确认等基本理论问题进行了研究，对复杂大系统仿真可信性进行了研究，并着重探索了交战级作战仿真的可信性的评估理论和方法[34-36]；空军工程大学在可信性的概念体系、基本原则、标准、规范等方面的研究比较深入[37-42]；北京航空航天大学对仿真可信性的评估方法、仿真可信度和逼真度的内涵等问题的研究上产生了一些成果[23]；装甲兵工程学院在长期的军用仿真中始终重视仿真可信性的问题，并投入大量精力来提高仿真的质量，系统地提出了仿真科学与技术的理论体系，其中仿真科学与技术的应用理论中专门研究了仿真的可信性，提出了仿真可信性的控制流程和多样本统计分析等多种方法[43-49]。

1.3.2　仿真可信性研究存在的问题

通过对仿真可信性研究发展的历程进行分析，并结合国内的实际情况，本书认为，虽然仿真可信性研究取得了很多成果，但由于仿真应用的发展过快，而且应用目的和方式各不相同，长期以来，仿真科学与技术没有独立的学科地位，对仿真应用中的共性问题缺乏系统的论述，导致在我国仿真可信性的研究上存在理论不全面、方法不规范、相应的技术和工具不丰富等问题，总结起来包括以下四个方面：

（1）缺乏对复杂仿真系统进行可信性分析与评估的理论和方法。王子才院士指出，仿真技术经历了发展阶段、成熟阶段、高级阶段之后，又进入了今天的研究复杂系统仿真为主的新阶段[9]。但是，在对复杂系统，诸如战役系统进行仿真的过程中，困难突出。首先，对复杂系统中的演化规律、涌现性等难以定量精确化描述，进而用传统的理论和方法对复杂系统的仿真系统的可信性难以分析与评估。

（2）缺乏对仿真系统全生命周期的可信性研究。在理论上，仿真可信性评估应该贯穿于仿真系统从开发到使用的整个过程，已经成为仿真专家的共识。而且，20 世纪 90 年代以来，对仿真可信性研究的重点从以仿真模型的校验方法研究为主转向如何更加全面、系统地对仿真系统进行可信性研究。但是，如何把可信性贯穿到仿真的全生命周期，尤其是像作战仿真这样的复杂系统仿真中，仍然没有得到很好的解决。

（3）迄今为止，我国还没有权威的仿真可信性的理论体系，没有统一的仿真可信性评估的标准和规范，没有统一的 VV&A 的概念体系。这使得系统仿真的开发者、应用者和管理者在进行仿真系统可信性研究过程中无章可循。例如,对"可信性"、"可信度"、"置信度"等的概念的使用没有严格的定义。

（4）缺乏仿真可信性分析与评估工具。对仿真进行可信性分析与评估,对模型进行 VV&A,对数据进行 VV&C,需要审阅和分析大量的文件及海量数据,管理协调复杂的操作过程,仅靠人力手工难以完成,有必要提供可信性分析与评估的自动化工具,但是,现在还没有很好的具有一定通用性的自动化仿真可信性分析与评估工具。

1.4　仿真可信性的关键技术

1.4.1　模型与仿真的 V&V 技术

如果说 VV&A 的原则是 VV&A 工作的指导方针和灵魂,那么 V&V 技术就是 VV&A 工作的血肉。在校核与验证过程中的每一步,都必定要使用各种V&V 技术作为具体操作手段。本节将介绍常用的一些校核与验证技术及其选取原则。这些技术大多数借鉴于软件工程等相关领域,一般适用于建模和仿真软件的 V&V。

按照复杂程度不同,V&V 技术可以分为四大类:非规范 V&V 技术、静态V&V 技术、动态 V&V 技术和规范 V&V 技术,复杂性依次增加。

1. 非规范 V&V 技术

非规范 V&V 技术是在 VV&A 工作过程中经常使用的技术。之所以称它们"非规范",是因为这些技术所用的工具和方法依赖人工推理和主观判断,没有严格的数学描述和分析推理,但并不是说它们使用效果差。相反,如果应用得当,将会取得很好的效果。常用的非规范 V&V 技术有:

审核(Audit)。就是评估 M&S 是否符合现有的计划、规程和标准,并尽量使M&S 的开发过程具有可追溯性,便于当 M&S 出现错误时查找错误的根源。审核一般通过会议、检查的形式进行。

表面验证(Face Validation)。就是 M&S 用户或者有关专家根据自己的估计和直觉来判定 M&S 在某种输入条件下的输出是否合理。表面验证是一种在M&S 开发的初期阶段进行验证时经常会用到的技术。

检查(Inspections)。一般由 4~6 人组成一个检查小组,对 M&S 开发各阶段中的 M&S 需求定义、概念模型设计、M&S 详细设计等进行审查。检查过程通常包括概览、准备、检查、修改和跟踪五个阶段。在概览阶段,M&S 设计人员向检查小组成员以正式文档的形式提交 M&S 设计,包括问题定义、应用需求、软件设计细节等内容。在准备阶段,小组成员各自仔细审查所提交的报告,并记录所发现的错误。在检查阶段,由小组组长按照既定议程来召开会议进行讨论,由讲解员对 M&S 设计文档进行说明。检查小组公布他们在准备阶段发现的错误并进行讨论,并由会议记录人员负责在会议结束后起草所发现错误的报告。在第四阶段,M&S 设计人员解决所有在报告中提出的问题。在最后一个阶段,由小组组长负责监督这些问题的解决情况,确保所有错误都已改正并且在改正过程中没有出现新的错误。

图灵测试(Turing Test)。有两组数据,一组来自于 M&S 输出,一组来自于在同样输入条件下原型系统输出。请专家对这两组数据进行鉴定,说明这两组数据之间的差别。如果专家的反馈意见表明不能区分这两组数据,就说明 M&S 的可信度是很高的。

2. 静态 V&V 技术

静态 V&V 技术用于评价静态模型设计和源代码的正确性。与后面要介绍的动态 V&V 技术相比,静态 V&V 技术不需要运行 M&S。使用静态 V&V 技术可以揭示有关模型结构、建模技术应用、模型中的数据流和控制流以及语法等多方面信息。

常用的静态 V&V 技术有以下几种。

因果关系图(Cause - Effect Graphing)。因果关系图着眼于考查模型中的因果关系是否正确。它首先根据模型设计说明确定模型中的因果关系,并用因果关系图表示出来,在图中注明导致这些因果关系的条件。根据因果关系图,就可以确定导致每一个结果的原因。借此可以创建一个决策表,并将其转化为测试用例(Test Cases)对模型进行测试。

控制分析(Control Analysis)。控制分析技术包括调用结构分析、并发过程分析、控制流分析和状态变化分析。所谓调用结构分析,就是通过检查模型中的过程、函数、方法或子模型之间的调用关系,来评价模型的正确性。并发过程分析技术在并行和分布式仿真中特别有用。通过分析并行和分布式仿真中的并发操作,可以检查出同步和时间管理等方面存在的问题。控制流分析是指通过检查每个模型内部的控制流传输顺序,即控制逻辑,来检查模型描述是否正确。状态变化分析就是检查模型运行时所历经的各种状态,以及模型是如何从一个状态变换到另一个状态的,通过分析触发状态变化的条件来衡量模型的正确性。

数据分析(Data Analysis)。包括数据相关性分析和数据流分析,用于保证数据对象(如数据结构)的恰当使用和正确定义。数据相关性分析技术用于确定变量和其他变量之间的依赖关系。数据流分析技术则是从模型变量的使用角度评价模型正确性,可用于检测未定义和定义后未使用的变量,追踪变量值的最大、最小值以及数据的转换,同时也可用于检测数据结构声明的不一致性。

错误/失效分析(Fault/Failure Analysis)。这里所说的错误是指不正确的模型组成部分,失效则是指模型组成部分的不正确响应。错误/失效分析是指检查模型输入和输出之间的转换关系,以确定模型是否会出现逻辑错误。同时检查模型设计规范,确定在什么环境和条件下可能会发生逻辑错误。

接口分析(Interface Analysis)。包括模型接口分析和用户接口分析。这些技术对于交互仿真尤其适用。模型接口分析是指检查模型中各子模型之间的接口或者联邦中联邦成员之间的接口,来确定接口结构和行为是否正确。用户接口分析则是指检查用户和模型之间的接口,来确定当人与仿真系统进行交互时是否可能发生错误。

语义分析(Semantic Analysis)。语义分析一般由编程语言编译器进行。在编译过程中,编译器可以显示各种编译信息,帮助开发者将自己的真实意图正确转换成可执行程序。

结构化分析(Structural Analysis)。用于检查模型结构是否符合结构化设计原则。通过建立模型结构的控制流程图,对模型结构进行分析并检查该流程图是否存在不规范、不符合结构化设计原则的地方(如滥用 goto 语句)。

语法分析(Syntax Analysis)。和语义分析类似,语法分析一般也是通过编程语言编译器来进行,确保编程语言语法使用的正确性。

可追溯性评估(Traceability Assessment)。用于检查在各要素从一种形态转换到另一种形态,例如从需求定义阶段转换到设计阶段,再从设计阶段转换到实现阶段时,是否还保持着一一对应的匹配关系。没有匹配的要素可能意味着存在未实现的需求,或者是未列入需求的多余的功能设计。

3. 动态 V&V 技术

动态 V&V 技术需要运行 M&S,根据运行的表现来评定 M&S。动态 V&V 技术在使用时一般分为三个步骤。第一步,在可执行模块中加入作为检测工具的测试程序;第二步,运行可执行模块;第三步,对仿真输出进行分析并做出评价。

常用的动态 V&V 技术有以下种类。

可接受性测试(Acceptance Testing)。就是将原型系统的输入数据作为仿真系统的输入并运行仿真,根据输出结果确定 M&S 开发合同中所列的所有需求是不是得到满足。

阿尔法测试(Alpha Testing)。由 M&S 开发者在 M&S 最初版本完成之后对 M&S 进行的测试。

断言检查(Assertion Checking)。断言是在仿真运行时应当有效的程序语句。断言检查是一种校核技术,用于检测仿真运行过程中可能会出现的错误。断言可以被放置在要执行的模块的各个不同的部分以检查模块的运行情况。现在大多数编程语言都支持这种测试。

贝塔测试(Beta Testing)。第一个正式面向用户的 M&S 测试版完成后,由 M&S 开发者对其进行的测试。与阿尔法测试不同的是,贝塔测试是在真实的用户使用环境中进行,而阿尔法测试是在测试实验室中进行。

自下而上测试(Bottom – Up Testing)。用于测试自下而上开发的模型。在自下而上开发过程中,模型的建立是从最底层,即从不能再进行分解的模块开始,一直到最高层为止。相应地,自下而上测试则从最底层模块开始,当同一层次的模块测试完毕后,再将它们集成在一起进行测试。自下而上测试的好处是符合分而治之、简化处理的原则,操作比较简单,错误容易在本模块中找到。另外,同一个层次的模块常常可以共用一个测试程序。

一致性测试(Compliance Testing)。就是将仿真与有关的安全和性能标准进行比较,包括权限测试、性能测试、安全测试和标准测试等,常用于测试分布交互仿真中的联邦成员。权限测试技术用于测试在 M&S 中各种访问权限等级的设置是否正确,以及这些权限与有关安全规则和规范的符合程度。性能测试技术用于测试 M&S 所有的性能特征是否正确,是否满足制定的性能需求。安全测试技术用于测试 M&S 是否符合有关的安全规程,采用的保护策略是否正确。标准测试技术用于测试 M&S 是否符合有关的标准和规范。

调试(Debugging)。调试过程是一个循环往复的过程,用于查找 M&S 出错的原因,并修正这些错误。调试过程一般分为四个步骤:第一步,对进行模型测试,找出其中存在的错误;第二步,找到导致这些错误的原因;第三步,根据这些原因来确定如何修正模型;第四步,修改模型。第四步之后再回到第一步,直到模型修改之后错误不再出现,而且未引起新的错误。

功能测试(Functional Testing)。功能测试又称为黑箱测试(Black – box Testing),用于评价模型的输入 – 输出变换的正确性。它不考虑模型的内部逻辑结构,目的在于测试模型在某种输入条件下,能否产生期望的功能输出。测试输入数据的选取是一件很困难的工作,将直接影响测试效果。测试输入数据并不在多,但覆盖面要尽量广。实际上,对于大规模的复杂系统仿真来说,测试所有的输入输出情况是不大可能做到的,功能测试的目的在于提高对模型使用的信心,而不是验证它是否绝对正确。

图形化比较(Graphical Comparison)。就是通过将 M&S 输出变量值的时间历程曲线与真实系统的输出变量的时间历程曲线进行比较,来检查曲线之间的在变化周期、曲率、曲线转折点、数值、趋势走向等方面的相似程度,对 M&S 进行定性分析。这种方法虽然带有很强的主观性,但因为人的眼睛可以识别许多用定量方法很难甚至无法识别的特征,所以作为初始的 V&V 手段,还是很有实用价值的。

接口测试(Interface Testing)。包括数据接口测试、模型接口测试和用户接口测试。与前面介绍的接口分析技术相比,接口测试技术运用起来要更严格。数据接口测试是测试仿真运行过程中模型输入输出数据的正确性,尤其适用于输入数据来自于数据库或者是输出数据将要保存到数据库的情况。模型接口测试则用于测试子模型或者联邦成员之间是否能够协调、匹配,尤其适用于面向对象的仿真和分布式仿真。用户接口测试技术常用于人在回路仿真系统或其他交互式仿真,用于评估用户和模型之间的交互作用。

成品测试(Product Testing)。成品测试是由 M&S 开发者在所有的子模型或联邦成员成功集成并通过接口测试后所进行的测试,同时又是前面提到的可接受性测试的前期准备。由 M&S 开发者组成的质量控制小组必须确保 M&S 在提交给用户进行可接受性测试之前,能够满足合同上列出的所有要求。成品测试和接口测试是保证 M&S 可信度所必需两种技术。

敏感性分析(Sensitivity Analysis)。就是在一定范围内改变模型输入值和参数,观察模型输出的变化情况。如果出现意外的结果,说明模型中可能存在错误。通过敏感性分析,可以确定模型输出对哪些输入值和参数敏感。相应地,如果我们提高这些输入值和参数的精度,就可以有效提高 M&S 输出的正确性。

特殊输入测试(Special Input Testing)。包括边界值测试、等价分解测试、极限输入测试、非法输入测试、实时输入测试和随机输入测试等。边界值测试技术是使用输入条件的边界值作为测试用例进行模型测试,因为模型容易在输入范围的边缘处发生错误。等价分解测试是把模型输入数据的可能值划分为若干个"等价类",每一类中有一组代表性数据。如果该输入数据导致模型输出产生错误,则可以认为该类中其他输入数据也会使模型输出产生错误。这样只要测试几组代表性输入数据,便可近似获得模型输出的全部信息。极限输入测试是使用极限条件下的最大值或最小值作为模型输入来测试模型。非法输入测试是通过将不正确的输入数据作为输入来测试模型,根据是否出现不能解释的输出结果来判断模型中是否存在错误。实时输入测试常用于对嵌入式实时仿真系统的正确性评估,就是将从真实系统采集的实时输入数据输入到仿真系统中,根据输出结果来考查系统输入输出时序关系是否正确。随机输入测试就是应用随机数生成技术,得到符合某种分布规律的伪随机数,作为 M&S 的输入对其进行测试。

统计技术(Statistical Techniques)。就是比较在相同输入条件下模型输出数据与原型系统输出数据之间是否具有相似的统计特性。

结构测试(Structural Testing)。又称白箱测试(White – box Testing)。与功能测试(黑箱测试)不同的是,结构测试要对模型内部逻辑结构进行分析。它借助数据流图和控制流图,对组成模型的要素如声明、分支、条件、循环、内部逻辑、内部数据表示、子模型接口以及模型执行路径等进行测试,并根据结果分析模型结构是否正确。

代码调试(Symbolic Debugging)。就是应用调试工具,通过在运行过程中设置断点等手段对模型的源代码进行调试。几乎所有的程序开发环境都支持断点设置、单步执行和查看变量值等代码调试手段,从而大大提高了可执行代码调试效率。

自上而下测试(Top – Down Testing)。与前面介绍的自下而上测试相反,这种技术用于测试自上而下开发的模型。它从最顶层的整体模型开始测试,逐层往下一直到最底层。

可视化/动画(Visualization/Animation)。仿真的可视化和动画技术对模型的校核与验证具有很大的帮助。以图形图像方式显示模型在运行过程中的内部和外部动态行为,将有助于发现错误。但在使用时应注意,这种技术本身只是一种辅助手段,并不能保证模型的正确性。

4. 规范 V&V 技术

规范 V&V 技术是指基于数学推理、运算来证实 M&S 正确性的技术。虽然目前已有一些技术可以算作规范的 V&V 技术,但实际上,这些技术还只能作为非规范 V&V 技术的补充,还没有一种真正的规范 V&V 技术可用于直接推证 M&S 的正确性。规范的 V&V 技术还有待于进一步研究和发展。

5. V&V 技术的选用

表 1 – 2 列出了上述这些 V&V 技术可以应用在 VV&A 工作过程中的具体阶段。在具体选用时,还要根据模型类型、M&S 的预期应用和应用的限制条件(如时间、费用、进度)等各种因素综合考虑。

表 1 – 2　VV&A 工作过程各阶段可以使用的 V&V 技术

VV&A 阶段 V&V 技术	概念模型 的 V&V	设计的 V&V	实现的 V&V	应用的 V&V	M&S 可接受性评估
审核	✓	✓	✓		
表面验证			✓		✓
检查	✓	✓	✓	✓	✓
图灵测试			✓	✓	✓

VV&A 阶段 V&V 技术	概念模型 的 V&V	设计的 V&V	实现的 V&V	应用的 V&V	M&S 可接受性评估
因果关系图	✓	✓	✓		
调用结构分析	✓	✓	✓		
并发过程分析			✓	✓	
控制流分析	✓	✓	✓		
状态变化分析	✓	✓	✓		
数据分析	✓	✓	✓		
错误/失效分析			✓	✓	
模型接口分析	✓	✓			
用户接口分析			✓	✓	✓
语义分析		✓	✓		
结构化分析	✓	✓			
语法分析			✓		
可追溯性评估	✓	✓	✓	✓	
可接受性测试				✓	✓
阿尔法测试			✓	✓	
断言检查			✓		
贝塔测试			✓	✓	
自下而上测试			✓		
权限测试			✓	✓	✓
性能测试				✓	✓
安全测试				✓	✓
标准测试				✓	✓
调试			✓		
功能测试			✓	✓	
图形化比较			✓	✓	
数据接口测试			✓	✓	
模型接口测试			✓	✓	
用户接口测试			✓	✓	✓
成品测试				✓	✓
敏感性分析			✓	✓	✓

(续)

VV&A 阶段 V&V 技术	概念模型的 V&V	设计的 V&V	实现的 V&V	应用的 V&V	M&S 可接受性评估
边界值测试			✓		
等价分解测试			✓		
极限输入测试			✓		
非法输入测试			✓	✓	
实时输入测试			✓	✓	✓
随机输入测试			✓	✓	
统计技术			✓	✓	✓
结构测试			✓		
代码调试			✓		
自上而下测试			✓		
可视化/动画			✓	✓	✓

6. 面向对象的 V&V 技术

随着 HLA 及其相关技术的发展,其应用越来越广泛。与此同时,对基于 HLA 这种新型体系结构的仿真如何进行 V&V,也引起了越来越多的关注。我们知道,HLA 采用的是面向对象的设计思想,这对 V&V 来说是一个与传统仿真应用有很大不同的新挑战,需要采用一些特殊的面向对象的 V&V 技术。然而,面向对象的设计思想和软件开发只是最近几年的事情,目前面向对象的 V&V 技术尚处于探索阶段,与传统的 V&V 技术相比,无论在数量上还是在应用效果上都有很大距离。下面对几种面向对象的 V&V 技术作简要介绍。

用例测试(Use Cases Testing)。用例可以简单地理解为仿真的典型应用,而用例测试则是从用户的角度出发,应用用例对系统进行测试,考查系统是否具备应有的功能。这种方法的优点是,V&V 代理可以独立进行测试,不必关心系统的具体细节。通过对联邦成员间期望的交互进行明确的定义和说明,可以将用例测试技术用于联邦成员或联邦层次的 V&V。例如,对于战场仿真联邦来说,用例可能包括战场上发生的一系列事件,而对于其中的联邦成员(如一辆坦克)来说,用例则定义了自身在与外界交互过程中应有的行为和反应。好的用例不仅可以用于测试,还有助于开发者明确仿真需求,以及在开发过程中对各种可能的技术手段进行取舍。

模式测试(Modal Testing)。模式测试的基本思想是,定义一系列易于测试的行为(模式),通过对这些行为的测试,取代对对象所有可能的状态组合进行测试。对象的状态通常是由其成员变量来描述的,几乎不可能对所有对象所有可能出现的状态进行一一测试。而模式则提供了一种定义对象一般行为的方法,对模式进行测试就成为一种可行的对对象各种状态进行间接测试的手段。在模式定义时既要考虑正常状态,也要故意设置一些非正常状态和对象在边界条件下的状态,以利于找出对象中潜在的错误。

内建测试(Build in Testing)。对于面向对象的测试来说,内建测试虽不是一种万能的测试手段,但确实可以在很大程度上弥补其他测试手段的不足。它的基本思想是,在类定义中封装专门用于测试的成员函数和成员变量,为测试提供访问类私有成员的接口。因为它们是内建在代码中的,所以不仅能够在类的开发过程中随时对其进行测试,而且还可以通过类继承,使子类同时获得这些测试手段。这种方法的缺点也是显而易见的,就是额外增加了一些在实际应用中无用的代码。而且,这种方法对单个类的测试很有效,但在集成测试和系统测试中的作用却非常有限。

1.4.2 数据的 VV&C 技术

1. 需求数据的校核和验证

需求数据的校核也称为联邦目标数据的校核。这一活动的主要目的是校核联邦发起者是否清晰准确地描述了将要开发、运行的联邦要求。它的基本内容包括:校核关键系统的顶层描述;校核系统的概略指标;校核仿真实体必要的行为、想定表达关键事件的说明;校核数据输出要求等。需要指出的是:联邦开发过程中程序上和技术上的约束也将在该阶段被校核和确认。仿真开发者应该明确如何在建模与仿真中使用这些需求数据,同时还要明确这些需求数据是否来源于权威数据源,从而决定这些数据使用的合理性。

2. 确定校核和验证数据

开发校核数据的目的是对建模与仿真的结果进行验证,从而对包含数据的仿真结果进行评估。最直接的方法是将校核数据与结果数据进行比较,从比较它们的匹配程度来确定仿真的可信度。

仿真系统可以分为原型系统在现实世界中存在与原型系统在现实世界中不存在两种情况。对于原型系统在现实世界中存在的仿真系统,校核数据可以从权威数据库中直接得到,这些数据包括物理测度数据、测试数据和历史执行数据等测量数据。但是对现实世界中不存在的系统仿真,如未来战场的仿真、研发项目的先期技术演示等,由于没有与之对照的参照物,我们不可能得到这些数据的权威数据源,从而没有验证数据来进行对比。在这种情况下,需要领域专家根据其经验来对结果的可信度和建模仿真的输出数据进行判断来得出结论,即进行图灵测试。

3. 输出数据的校核和验证

对于输出数据的验证也包括两种情况:有参照物对照的情况和无参照物对照的情况。在对仿真系统有参照物对照的情况下的仿真数据进行评估时,需要将建模与仿真的输出结果和已经开发的校核数据进行比较,这时应注意的是输出数据中往往包含数据噪声、不可测的环境影响以及一些其他因素,这将导致在真实世界、校核数据之间存在着一定误差。

无参照物对照的仿真系统往往依靠图灵测试来验证输出数据。这时需依靠领域专家检查输出数据并做出结论,这些仿真结论往往依赖于他们的操作经验、学术背景等,这将会导致仿真结论带有一定的主观性。

4. 交换数据的校核和验证

交换数据是指联邦中各个联邦成员根据联邦对象模型的开发结果用来进行相互交换的数据,这是基于 HLA 仿真体系结构中一类非常重要的数据。通过联邦建立数据的 VV 是联邦和分布式仿真开发的一项重要内容。

在联邦执行过程中,每个联邦成员先和 RTI 进行交互,然后联邦成员之间再进行信息的交互。数据校核者应该确保联邦成员的输入数据产生正确的输出结果,两个联邦成员可以通过发布/订购数据来进行完整性的订购和发布校核,每个过程数据都应该被仔细检查以确保没有错误结果,最后,联邦被作为一个整体来进行测试以验证联邦功能是否正常,交换数据是否符合期望的结果。

需要注意的是在仿真生命周期的任何阶段,数据都有可能出现错误。因此,数据必须能够回溯到到源头来进行校核与验证。

第2章

作战仿真概述

从广义上说，作战仿真并不是新鲜事物，它作为研究军事问题的重要手段之一，经历了长期的发展，在当前军事变革不断深入发展的情况下，也需要不断地进行。这一方面的需求主要来自三个方面，即有助于确定因果关系，可用于重大革新研究，并可作为研究军事历史的一种辅助手段。

2.1　作战仿真的必要性

通过作战仿真确定因果关系，是作战仿真的一个重要作用，例如1866年的利萨战役，在这场战争中，奥地利舰队战胜了意大利舰队。当时的海军军事专家把奥地利人的胜利归功于应用了舰首金属撞角，因此各国开始流行建造装备舰首金属撞角的战舰。而现在的海军历史学家则把奥地利人的胜利归功于更先进的重炮和更优秀的领导，但从某种程度上说，我们实际上永远也不会知道其中的原因，因为历史不可能允许我们去发现在不使用金属撞角或在双方领导能力相当的情况下，那场战争又会怎样发展。如果采用作战仿真方法，进行不同的试验，那么我们就可以期待通过试验对因果关系进行预测判断，假设战争在有或没有金属撞角的情况下进行，双方的重炮和领导力可以相同或有重大差别，从得到的结果就可以指出某个因素是胜利的原因，或者至少可以排除某个因素。需要注意的是，从逻辑上讲，因果关系是永远不能被证明的，只能被推断。通过多次试验可以提高推断的准确性。

在与军事相关的各类重大革新研究中，作战仿真的作用更加明显。如果以丰富的经验为基础，那么基于判断的军事决策会发挥最佳效果。几乎可以肯定地说,当前的重大革新所涉及的问题并没有坚实的经验基础,今天标准化的军事装备是昨天的革新成果,而在更早以前可能只是个不成熟的计划。坦克、飞机、无线电和机关枪,在其发明初期都被认为是毫无用处,可在今天它们成了必不可少的装备。硬式飞艇、战列舰和反坦克装甲车,都曾被认为是奇妙有用的创意,可是现在人们记得的只是它们令人失望的表现。同样重要的是,甚至是那些进行了成功革新的人也不一定认识到如何最大程度地利用革新的成果。日本皇家海军过去一直设法用潜艇来支援水面舰艇作战,然而,其他国家的海军在第二次世界大战前就已确认,这种作战思想是不可行的,并找到了运用潜艇的更好方式。就像我们看到的,德国人采用试验方法来验证邓尼茨海军上将激进的"狼群"作战思想。重要的一点是,"革新"并不意味着"技术发明",从技术上来说,使用闪电战术的德军所拥有的坦克并不比敌人的坦克性能更好,但是他们却以创造性方式运用了这些坦克。我们有正处于一个相对和平、科技迅速发展的时代,面对着大量的革新提议,包括技术上的和其他方面的,而我们还不具备仅仅依靠主观判断就能决定这些革新是否可行的能力。也许从十分宽泛的意义上来说,这些革新提议几乎都是"军事试验",使用作战仿真是其必要研究方法之一。

长期以来,研究历史上发生的战斗和战役被作为军事教育的重要内容,也确实应该这样做。作战仿真作为历史研究的辅助手段,向来是研究者常用的方法之一。在研究军事问题时,运用历史方法的研究者和利用模型的研究者之间存在重大的分歧。坚持采用历史方法的研究者通常对模型研究方法进行猛烈抨击,他们批评的焦点一般都集中在后者固有的不真实和不精确上。不过,可以肯定地说,虽然以前的机关枪或坦克模型可能是错的,但无论如何还是更接近于真实事物而非历史战例中的投石器和大象。战例的历史研究存在局限性。例如有一本书将中途岛海战描述成了一些不可能的事件,该书的一位读者评论道:"我读了六遍,而战斗每次都以同样的方式呈现。"他的话说明了这种局限性。布拉德利·菲斯克在关于作战模拟的文献中阐述了相同的观点:"有些人还没有接受作战模拟;有些人认为作战模拟是纯粹而简单的游戏,是学术性的、理论性的和不切实际的。应该承认,它们的确是学术性和理论性的,但是炮兵科学和导航科学不也是如此吗?而在某些方面,从作战模拟中得到的经验比从一次'实际'的战例中获得的经验更有助于未来的工作。因为在单个战例中,任何事情都是可能发生的,而其中某些事情发生的可能性极小,一旦发生的话只能说是意外……当我们判断某一种武器或某一个方法符合预期或不符合预期时,作战模拟可唤起我们对战争中偶然性影响的注意,促使我们认识其影响并努力去消除这种偶然性……对战略研究来说,作战模拟优于真实战争中的事件,主要在于它可以快速地实施多次试验。"因此,在不违背历史真实的情况下,我们可以通过其他方法来研究历史,而作战仿真就是其中之一。因为作战仿真试验可以重复进行,我们可以通过试验合理地解释什么是经常发生的,什么是偶然发生的。至少,我们也可以像上面所提到的那样,开始去认识这种因果关系,这样就可以了解什么重要、什么不重要。

2.2 作战仿真试验的基本类型

作战仿真试验的基本类型按照不同的划分方法可以有不同的类型,按照试验目的可分为发现试验、假设检验试验、演示试验;按实兵参与程度可分为实兵演习、非实兵推演。

2.2.1 按试验目的划分

作战仿真试验按目的可划分为三种:一是发现试验;二是假设检验试验;三是演示试验。

1. 发现试验

发现试验是指在某处引入新的系统、概念、组织结构、技术或其他元素,以便对其使用进行观察和分类,其目标就是找出使创新得到使用的方法以及该创新是否有军事用途。发现试验用于产生新的观点或方法,力图为个人和组织创造"在盒子外"进行思考的机会,并激发创造性。它们往往涉及提供新的系统、概念、组织结构、技术或其他要素,以便个人和组织使用它们,并对"发现结果"进行观察和分类。发现试验提供了一个机会,开发当前方法和系统的替代品,并对其进行细化,直至能对其潜能做出确切的评估。在对新观点、新方法、新系统与现有做法或学说进行比较前,对其进行适当细化是非常重要的。如果不这样做,那么试验将主要测试一个不成熟的、不完善的应用实例,在这种情况下,超越理论或一般应用的实例化进行普遍化将是不合适的。

发现试验的结果是提出一个良好的观点或方法。发现过程应是我们熟悉的。我们都曾通过试验不同的方案或方法来解决某个问题,看哪个方案或方法可行,哪个方案或方法最佳。这是有关发现试验的基本观点,重要的是按以下方式设计和开展这些试验活动:鼓励全面挖掘可能的方案空间;设计和开展的试验活动应便于对所用的方法或方案及其结果做出准确描述。虽然发现试验不必对变量集实施正式控制,但它们需要提供足够的数据,以便将"良好的"方法与状态指标或其他可选方案进行比较,确定其潜在的价值或合理性,实现方法的重复。

适当实施的发现试验有助于保证试验活动考虑到所有可选方案,而不过早地对可选方案做出限制。发现试验的目的是确定潜在的军事利益,就如何最好地使用创新给出意见,以及确定使用条件和限制条件。从科学意义上讲,有"建立假设"的工作,一般在研制周期的早期采用。尽管这些试验必须被仔细地以经验为主进行观察,以便产生丰富的知识,但它们一般不能提供足够的信息或根据来达到某个有效结论或可靠结论。这些试验一般受一些明显创新的命题引导,如果有现有知识体支持,这些命题可以被理解为一个假设。典型的发现试验缺乏推断原因和结果所必需的控制度,并且常常包含很少的原因或试验来支持有效的统计推论;但是,这些限制对发现试验来说不是障碍。大多数新概念、理念和技术都将受益于发现试验,将其作为一种方式,来清除不起作用的理念,迫使各团体就所寻求的利益以及实现理念中所包含的动态性提出严厉问题,或确定创新中的限制条件。好的发现试验将为更严格的试验类型打下基础,这些类型的试验所产生的假设需受到更严格的评估和提炼。另外,发现试验如果要达到其最大值,必须进行详细观测。例如,在美军着眼于 Joint Vision 2010 概念的一项最早的发现试验中,发现各主题在事件过程中改变了它们的工作机构和过程,这是作为一项主要发现被报告的。但是,没有现成的工具或仪器能够记录参与者如何改变其过程和结构,因此该试验不能确定准确的假设以引导后续的研究和开发。

很明显,首先需要进行一些发现试验来观察该创新是否表现出重大的军事用途和影响潜力。这可能包含一些纯模型和计算机仿真,将新概念置于其他因素的环境下,或者包含一些"人在环路中"的试验,以了解人如何与创新相关联,以及选择采用它,还可包含战争游戏或现场试验。无论选择何种方式,都应该进行宽松配置以鼓励进行改进和创新,但也应该进行仔细观察、记录和分析,以使获得的知识最多。在许多情况下,这些发现试验将包含一些替代能力,它们能产生创新的效果,但可以使工作的成本最低。

最著名的初始发现试验也许就是德国人在第二次世界大战之前进行的那些研究短程电台的战术应用试验。他们模仿一个战斗空间(用大众汽车作为坦克),用以了解电台的可靠性以及在其部队连接中采用新型通信能力和信息交换的最好方式。类似地,早期的美国陆战队在 Hunter Warrior 之类的行动中采用遥控飞行器的试验,采用的是商用飞行器执行从侦察到补给等各种任务。在这两种情况下,用户能够获得对新技术的潜在使用和限制方面的基本了解,这使他们能够准备好进行后面更严格以及更有重点的开发和测试。类似地,美国国防高级研究计划局的"未来指挥所"计划已经进行了一系列的试验。在这些试验中,技术人员与所选择的军事事务专家合作,努力找出各个军事范畴的新技术。

需要指出的是,并不是所有的发现试验都会获得足够的知识来支持向假设检验等级的转移。一项试验前景的一个主要优点是某些理念没有被证明是合理的,至少按照目前的设想和理解是这样。一些发现试验的结果,只是简单地建立新的研究和开发优先权。换句话说,如果在发现试验过程中涉及到某个真实的机会或问题,但所提出的创新在试验环境中看不到希望,那么就需要采取不同的方法。这种方法可以是一个新的创新,可以是改变为任务能力中的另一个元素,也可以是找出以前不了解的限制条件。在许多情况下,可能还需要进行进一步的发现试验。

即使一项初始发现试验在提出军事用途和使用创新的某种方式方面获得成功,通常也会需要更多的研究和发现试验来验证初始发现,以便改进原理的使用或确定该创新在什么条件下最有可能提供重大效益。最低情况下,一项看起来成功的发现试验需要展示给广大的可能团体,包括操作人员和其他研究人员。这种范围的展示是试验所采用的科学方法的一个固有部分,它确保能够提供建设性的批评,探究各发现点的选择性解释,并确定相关研究。在许多情况下,它还将激励其他研究和试验来重复、验证这些初始发现。创新所占的比例越大,则潜在的效益越高;团体的兴趣越高,则发现试验越有可能在一些不同领域得到复制和建立。所有这些都大大地有益于概念的成熟以及改进知识的开发。

2. 假设检验试验

假设检验试验是由专家们使用的经典类型,通过寻找特定假设或发现它们的限制条件来推动知识进步。它们还被用于检验所有理论(一致的系统、试图解释某些知识域的相关假设)或从这种理论中得出的可观测假设。从科学意义上讲,假设检验试验就是建立知识或提炼我们对某个知识域的了解。假设检验试验是学者和研究人员使用的经典试验类型,力求做出特定的假设,或发现其限制条件。也可用于测试整个理论(具有一致、相关假设的系统,力图解释某些领域的知识),或用之测试来自此类理论的可观测假设。从科学角度来说,假设检验试验可以用来建立知识。

普遍认为需要进行该类型的多次试验,以便获得大量高质量的数据,为可靠建立新知识奠定基础。依据所测试假设的特性,该类型的试验将"证明"某个理论、观点或方法是合理的,并依据特定的条件建立其价值,建立有关其应用的异常条件和限制条件,建立可信度。为了进行假设检验试验,试验者需建立一种态势,在这种态势下,在改变那些被认为会引起影响因素发生变化(独立变量)的因素值的条件下,可对一个或多个影响因素进行系统性的观测,而其他潜在的相关因素(控制变量)保持不变,无论是经验性的还是通过统计处理。因此,从假设检验试验中得出的结果总是要在"其他情况均同"的情况下进行解释。控制和处理对阐述假设检验试验来说是一体的。

假设检验试验已经在各种军事设置中得到应用。例如,DARPA 的 CPOF 计划针对备选的显示技术及其对单兵态势感知的影响进行了一次试验,类似地,美军联合作战指挥部针对显示技术及其对单兵和小组态势感知的影响进行了一次试验。由于军事领域中有关的自变量、因变量和控制变量的数量很大,经常需要给予巨大的关注来进行有效的假设检验。另外,一个单个试验所能做的也就是在一定程度上改进知识以及帮助阐明新问题。因此,为获得有用的知识,经常需要进行多个相关的假设检验试验。

当发现试验过程产生了有意义的、重要的和描述明确的假设时,试验活动就做好转向假设检验阶段的准备了。这是一个复杂的阶段,并突出了这样一个思想,即随着创新的成熟和对其有更好的了解,将有初步假设和改进假设检验。从技术上讲,没有哪个假设被证明过,一个科学家所能做的最强的描述就是该证据与某个给定的假设一致。但是,通过发现与之不一致的现象可证明某些命题是不成立的。举一个简单的例子,船驶离港口时,船体比船帆先消失,这一观察证明了"地球是平的"这一命题是错的。但是,这个观察不能证明地球是圆的,地球是弯曲的但仍然有边缘这一理念也与此现象一致。因此,科学上使用一种非常有用的"虚无假设"概念,它与被检验的假设相反。然后进行试验来努力获得足够的证据以证明虚无假设是错的,这虽然不能证明原假设是对的,但可为原假设提供支持证据。例如,采用可视技术进行试验时,假设是:如果为主体提供了合适的可视内容,那么这些主体就会拥有比提供了标准军事地图和符号的那些主体更丰富的态势感知,条件是这两种类型的显示可获得同样基本信息,主体是服役至少 10 年的在职军官,且主体吸收材料的时间有限。

当重大差别被报告出来时,虚无假设被拒绝,证据与基本假设一致。试验和研究就可以继续进行,在不同的试验设置下对不同的主体重复该发现,确定在合适的视图中哪个元素正在生成更丰富的态势感知的那个部分。因此,试验活动通过假设检验试验向前推进了,但绝不是得出结论。

选择试验中要进行检验的假设是一项至关重要且有时又很困难的任务。需要对创新及其期望的影响进行明确的定义。另外,建立一个基线是一个关键因素。如果该假设不是为比较目的而设立,则试验将对知识域没有什么贡献。例如,演示一个新的合作过程可用于支持任务规划没有多大意义,除非制定一个假设将这个新过程与一个现有过程进行比较。如果不能建立基线,就会遗留一个未决的问题,即该创新是否会实现任何利益。

对于所有相当复杂或重要的任务能力包来说,都需要进行多轮假设检验试验。多变的可应用的军事环境以及更多变的人类行为和认识都要求在此过程中要尽心。许多目前所关切的创新,如合作工作过程和分散的指挥部,有许多不同的应用,这些应用必须在各种环境下进行研究。其他的则有组织和文化含义,必须在联合、跨机构和国际环境下进行检验。一些假设检验试验还导致了一些衍生的研究和发展问题,或者有助于为它们建立优先排序。换句话说,一些试验将确定需要进行研究的反常事物,另一些将提出新的创新,还有一些将确定在创新被成功实现以前必须要研究和了解的一些遗漏的因素。早期或初步的假设检验试验经常会导致多个"螺旋式"改进型假设检验试验,因为一个基本概念或理念要放到不同的应用环境中去,这是一个自然过程,通过广泛地报告早期试验的结果而得到促进,从而引起不同应用领域专家的注意。

3. 演示试验

演示试验是对已知的事实进行再现,与中学中的试验类似,学生们遵照指导,帮助他们自己证明化学和物理定律同基础理论预测的一致。在这种演示中,所采用的所有技术都是非常确实的,设置(想定、参与者等)是安排好的,以表明这些技术在指定条件下可被有效采用。演示试验创建一个平台,在该平台上重建已知的知识。这有点像高中生做试验,试验中学生按照要求来验证化学和物理规律,基本理论是预先知道的。技术演示属于这种类型,它们向潜在的用户表明,在精心设计的条件下,某些创新可以提高效率或速度。在成功的演示中,需要很好地建立所有的所用技术,组织好各种设置(想定、参与者等),以便表明在特定的条件下,这些技术都是可以有效使用的。如果技术不成熟,或设置或想定不合适,那么将得不到想要的结果。因此,演示试验主要用于证明、教育和训练。

应该说,演示试验并不是要产生新的知识,而是要向不熟悉现有知识的人们展示该知识。如果不能获得这些信息,将会产生不切实际的期望和对创新的不适当应用。想要起作用,演示试验必须将技术或其他创新置于一个所开发的特定环境中,以便演示其用途。只有精心开发的创新才有可能有效地实现这一点,这些创新需经受过足够的发现和假设检验试验,以确定可获得的军事用途的类型,定义可以实现那些利益的环境,并确定成功应用所必需的任务能力包中的其他单元。如果这些准则被忽略,演示试验将迅速退化为在一个很窄问题上优化项目的专门组合,这证明对其设计所面向的操作人员是不正确的,不能支持该演示以后进行更广泛的应用。演示试验也需要进行观察和测量,以便将所演示的利益形成文件,供试验结束后重新调用。

2.2.2　按实兵参与程度划分

按实兵参与程度来划分,作战试验可分为实兵演习和非实兵推演两种基本形式。按模拟的设施又可把非实兵推演进一步划分为沙盘推演、兵棋推演、图上推演和计算机推演等四种形式。

1. 实兵演习

实兵演习是对抗双方在实际的作战区域,以实兵和实装进行的对抗演习。实兵演习是逼真的作战过程的模拟。从筹划和组织战斗,到实施指挥战斗都基本与实际战斗相同,部队的战术动作和实际武器的操作都与实际相似。实兵演习的仿真度高,更有利于深入发现战术细节问题,所得到的感性认识会更丰富、更详细。另一方面,实兵演习的组织、保障工作复杂,投入的人力、物力和时间较多,装备和物资消耗较大。实兵演习限制实弹使用,尽管采用其他一些技术(如激光技术)显示武器使用和作用效果,总体来说与实际武器使用和作用效果有较大偏差,模拟程度并不太高。这些缺点决定着实兵演习不太可能成为作战试验的经常性形式。

2. 非实兵推演

非实兵推演是不带实兵的,以物理模型或数学模型等,模拟对抗双方的对抗过程。按模拟的设施不同,又可细分为沙盘推演、兵棋推演、图上推演和计算机推演等。

1)沙盘推演

沙盘推演是古老的作战模拟方法,早在公元 32 年,马援就用米堆模拟作战地形图,为汉武帝分析作战态势。沙盘推演成为规范的方法和手段则应归功于普鲁士的冯·莱斯维茨男爵。以规范的比例把作战区域的地貌缩小成沙盘,以标准的标示物表示敌我双方的兵力及兵力部署,人工推移标示物表示兵力的机动、人工或计算机裁决战果,这种形式就是沙盘推演。沙盘推演基本采用了物理模型,具有直观、形象的特点。另一方面,物理模型局限于物理相似,这就使运用沙盘推演受到较大限制。

2)兵棋推演和图上推演

兵棋推演和图上推演都是沙盘推演的不同变化形式。兵棋推演基本与沙盘推演相同。图上推演是沙盘推演的简化,它以地图替代沙盘,以标绘的兵力代替兵力棋子,其使用较简便,兵力标绘迅速,但是直观性比兵棋推演稍差。

兵棋推演和图上推演被有效而广泛地使用,尤其是在第二次世界大战期间,美军和日军都曾经常使用兵棋推演和图上推演来检验和修正其作战计划,日军偷袭珍珠港、中途岛海战前都多次举行推演。

3）计算机推演

计算机推演以计算机为基本设施,利用数学模型和计算机技术虚拟作战环境、显示作战兵力部署及兵力机动、自动进行交战结果评估等。计算机推演具有仿真程度较高、人工作业量小、战果评估相对客观和迅速、人力和物力消耗较小等优点,比较适合于进行大量的作战试验。计算机推演把大量的人工作业通过计算机来完成,因此在作战试验时,充当指挥员的试验人员可以像实际战争中一样,把注意力完全放在筹划作战和指挥作战中。按对战争进程的干预程度,计算机推演还可划分为开环推演和闭环推演两种形式。

开环推演即试验人员在战争对抗过程实时输入临机决策,干预军事模型的运行,人为构成对抗回合的推演方式。一般地,开环推演是为了深入观察战争进程中的各个方面,把握战争的重心和关键环节而实施的。开环推演的军事模型一般由各个战斗模型和保障模型等微观模型有机组合而成,它要求计算机推演系统具有较友好的人机交互界面。闭环推演和开环推演相反。在闭环推演中,试验人员不能随意对战争进程输入决策指挥命令,一般只能通过设置系统运行的初始条件来控制系统模型的运行结果。闭环推演可以采用战争宏观模型,不模拟战争中的各个战斗的具体过程,而是建立战争初始条件与战争结局之间的函数关系。闭环推演也可以把战争的对抗过程固定化,系统采用由微观模型组合而成的军事模型,自动按照固定的对抗流程构成对抗回合。闭环推演可以检验战法是否能够完成赋予的作战任务,也可以测定作战因素与作战结果之间的定量关系。

2.3 作战仿真试验的基本构成

为了分析作战仿真试验的可信性,了解其基本构成是一个必要的环节,需要注意的是,并不是所有的试验都由这些部分构成,而是根据需要灵活组织。

2.3.1 问题、思想和假设

对于作战仿真试验来说,最困难的事情莫过于提出问题、思想和假设。新技术是诞生新思想的主要来源:举例来说,一种新装备或者一个新装备的构思出现了,就会围绕其设计一个作战仿真试验。新技术能轻易地催生新的试验思想,这使得技术成为最常见的试验灵感来源,也使许多人将技术视为军事唯一可能的焦点。对作战仿真试验的批评与这种看法的形成关系极大,批评者认为军事上的成功靠的不仅仅是技术，这一观点也无疑是正确的。现有技术是另一个有意思的新思想来源，例如，邓尼茨海军上将意识到，他在第一次世界大战中的潜艇战术被认为是专为高性能的潜艇而设计的，但是该战术在实施中却运用了明显有缺陷的潜艇。他的群狼战术思想就源自于他对如何使用现有技术的思考。虽然潜艇具有快速、隐蔽和可致命的优点，但只能在某一时刻实现快速和致命性，而潜艇侦查到其他船只与其他船只侦查到潜艇几乎同样困难。另一个新思想来源是其他军种的经验。同样，新思想也可以来自于军队之外，甚至来自科学幻想或者动物的行为。

对于作战仿真试验来说，脑海中有了明确的想法，才可以从容地思考下列问题：该想法能发挥作用吗？该想法的效果如何？是否优于现有的想法？如果需要，这些问题还可以换成陈述性的假设。然后，再一次问自己："试验结束的时候，我要如何回答这些问题？"这样就使问题更有意义。

需要注意的是，最好避免去问使用者一些简单而孤立的问题，例如，"这个新的装备有用吗？"或者"它是否太重了？"几乎任何东西都是有用的，对必须携带该装备的人来说，几乎任何东西又都太沉重了。重要的问题是这种装备带来的好处与其成本及带来的负担和风险等相比是否值得。最终用户或许能，或许不能做出这样的评估。

最后，应尽量避免使试验受到参与者个人是否喜欢试验设备，或参与试验的部队是否喜欢这个试验等因素的影响。后面"军事试验面临的困难"内容将阐述这个问题。

2.3.2　作战仿真试验的参与人员

参加作战仿真试验的人员通常包括：管理人员，局中人即对阵各方，科学研究人员，辅助人员。

管理人员包括导演、裁判和控制人员，导演是整个管理工作的领导。管理人员的作用，相当于球类比赛的主持人和裁判员。

扮演蓝、红两军的局中人，分别称为蓝军司令官和红军司令官。在复杂一些的作战仿真试验中，代表蓝、红两军的可以有几位局中人，分别担任不同的角色，如地面部队指挥官、空中部队指挥官、后勤参谋、情报参谋等。

在作战仿真试验过程中从事研究分析工作的科学工作者，要具有数学、统计学和有关的技术知识，并有设计作战仿真试验模型的技能，善于把技术特性和军事行动转变为模型和可以列表、记录的数据，善于计算各种因素的相互作用，善于按照严格的数学和统计学方式去处理偶然事件及其结果。考虑到假设条件,简化近似和偶然性偏差的影响,在进行作战仿真试验的处理和分析时,善于把握适当的折扣。

辅助人员需要熟悉地图读出、军事勤务和计算机使用,还要具有行政办公业务能力,如记录和打字。

2.3.3 试验专用装备

在一个作战仿真试验中,参与者可能会使用很多只有在实战中才运用的装备。但他们也可能会使用试验设备——真实的、原型的和(或)替代的演习装备,让参与者了解这类装备的特点以及试验对它们的需要是十分重要的。

替代装备是用一种装备来代表或提供另一种装备的功能,也可能要与某些试验程序或试验"规则"相配合。试验中,如果一种装备不能获得,或者尽管能获得,但因安全考虑而不能使用,那么使用替代装备就显得非常重要。需要注意的问题是把替代装备误认为是原型装备,替代装备表现越好,这种事情就越有可能发生,另一个问题是,某些替代装备的性能可能要比它们所替代的系统更好。例如,用一个携带无线电通信设备的人来代替光电遥感器,其性能可能远胜于任何当前或设想中的传感器系统,因此,让替代装备与所代替的系统工作完全一致是一个技术上的挑战,解决的办法是让替代设备工作能力稍微强一些,然后通过规则或程序来限制它。尽管看起来替代装备比所替代系统性能更好是不利的,但是如果替代装备不能有效工作则更糟糕,试验人员可以设定规则消除不想要的功能,但是通过制定规则来产生出缺少的功能则难得多。

2.3.4 规则与脚本

规则与脚本是控制作战仿真试验和评价试验结果的重要依据,对作战仿真试验的可信性有着重要影响。

作战仿真试验以合乎实际可能的军事力量为基础,利用武器系统和装备的性能规格,部队的机动能力以及来自野战演习和实战的数据,对军事行动的效果进行评价。要按实战条件给交战各方部队的军事行动以限制和约束。例如,在不同天气、白天或夜晚、有敌人火力干扰或无敌人火力干扰情况下,不同类型装备和部队在不同地形上的运动能力,应该和实际情况一样。上述数据、限制和约束,一般体现在作战仿真试验的规划和数据表中。为了模拟战斗过程的细节,规则和图表越来越详尽。在试验过程中,这些规则和细节必须为全体参加者充分了解,并严格照此进行。另外,几乎所有作战仿真试验都需要一个脚本(或称想定)。脚本是对作战环境和局势的详细陈述。简单地说,脚本是在特定背景下进行作战仿真试验的故事情节。脚本描述对抗局势的一般情势和专门情势,并说明局中人的使命和目标;它勾画出冲突发生的地理场所,说明冲突发生的原因,可能投入的军事力量和后勤保障,初始战斗水平,局势发展的时间序列。脚本包含两种类型的信息:一般情势和专门情势。一般情势的信息是提供给所有局中人和参加者的,通常包括每边部队的配置,导致敌对行动的背景事件,冲突场所和发生时间方面的细节。专门情势的信息是提供给某一方的所有的成员或指定的成员,如某个指挥官所指挥的军队及其位置,他卷入冲突的准确时间,冲突发生时他所处的环境,他通过与敌方部队发生接触或冲突获得的以及通过情报活动获得的有关对方的信息。

2.4　作战仿真试验的一般过程

作战仿真按照其组织过程一般可以分为三个阶段九个环节,如图 2-1 所示。三个阶段分别是试验设计与准备阶段、试验实施阶段、试验分析阶段。通过三个阶段的循环,直到得到理想的试验结果为止。

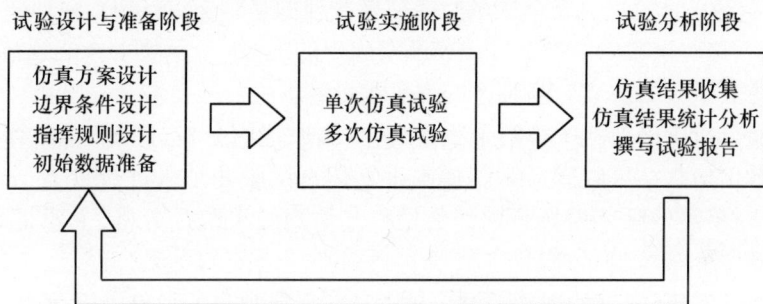

图 2-1　作战仿真试验的一般过程

试验设计阶段主要进行四项工作。一是仿真方案设计。主要针对需要解决的问题,明确试验目的,再对问题进行初步分析,设计解决问题所用的仿真策略和仿真运行设置。二是边界条件设计。作战仿真的边界条件一般通过想定来设定,它依据需解决的问题对仿真的初始条件、参战实体、结束条件等进行约束,形成仿真的初始态势。三是指挥规则设计。人的指挥决策是作战仿真中最难实现的部分,无论采用何种方式建立作战仿真模型,指挥决策建模都是无法回避的问题,而且,大多数指挥决策模型都需要指挥规则的支持,并且应该与指挥模型分离,以知识库或者规则库的形式存在。对于不同的作战,其指挥规则是有差异的,一般需要依据作战的军事概念模型来设计。因此,指挥规则设计应该结合军事概念模型和想定两方面的要求,既有一般性的普适型规则,又有特殊的能满足想定需求的特定规则,并且把设计的规则形式化,存入知识库或者规则库中。四是初始数据准备。作战仿真是一个数据转换的过程,初始数据通过仿真模型的转换而得到输出数据,因此,初始数据是驱动仿真运行的必要条件。一般情况下,初始数据包括基础数据和生成数据两类,基础数据包括地形数据、军标数据、武器装备性能数据等;而生成数据主要是对想定进行细化和结构化后生成的数据,如编制数据、编成数据、部署数据。

试验实施阶段主要是按照试验实施方案,进行仿真试验。仿真试验分为单次试验和多次试验,由于作战是典型的复杂系统,存在大量的随机因素,其过程和结果具有不确定性,单次仿真试验的结果只是作战演化的一条路径,是战役解空间中的一个"点",难以从整体上反映诸多因素对作战影响的规律,所以,单次仿真结果不能作为仿真试验的最终数据,只有多次重复试验的结果,全面地考虑到随机因素的影响,充分反映作战的不确定性,仿真试验才有意义。这里,单次试验的作用主要体现在对指挥规则的调整上,只有通过反复调整指挥规则,使仿真过程反映了想定描述的主要作战思想,单次试验中止,所以单次试验也可称为"调试试验"。在单次试验的结果合理的基础上,再进行多样本的重复仿真试验,这些试验的结果构成战役解空间中的"点集",反映了作战规律,多样本重复仿真试验的次数应该通过试验摸索而定。

试验分析阶段包括仿真结果收集,仿真结果统计分析,撰写试验(评估)报告等环节。仿真结果收集是对多样本重复仿真试验的结果进行收集、分类、排序,选择对最终试验结果最有用的数据集。仿真结果统计分析,主要是对数据集进行概率分布检验,分析装备战损和弹药消耗之间的关系,分析双方装备之间的交互关系等,以期发现和总结出仿真试验所反映出的战役的规律。

2.5　作战仿真可信性的影响因素分析

仿真与试验有着密切的关系。仿真本身就是基于模型的试验[101]。在自然科学界,通常是在一个人为设计的物理环境中,有目的地改变一个过程或系统的输入变量,以便能够观察引起输出响应变化的根源。对于作战系统,由于经济、法律、道德等各方面的原因,不可能在现实世界中像自然科学研究那样进行试验,所以就设法将对作战系统的试验搬上了计算机,即计算机作战仿真。数据、模型、仿真系统对作战仿真可信性有影响,作战仿真试验也是仿真可信性的影响因素,且其试验有自身特点,因此,本书结合作战仿真试验的一般过程来分析影响作战仿真可信性的因素。

数据、模型、仿真系统、仿真试验是影响仿真可信性的主要因素。而在作战仿真中的仿真试验阶段,试验方案、边界条件、指挥规则、仿真结果的处理等环节都会影响仿真的可信性。而且,这种影响具有作战仿真自身的特点。

1. 数据

数据的收集、准备与确定,是进行仿真的一个重要环节。数据是定量分析的基础,这个基础既关系到定量分析能否展开,又关系到分析结果是否正确。没有数据不行,有了数据但不正确、不符合客观实际也不行。作战仿真中,数据对可信性的影响包括三个方面。

1) 数据不可信

一般说来,支持模型运行的数据在被模拟的原型系统中都有对应的数据源,这些数据是否正确,主要看它是否与原型系统中的相应数据一致。而在实践中,原型系统中的数据总是以某种载体的形式存在,如纸质文档、电子文档等。对于仿真开发者而言,只能通过载体的权威性来间接判断记录在载体中的数据是否正确。这种判断尽管存在着某种风险(如权威数据载体中的数据出现错误),但具有较强的可操作性,因此成为数据正确性判定的主要方法。

而实践中经常面临的问题是,这些所谓"权威"的数据,或者由于涉密等原因无法得到,或者根本就不存在。在这种情况下,建模者不得不根据自己的知识和经验"制造"一些模型运行所必需的数据。这些数据用于模型测试是可以的,但用于实际支持仿真运行就有问题了。所以,导致数据不可信的主要原因在于数据来源的权威性,以及权威的数据不可获取。

2) 数据可信但不宜用

还有一种情况,就是所获取的数据来源很权威,并且也没有错误,但是这种数据是在理想情况下得到的,而在实战中,这样的理想情况可能永远也不会出现,导致权威的数据失去了实际的应用价值,存在"可信但不宜用"的现象,这种现象在装备性能数据中反映尤其集中。仿真开发人员获取的大部分权威的装备性能数据均是装备定型数据或靶场实验数据,是装备在理想情况下所能发挥的作战能力。而在实战条件下,由于天候、地形、操作人员的心理素质、熟练程度等因素的影响,大部分装备所能发挥的真实作战效能比定型数据的要低,甚至要低很多。以可信的装备性能数据作为输入条件,就会使仿真中装备毁伤能力偏高,造成弹药消耗量少,作战时间偏短,保障效能很低。如权威数据表明,某型坦克的首发命中率高达95%,携弹44发,按照这样的数据进行仿真,那么一辆坦克就可消灭对方一个坦克连,而且根本不需要补充弹药,这在真实的作战中几乎不可能发生,所以,在使用"可信"的数据时,还要分析、考察它是否"宜用"。对于"可信但不宜用"的数据所造成的影响,可用两种方法在一定程度上进行弥补。第一是对数据进行修正,通过到工厂、部队广泛调研,获取武器装备在接近实战的情况下所能发挥的效能数据,以此为依据,对数据进行适当修正,经评审后再应用到仿真中;第二是在模型中考虑数据不宜用的因素,修正模型。如在实战中,有很多轻武器弹药消耗是盲目射击产生的,这种因素在武器性能数据中很难反映,但可以根据实战产生的经验数据,在轻武器弹药消耗模型中增加一定比例的弹药消耗量进行修正。

3)缺乏实战数据

我军的很多作战原则和作战规律都是通过对实战或演习进行总结、分析得到的。然而,改革开放以来,和平与发展成为我国的主旋律,军队已经多年没有经历过实战的检验,更没有打过一场信息化条件下的战役。我军最近的实战经验还是来源于20世纪80年代的中越自卫反击战,更早的中印边境作战和抗美援朝作战也为我军的军事理论研究提供了大量的真实数据。这些数据能体现一些作战规律,但具有很大的局限性。一方面,这三场战争都是局部战争,不能全方位地反映战争的内在规律;另一方面,这些战争都是机械化时代的战争,而随着科技的迅速发展,现在已经进入了信息化作战时代,非接触、非对称、非线性成为了战争的主要特点,而且无论是作战装备、作战方式、作战特点、作战原则还是作战编制、体制都与当年有了巨大的差异。如果还用那些从机械化作战中得到的经验、数据来指导信息化作战,甚至上升为理论、条令,成为一种作战规范,显然不能适应军事发展的潮流。一些军事专家对这些经验、数据进行了局部修正,但是,由于信息化条件下的军事变革是根本性、颠覆性的,如近战、夜战这些我军的传统优势在现代先进的技术和战术面前已经荡然无存,因此,这种对原有军事理论进行"缝缝补补"的做法,是无法从根本上形成适应信息化作战的理论的。

演习也是获取数据的一个重要途径。我军历年来进行了多次大规模军事演习,演习中也进行了诸如一体化联合作战、抢滩登陆作战等战法的演练,取得了许多宝贵的经验。然而,由于演习的协调组织非常复杂,代价非常昂贵,而且具有较大的风险性(尤其是实弹演习),因此,参加演习的兵力规模不可能很大,而且,也不可能像真实作战那样产生很多人员、装备的损伤,演习双方的胜负是通过导演部采取一些规则来判断。所以,从演习中得来的数据和经验也不是很可靠的,以此为依据产生或者验证的作战原则、作战理论也不会完全符合现代战争的规律。

综上所述,我军的实战经验太少,尤其缺乏应用新装备、新战法进行信息化作战的经验,而军事演习的规模太小,难以产生具有很强统计规律的数据和经验,因此,现在我军的军事理论和原则本身还缺乏严格的实战验证,不太可信,而它们又是所有的作战仿真都必须遵循的依据和校核的标准。所以,这是造成作战仿真系统不可信的原因之一。

2. 模型

模型的可信性在仿真的可信性中占有核心地位,这一点对简单系统适用,对复杂系统同样适用。在作战仿真中,影响模型可信性的因素除数据可信性、模型正确性、模型精度、模型分辨率等原因,还有以下原因。

1)对作战中的连续事件进行离散化处理

作战双方动态对抗的过程中存在大量的连续事件,如炮弹、导弹的飞行过程,装备的机动过程,信息的传递过程。但在仿真模型中,这些连续过程都需要离散化,其基本方法就是对作战行动在时间轴上按仿真步长进行抽样。这种抽样,会造成两个方面的问题,第一是在同一个时间步长内开始并结束的事件会丢失;第二是在每一个时间步长内事件发生的先后顺序无法确定。如仿真步长为 1s 的仿真系统内,坦克 A 和 B 相距 400m,坦克 A 在某一步长内的第 100ms 发现坦克 B,并对其开火,设炮弹飞行速度为 1000m/s,并在第 500ms 时击毁坦克 B,显然,坦克 B 已不能对 A 进行开火。但在仿真系统中,坦克 B 在第 550ms 发现坦克 A,并对 A 开火,炮弹平均飞行速度也为 1000m/s,在第 950ms 可以命中 A。坦克 B 在自身被击毁的情况下仍能对坦克 A 开火,显然是错误的,但是,仿真中已不能识别这种错误,如图 2-2 和图 2-3 所示。现有的作战仿真系统中仿真步长到 1s 的还很少,更多的是到分钟级甚至小时级。

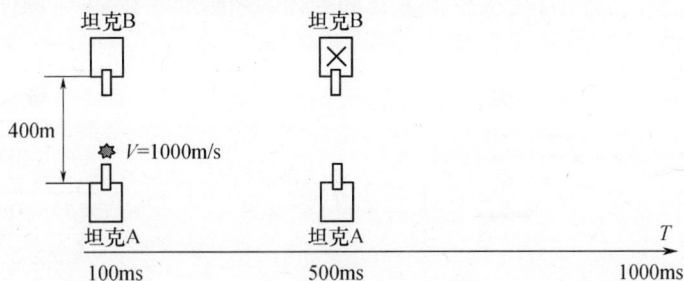

图 2-2 真实世界中的坦克交战事件

而在未来信息化战争中,战争节奏快捷异常:信息传输速度接近光速;一次火力呼唤耗时可在秒级;甲方打击乙方的炮弹尚未着地,乙方已完成对甲方开火装备的侦察、定位、打击的全过程;超音速飞机、导弹每秒可飞行四五百米……此时,再把仿真步长定在分钟级甚至小时级,显然难以合理地描述信息化战争。

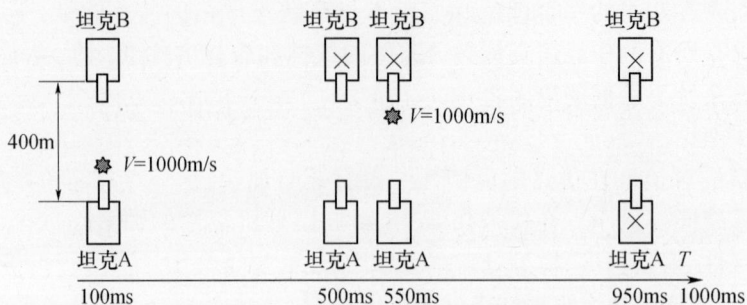

图2-3　仿真中的坦克交战事件

2）对作战中的并行事件进行串行化处理

战役是由诸多实体共同协作、交互,不断向前推进的,在某一时间段内,很多事件都是并行发生的,虽然现在很多系统采用分布式交互仿真的方法,各联邦成员之间是并行仿真的关系,但是,联邦成员内部仍然是按照一定的流程串行推进的。要实现纯粹的并行,理论上应该给每一个仿真实体分配一个计算机的 CPU,但战争复杂系统仿真中实体动辄几万、甚至上十万,要到达完全的并行目前还不现实。所以,在相当一段时间内,对作战中的并行事件进行串行化处理依然存在。

如图2-4 和图2-5 所示,在真实世界中,在作战组织阶段,当指挥中心(指挥员)定下作战决心后,指挥所内各中心应该并行工作,制定本中心负责的各种计划,而在仿真中,在每一个仿真周期内,是依次调用各中心模块,顺序进行工作。

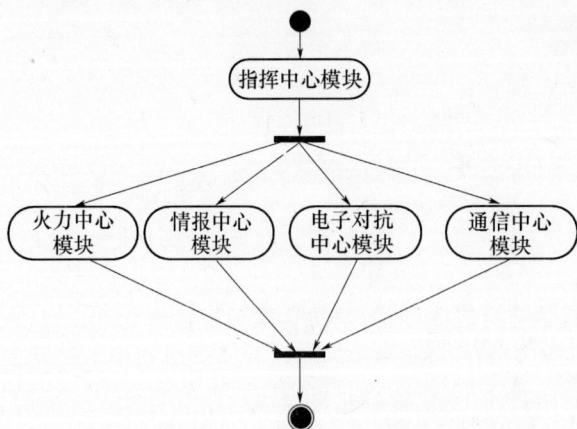

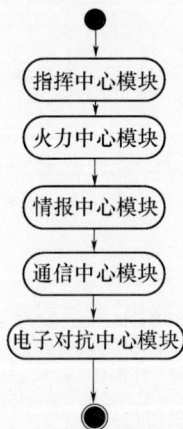

图2-4　真实世界中指挥所运行情况　　　图2-5　仿真中指挥所运行情况

3) "人"的仿真始终没有真正实现

人是战争中最活跃的因素,也是决定性因素,但是,对人的仿真现在没有从根本上解决。人在战争中的行为分为两类,一类是操作行为,另一类是决策行为。操作行为,是指士兵和军官对武器装备、指挥系统以及各种作战工具的操作和使用行为。决策行为,是一个完整的认知过程,即它是从情况、信息输入开始,到人作出决定的行为。决策行为又分为单人决策和多人决策,单人决策如排长、连长、坦克车长、飞机驾驶员等,决策时不是多人协商,而是自己当机立断。另一种是在多人共同工作环境中形成很多决策建议,最后的关键的决策仍可能是单人决策,但事先、事后有专业参谋做了大量的基础工作。这两种行为对战争的结果都有影响,而决策行为的影响更大,甚至是决定性的,因为一个错误的命令可能导致整个战争的失败,因此,人是决定胜败的关键因素。

对操作行为的仿真因为智能性较低而比较好实现,而决策行为具有高度的不确定性、甚至艺术性,决策的过程十分复杂,成为作战仿真中的一个"瓶颈"问题。虽然人工智能的发展取得了很多进展,但是,仍然难以真正解决作战中人的决策行为的仿真难题。考虑到作战中的复杂性相当一部分是由于人的存在而造成的,所以,在人的仿真没有彻底解决之前,作战仿真的可信性终究是有限的。

3. 仿真方案设计

在这里先介绍仿真脚本、仿真随机数种子、样本等三个概念[99]。

仿真脚本(Simulation Script):指关于特定问题分析仿真的数据与过程的描述,简单地说,就是仿真运行所依赖的初始数据集。

随机数种子(Simulation Seed):仿真运行过程中,为了反映系统的随机状态,需要使用一系列的随机数,而用于产生伪随机数的初始数值,就称为随机数种子值。

样本(Replication):一个仿真脚本根据唯一的随机数种子而形成的一次模拟仿真过程,称为仿真的一个样本,产生的数据称为数据样本。

仿真方案设计第一要决定用什么试验方法去解决问题,然后决定哪些因素对系统输出最有影响,如何设置这些因素的参数值。第二要决定多次仿真的样本数,输出结果的格式和表现形式等。其中,多次仿真结果的样本数对最终的仿真结果的可信性是有影响的。如果计算能力允许,样本数越多,得到的仿真结果所反映的规律越明显。重复仿真试验的样本数达不到需求,最终得到的仿真结果只是作战系统解空间中少量零散的"点",体现不出规律性,对最终的仿真可信性有害无利。实际上,仿真试验的次数与仿真结果的精度往往存在这样一种关系,试验次数过少,仿真结果的精度不够;试验次数过多,仿真结果的精度提高并不多,而投入的人力、计算机时增加较大,效率降低。所以,需要先做一个确定多次重复仿真样本数的试验。通过该试验挑选一个适当的样本次数,实现多次重复仿真仿真效率与仿真精度的统一。如果有高性能计算机(如刀片式服务器),而且时间充裕,可以适当增加样本数;而如果没有这些条件,以仿真精度满足要求即可。

4. 仿真边界条件设计

边界条件是作战仿真的基本前提,它给出了仿真的初始态势和双方的作战意图,是驱动仿真运行的必要条件。边界条件一方面对仿真中"人"的行为进行约束,通过明确作战意图、作战地域、作战样式、作战对象等把指挥决策行为框定在一个有限的范围内;另一方面还对仿真系统进行必要的约束,例如给定作战阶段的划分,作战的基本进程,作战的结束条件等。边界条件一般由军事人员给出,由仿真人员进行计算机结构化处理。边界条件不合理,可能造成仿真初始态势不合理、装备使用不合理,甚至整个作战仿真的发展趋势不合理。边界条件往往以想定(Scenario)的形式出现,其中涉及的大量的作战理论、军事原则和装备运用规则,这些问题部分在条令、条例中有明确规定,可以直接参考;但对信息化条件下新的军事理论、新装备的使用,目前的条令、条例还没有明确规定,在军事界也存在争议,所以,对同一个问题由不同的人编写想定,最终也很难完全一致。对于想定,我们不能用正确与否来衡量,而只能以合理与否来评价。在对想定中某些问题的合理性存在争议,又没有统一标准时,可以把想定编写人员及单位在本领域的权威性作为确定想定合理性的重要参考。

5. 指挥规则设计

指挥规则是触发仿真中人的决策行为,并产生相应决策结论的基础。指挥规则一般可以表示为"IF 条件 THEN 结论"的形式,如图 2 – 6 所示。每一条指

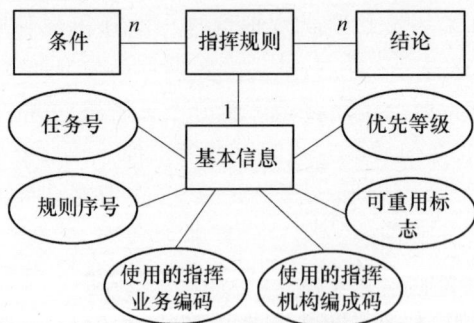

图 2 – 6　指挥规则的表示方法

挥规则由三部分构成,即基本信息、条件部分、结论部分[63]。

（1）基本信息。该部分主要描述指挥规则的总体信息,如指挥规则序号、优先等级和是否可重复使用等。

（2）条件部分。该部分是指挥规则被触发执行的前提条件的集合。在军事上则指进行某种决策必须具备的条件,主要是敌情、我情、战场态势、战场环境等情报信息。

（3）结论部分。该部分是指挥规则被触发后所采取的行动,可以是下发的作战命令,也可以是上报的各类请求。

指挥规则的条件部分,从技术上看,它是指挥规则被匹配执行的前提,是指挥决策模型中知识推理的依据;从军事上看,它表现为各类制约和影响作战指挥的情报信息,包括敌情、我情、战场环境三大类。另外,通过综合分析这三种基本情报还可得到敌我态势。敌我态势是敌对双方部署和行动的状态及形势[4],是对情报信息的深加工。因而,指挥规则的条件部分包括作战中获得的各类情报信息和敌我态势。设计指挥规则条件的结构就是对情报信息和态势信息的结构化处理。

指挥规则的结论有命令、请求两种结构。也就是说,基于指挥规则的指挥决策模型产生的决策结论可通过命令、请求两种方式发送给相应的单位。

通过作战命令,可赋予所属部队或分队作战任务。绝大部分指挥规则的结论部分是命令的形式。指挥规则结论中涉及的作战命令是从联合战役理论的指挥命令中抽象提取而得到。

请求是指挥规则结论的另一种形式,是指某部队在自身力量无法完成作战任务时,向上级指挥机构发出的各类支援、保障请求等。

图2-7给出了作战仿真中指挥规则条件和结论的分类。

指挥规则是指挥员指挥决策的依据,必然对指挥决策的可信性产生影响。影响表现在三个方面。

第一,指挥规则错误。若错误的规则在作战仿真中被触发,就会产生错误的决策,发出错误的命令。如某渡海登岛战役中,一梯队选择突击上陆时机的规则可表示为

RULE 1:IF 部队类型 = 渡海登岛一梯队

and 部队距登陆点距离 = <5km

　　　　THEN 该部队突击上陆

在这条规则中,如果把"部队距登陆点距离 = <5km"错误地写成"部队距登陆点距离 = <50km",按这条规则决策,仿真中就会出现一梯队冲击突破时机过早的错误。

第二,指挥规则不完备。当指挥规则的条件部分没有完全包含战场中可能发生的情况,那么,当仿真中出现这种情况时,不会触发任何规则,也就不会针对该情况进行决策。假如指挥规则库中没有上述规则 RULE 1,那么,当渡海登岛一梯队距登陆点距离 = <5km 时,指挥员不会产生"该部队突击上陆"的决策,仿真中就会出现一梯队没有冲击上陆行动的错误。

第三,指挥规则与模型不适应,无法被仿真模型触发并执行。

所以,指挥规则的正确性、完备性和与模型的适应性是其影响作战仿真可信性的三个方面。

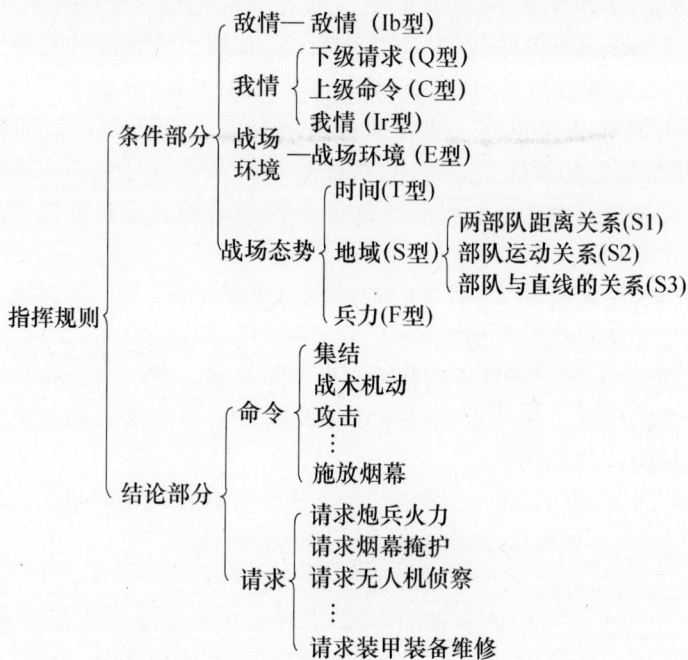

```
                    ┌ 敌情——敌情（Ib型）
                    │      ┌ 下级请求（Q型）
                    │ 我情 ┤ 上级命令（C型）
                    │ 战场 │ 我情（Ir型）
          ┌ 条件部分┤ 环境——战场环境（E型）
          │         │      ┌ 时间（T型）              ┌ 两部队距离关系（S1）
          │         │      │ 地域（S型）┤ 部队运动关系（S2）
          │         └ 战场态势┤             └ 部队与直线的关系（S3）
 指挥规则 ┤                    └ 兵力（F型）
          │                  ┌ 集结
          │                  │ 战术机动
          │           ┌ 命令 │ 攻击
          │           │      │ ⋮
          └ 结论部分 ┤      └ 施放烟幕
                      │      ┌ 请求炮兵火力
                      │      │ 请求烟幕掩护
                      └ 请求 │ 请求无人机侦察
                             │ ⋮
                             └ 请求装甲装备维修
```

图 2-7　作战仿真中指挥规则条件和结论的分类

6. 仿真试验实施过程

对于仿真实施过程中的时空一致性、物理效应特性、时间响应特性等问题对仿真可信性的影响,文献[23]已经进行了深入的讨论,这里不再赘述。这里重点针对多次重复仿真的特点分析其中影响可信性的因素。

多次重复仿真也可以称为"多样本仿真",就是在仿真脚本不变的情况下,通过改变随机数种子而获得多个数据样本。显然,在多样本的仿真中,随机数种子会影响仿真的可信性。现在我们通常使用的随机数都是伪随机数,它并不是完全随机的,而是具有一定的循环周期,只不过循环周期很长,密码学中用到的随机数周期达到了 10^{18}。当随机数的周期不够长时,会使不同样本中本身毫无关系的事件之间产生相关性,从而使多次重复仿真结果错误地反映战役的规律,随机数对作战仿真可信性的这种影响比较隐蔽,难以察觉。但是,通过定量的计算或估算,这种影响是可以消除的。

如某次作战仿真,红蓝双方共有 1000 个实体,每个实体在一个仿真步长中用到 10 个随机数,每次仿真时间为 10h,也就是 3.6×10^4 个仿真步长,仿真样本数为 100,那么,完成所有样本的仿真需要用到 3.6×10^{10} 个随机数,如果所选用的充当种子的随机数的周期达不到这个长度,必然会有某一个仿真样本 A 中产生的随机数与另一个仿真样本 B 中的随机数重复。假设重复的随机数在 A 中用来描述坦克的命中概率,而在 B 中用来描述防空雷达的侦察发现概率,则 A 中坦克命中目标的情况就会与 B 中侦察雷达发现空情的情况必然相关,甚至概率相等,而在真实作战中,这两者并没有这种必然联系。

第**3**章

建模与仿真的相似理论

相似现象是自然界和人类社会普遍存在的一种现象。相似理论认为,任何事物都客观存在一定的特征和属性,即特性[50]。事物之间存在的相近、类似的共有特性为相似特性。当事物间存在相似特性,简称为事物间存在相似性[50]。相似理论是研究事物之间相似性的理论,是仿真的基础理论,也是本章要阐述的内容。

3.1　仿真可信性与相似理论的关系

仿真,就是利用计算机等手段复现原型系统的过程[23]。原型系统既可能是某种设备、某种自然环境,也可能是人,或者是这些事物的综合体[23];原型系统既可能是真实的,也可能是虚拟的,而仿真系统是人制造的真实的系统。仿真系统和原型系统一般情况下是两个不同的系统,之所以能够用前者来复现和研究后者,其根本原因在于两者之间存在相似性。在仿真开发过程中不一定都有仿真系统与原型系统之间的相似性分析这一个明确的阶段,但是,人们已经在仿真实践的全过程中都必然应用到了相似理论。完整的仿真开发和试验,一般包括建立模型、建立仿真系统、进行仿真试验等阶段,而相似理论在各阶段中的指导作用无处不在。在相似理论的作用下,建立的仿真系统与原型系统之间存在了部分相似,这种相似是否能满足仿真应用的目的,就是仿真可信性的问题。

3.1.1　相似理论在仿真可信性研究中的地位

由于原型系统的复杂性,仿真人员对它的信息获取的不完全性,以及建模方法本身存在不可避免的缺陷,导致仿真系统和原型系统之间必然存在一个相似程度的问题,即仿真系统只是原型系统的一个相似系统。它不可能在各个层次的所有方面都与原型系统一致,因此仿真试验的结果并不能完全精确地代表原型系统的行为。能否用仿真试验的结果去认识原型系统的规律,取决于仿真及其试验结果在多大程度上反映了原型系统,取决于仿真系统与原型系统的相似程度。这就引出了仿真可信性这一关键问题。可信的仿真及其仿真结果是指在一定范围内、一定程度上符合原型系统的客观实际,并能满足仿真目的的仿真和仿真结果。由此可见,仿真的可信性基于仿真系统与原型系统之间存在相似性,当这种相似性能够满足所需要的仿真开发目的,则仿真及其结果就是可信的。

仿真系统与原型系统,仿真结果与原型系统的客观实际总存在一定程度的相似和不相似,只有在满足相似的那一部分范围中才有可信性的问题。仿真系统和原型系统不相似的部分,由于不存在相似规律,它们所产生的现象是各自独立存在的,一般不具有相关性,所以,不能用仿真系统与原型不相似的范围中产生的的数据去研究原型系统。仿真所产生的超原型现象对原有的仿真目的是无意义的,一旦混淆就会产生不可信的结果。如在真实的战役中,地形对地面部队的机动有重要的影响,但是,在作战仿真系统中,由于模型的错误,这些部队的机动完全可以不受地形的约束。这就是由于作战仿真系统和作战系统在机动上不相似,造成了超原型现象,这样的仿真得到的仿真结果可信性非常低。所以说,仿真系统与原型系统之间的相似性,是仿真可信性存在的基础和根源。

3.1.2 相似理论在仿真中的指导作用

相似理论在仿真中的指导作用贯穿于仿真全过程。使仿真过程及其结果与原型系统具有较强的相似性,是保证仿真具有较高可信性的前提。

1. 建模阶段

仿真建模一般都要经过建立原型系统的概念模型、数学模型、计算机仿真模型三个阶段,各阶段都离不开相似理论的指导作用。

概念模型是用自然语言或者形式化语言对原型系统进行的一种描述,是对真实世界的第一次抽象[128]。概念模型主要回答原型系统"是什么"这个问题,它对原型系统的抽象不是盲目的,而是以原型系统为依据,在相似理论指导下进行的一种抽象。它要确定仿真系统与原型系统的相似方式,仿真系统需要复现的原型系统的属性、每个属性应该复现的特征。离开了相似理论的指导,所建立的概念模型与原型系统之间没有相似性,那么概念模型就是错误的,就没有可信性。

数学模型是用数学语言对原型系统进行的一种描述。在建立数学模型阶段,相似理论的作用主要体现在基于相似分析,建立相似元素和相似特性的数学模型。原型系统的各种元素和特性很多可以进行量化,建立确定性的数学模型,或者用概率、模糊、粗糙集等方式建立不确定性的数学模型。由于建模过程中不可避免地使用了简化的方法,所建立的数学模难以完全一致地反映原型系统的客观规律,但至少近似地描述了原型系统,这种"近似"使数学模型具有一定的可信性。

计算机仿真模型使用计算机语言来描述原型系统。在数学模型转化为计算机模型的过程中,要采用诸如欧拉法、龙格－库塔法等数值计算方法把连续的数学模型离散化,这影响了仿真模型与原型系统的相似性,但不会改变二者之间存在相似性的事实。这种相似性的存在,是计算机仿真模型存在可信性的基础。

2. 建立仿真系统阶段

要进行仿真,必须建立仿真系统,形成模型运行的各种条件,如输入、输出设备、计算机、物理效应器、模拟器等。仿真是模型随着时间的展开,仿真运行过程与原型系统运行过程相对应。在这个阶段,仿真系统运行的各种条件要体现与原型系统的要素相似性,结构相似、功能相似、动态特性相似等成为主要的关注点。

3. 仿真试验阶段

在利用仿真系统进行仿真试验时,要保证仿真系统与原型系统的初始条件、环境应该相似,甚至一致。在此条件下进行仿真试验,仿真系统的演化过程、现象才有可能与原型系统的过程和现象相似。最后,得到的仿真结果也应该在一定的范围内与原型系统的实际运行结果相似,能反映原型系统的规律。满足以上条件的仿真具有一定的可信性,而且,随着仿真系统的数据、过程、现象和规律与原型系统对应相似的程度增加,仿真的可信性也越高。

3.2　相似理论的基本内容

相似理论首先由我国学者提出,并引起诸多学者的注意,进而从相似理论的含义、相似的概念、相似类型、相似程度的度量方法等方面进行了研究和探讨,比较有代表性的是文传源、周美立和张光鉴三位学者。文传源主要从思维科学的角度提出相似论[51,52];张光鉴主要从哲学的角度来阐述相似[53];周美立着重从系统科学的角度来研究相似[54-58]。这三位学者的研究，都不是以仿真科学与技术学科为切入点进行的，指导的研究领域较宽，具有更强的共性。而建模与仿真的相似理论是限于为仿真而寻找不同事物、系统、信息之间的相似性的理论，是为建立仿真系统而涉及的相似性研究的理论，是使仿真成为现实的理论，在研究范围上比一般泛指的相似理论有所缩小。

本书所说的相似理论，都是指建模与仿真的相似理论，它是仿真科学与技术的基础理论，但其理论体系和研究内容在仿真界没有统一的说法。装甲兵工程学院从2004年开始就对其进行探索，并从仿真研究对象的角度出发，初步提出了相似理论的体系结构，经国内仿真界的专家共同讨论与修改，有了初步的形态和结构①，如图3-1所示。该体系中，相似理论由五部分组成，即相似的基本理论，实物模型相似理论、数学模型相似理论、一般系统相似理论、复杂系统相似理论。

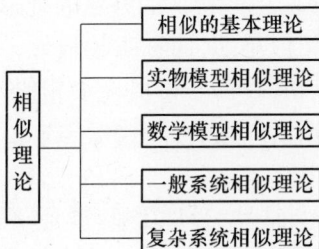

图3-1　相似理论的基本理论体系

3.2.1　相似的基本理论

1. 基本概念及重要定义

事物[60]：指客观存在的一切物体和现象。

系统[61]：指相互联系、相互作用的诸元素的综合体。

规律[61]：事物之间的内在必然联系。

特征[61]：可以作为事物特点的征象、标志等。

特征域：事物所有特征所组成的集合。

定义1：相似规则

相似规则也称相似规律，相似准则，是表述两事物相近、类似的共性的基本

---

① 引自《仿真科学与技术学科的理论、知识基础、方法论和学科结构》，为仿真科学与技术一级学科申报材料。

原则,依据这个原则可以建立事物之间的必然联系。它是判断事物相似与否的判据。事物的相似是在一定相似规则下的相似,两事物在某相似规则下相似,而在其他相似规则下不一定相似。

相似规则集:构成事物相似的所有规则的集合。

定义2:相似

两个不同的事物 A 和 B 在某个特征域 T 上至少存在满足规则集 R 所约定的相近或类似的共性,则称这两个事物在 T 上依规则 R 相似,记为 $S(A.B.T.R)$,简记为 $A \sim B$。

定义3:相似域

有事物 A、B,则这两个事物所有相似的特征组成的集合称为相似域。显然,相似域为特征域的子集。这里定义相似域可以为空,此时,A 与 B 相异。

定义4:相似元

在研究事物相似性时,把相似特征的外在表现形式称为相似现象,一个相似现象就是事物间的一个相似单元,简称为相似元,用 u 表示。事物间存在一个相似特性,就呈现出一个相似现象,得出一个相似元。当存在 n 个相似特性时,就得出 n 个相似元,分别记为 $u_1, u_2, \cdots, u_n$[55]。

2. 相似的性质

相似具有四条性质,即自反性、对称性、传递性、叠加性。

(1) 自反性:有事物 A,则 $A \sim A$;

(2) 对称性:有两事物 A、B,若 $A \sim B$,则 $B \sim A$;

(3) 传递性:有三个事物 A、B、C,若 $A \sim B$,$B \sim C$,A、B、C 三者之间存在非空相似域,且有相同的相似规则 R,则 $A \sim C$。

(4) 叠加性:有三个事物 A、B、C,若 $A \sim C$,$B \sim C$,则 $(A+B) \sim C$。

性质(1)、(2)已有证明,在此不再赘述,下面对相似的传递性和叠加性进行简要证明。

1)相似的传递性

设事物 A 有 k 个特征,组成特征域 a,即 $A = (a_1, a_2, \cdots, a_k)$;

事物 B 有 l 个特征,组成特征域 b,即 $B = (b_1, b_2, \cdots, b_l)$;

事物 C 有 f 个特征,组成特征域 c,即 $C = (c_1, c_2, \cdots, c_f)$;

A、B、C 之间的相似规则为 R。

设 A、B 的特征中有 $m(0 \leqslant m \leqslant \min(k, l))$ 个特征相似,组成相似域 r,即 $r = A \cap B$,且 $S(A.B.r.R)$;

设 B、C 的特征中有 $n(0 \leqslant n \leqslant \min(l, f))$ 个特征相似,组成相似域 p,即 $p = B \cap C$,且 $S(B.C.p.R)$;

设 A、C 两事物有 $h(0 \leqslant h \leqslant \min(k,f))$ 个特征相似,组成相似域 d。即 $d = A \cap C$。

令 $s = r \cap p \cap d$,即为 A、B、C 三事物的共有相似域,该集合中有 e 个元素,显然,$0 \leqslant e \leqslant \min(m,n,h)$。以 #( ) 表示集合特征数目的提取,则 #($r$) = m;#(p) = n;#(d) = h;#(s) = e;

由于 $A \sim B$,$B \sim C$,则 $m \neq 0$,$n \neq 0$;

当 $e \neq 0$ 时,s 不为空集,根据集合的交运算法则,则 $d = A \cap C$ 也不为空集,意味着事物 A 与 C 有非空相似域,即 A 与 C 相似,记为 $S(A.C.d.R)$;

当 $e = 0$ 时,s 为空集,根据集合的交运算法则,$d = A \cap C$ 可能为空集,也可能不为空集,但与 $r \cap p$ 的交集为空集,故无法判断 A 与 C 是否有非空相似域,也就无法判断 A 与 C 是否相似。

2)相似的叠加性

设三事物 A、B、C,A、C 在相似域 ac 上依规则 R_1 相似,记为 $S(A.C.ac.R_1)$;B、C 在相似域 bc 上依规则 R_2 相似,记为 $S(B.C.bc.R_2)$。设

$ac = \{ac_1, ac_2, \cdots, ac_i\}$,其中,$ac_i$ 为 A、C 的相似特征;

$bc = \{bc_1, bc_2, \cdots, bc_j\}$,其中,$bc_j$ 为 B、C 的相似特征;

$W = A \cup B$,为 $A + B$ 的特征域;

$R = \{R_1, R_2\}$,为 $A + B$ 与 C 的相似规则集;

$U = ac \cup bc$;

显然,$U \subseteq C$ 且 $U \subseteq W$,即 $A + B$ 与 C 有至少有共同的特征域 U,在 U 上依规则集 R 相似,记为 $S((A+B).C.U.R)$。

相似的叠加性为保证和提高仿真可信性提供了一种思路,即分步骤、逐阶段控制仿真模型、数据、仿真系统、仿真试验、仿真结果处理等各个环节,减少这些环节中可能导致可信性降低的因素,使上述各环节与原型系统保持较强的相似性,从而保证整个仿真过程及结果与原型系统相似,提高仿真的可信性。

3. 强相似与弱相似

相似的传递性可以扩展到三个以上事物之间的相似,本书称之为广义相似传递性。

定义 5:广义相似传递性

有 N 个事物 $A_1, A_2, \cdots, A_N$,若 N 个事物间存在非空的相似域,且有相同的相似规则 R,则这 N 个事物两两相似。

对广义相似传递性可进行如下讨论:

第一,N 个事物两两相似,它们之间并不一定存在非空的相似域。例如,设事物 $A = \{1,2,3,6\}$,$B = \{2,5\}$,$C = \{3,5,7,8\}$,则 $r = A \cap B = \{2\}$,$p = B \cap C =$

$\{5\}$，$d = A \cap C = \{3\}$，说明 $A \sim B, B \sim C, A \sim C$。而 $s = r \cap p \cap d = \Theta$ 为空集，说明 A、B、C 间不存在非空相似域。所以，"N 个事物间存在非空的相似域"是"这 N 个事物两两相似"的充分条件而非必要条件。

第二，N 个事物两两之间一共存在 C_N^2 个相似域 $r_{12}, r_{13}, \cdots, r_{1N}, r_{23}, \cdots, r_{2N}$，$\cdots, r_{N-1N}$，当此 C_N^2 个相似域均不为空，且其中的特征及特征数目完全相同时，在相同的相似规则 R 下，称这 N 个事物为同域相似。当此 C_N^2 个相似域中的特征及其数目不完全相同时，称这 N 个事物为异域相似。设 C_N^2 个相似域的交集为 G，那么：

当同域相似时，有

$$\#(G) = \#(r_{12}) = \#(r_{13}) = , \cdots , = \#(r_{N-1N}) = \mathrm{Max}((\#(r_{12}), \#(r_{13}), \cdots , \#(r_{1N}), \cdots , \#(r_{N-1N})) = K(K \text{ 为常数})$$

当异域相似时，$\#(G)$ 的值不确定，但有一个取值范围，该范围是

$$[0, \mathrm{Min}(\#(r_{12}), \#(r_{13}), \cdots , \#(r_{1N}), \cdots , \#(r_{N-1N}))]$$

显然，同域相似时，$\#(G)$ 取值最大，N 个事物之间的相似特征最多。

根据相似域的异同，可以将相似的传递性分为同域相似传递性和异域相似传递性。

定义 6：同域相似传递性

有 N 个事物 $A_1, A_2, A_3, \cdots, A_N$，两两之间存在 C_N^2 个相似域，若这 C_N^2 个相似域非空，其中的特征完全相同，且存在相同的相似规则 R，则这 N 个事物两两相似。

定义 7：异域相似传递性

有 N 个事物 $A_1, A_2, \cdots, A_N$，两两之间存在 C_N^2 个相似域，若满足：

（1） 这 N 个相似域非空；

（2） 存在相同的相似规则 R；

（3） C_N^2 个相似域存在共同的特征；

（4） C_N^2 个相似域的特征不完全相同；

则这 N 个事物两两相似。

根据相似的传递性的分类，可以导出"强相似"和"弱相似"两个定义，用来描述相似关系的强弱。

定义 8：强相似

多个事物符合同域相似传递性条件，则称这些事物之间的相似为强相似。如 $A \sim B, B \sim C$，且 AB、BC、AC 的相似域相同，则 $A \sim C$。这里，$S(A. B. ab. R)$ 的相似域 ab 和 $S(B. C. bc. R)$ 的相似域 bc 是相同的，且 $S(A. C. ac. R)$ 的相似域 ac 也与 ab、bc 相同，AC 之间的相似为强相似。

定义9:弱相似

多个事物符合异域相似性条件,则称这些事物之间的相似为弱相似。假设 A、B、C 三个事物,$S(A.B.ab.R)$ 有相似域 ab,而 $S(B.C.bc.R)$ 有相似域 bc,如果 ab 和 bc 没有交集,一般不可能在相似规则 R 下从 $A \sim B$ 及 $B \sim C$ 推导出 $A \sim C$。但并不能否认在其他相似规则如 R' 下存在 $S(A.C.ac.R')$。如果 ab 和 bc 有交集,在交集构成的相似域中 A 和 C 在规则 R 下相似,但 A 和 C 的相似程度可能弱于 $S(A.B.ab.R)$ 及 $S(B.C.bc.R)$。

由于相似的强弱性及其相似域的不同,使用相似理论指导仿真研究时,不严谨地扩大相似的域,会出现错误。依据相似原理建立的仿真系统,超出其相似域的结果不一定是原系统的相似结果,这样,就会导致仿真过程中出现"超原型性"。这也是目前很多人对仿真抱有疑问,尤其对复杂系统仿真顾虑较大的原因。

4. 相似性的度量

对于简单线性系统,周美立提出了用相似度来描述系统之间的相似性,并给出了定量度量系统间相似性的方法[57]。

设事物 A 有 k 个特征,组成特征域 a,即 $A = (a_1, a_2, \cdots, a_k)$;

事物 B 有 l 个特征,组成特征域 b,即 $B = (b_1, b_2, \cdots, b_l)$;

A、B 的特征中有 $m(0 \leqslant m \leqslant \min(k, l))$ 个特征相似,且 $S(A.B.r.R)$,$r = A \cap B$;

A 与 B 在相似规则 R 下所有特征数目:$\#(A \cup B) = k + l - m$;

对事物 A、B 而言,用 Q 表示事物之间的相似程度,即相似度,它由事物之间的相似特征的数目以及各相似特征的相似程度两部分决定,设 $Q(r)_m$ 为相似特征数目的相似度,$Q(r)_s$ 为相似特征的相似程度。

m 个相似特征分别在特征域 a 和 b 中所占的比例系数为 $Q(a)_m$、$Q(b)_m$,则有

$$Q(a)_m = \frac{m}{k} \tag{3-1}$$

$$Q(b)_m = \frac{m}{l} \tag{3-2}$$

m 个相似特征在所有特征中所占的比例系数为 $Q(r)_m$,则有

$$Q(r)_m = \frac{m}{k + l - m} \tag{3-3}$$

r 域中 m 个相似特征各自的比例系数可分别记为 $r_1, r_2, \cdots, r_m$。

$$r_m = \frac{\min(u_m(a), u_m(b))}{\max(u_m(a), u_m(b))} \tag{3-4}$$

式(3-4)中,$u_m(a)$、$u_m(b)$分别表示第 m 个特征在域 a、b 中的特征值。$0 < r_m \leqslant 1$,且 r_m 越趋近于1,表示 a、b 中第 m 个特征的特征值越相近,这两个特征越相似。

考虑每一相似特征对事物相似的影响不等,取特征权重分别为 $d_1, d_2, \cdots, d_m$,则相似域中特征相似程度记为 $Q(r)_s$,得出

$$Q(r)_s = d_1 r_1 + d_2 r_2 + \cdots + d_m r_m = \sum_{j=1}^{m} d_j r_j \qquad (3-5)$$

对于事物整体相似而言,事物间有一定数量相似特征,且每一相似特征都有一定相似程度,两者不可缺少。参照典型并和算法,可给出事物整体相似度数值 $Q(r)$ 的计算式如下:

$$Q(r) = Q(r)_m \cdot Q(r)_s = \frac{m}{k+l-m} \cdot \sum_{j=1}^{m} d_j r_j \qquad (3-6)$$

$0 \leqslant Q(r) \leqslant 1$,$\sum_{j=1}^{m} d_j = 1$,$0 < r_j \leqslant 1$,且 $Q(r)$ 的取值情况如下:

当 $m = 0$ 时,$Q(r) = 0$,说明 A、B 相异。

当 $0 < m < \min(l, k)$ 时,$0 < Q(r) < 1$,说明 A、B 相似。

当 $m = k = l$ 时,$Q(r) = 1$,说明 A、B 相同。

3.2.2　按仿真研究对象对相似理论的分类

按照仿真研究对象可将相似理论分为实物模型相似理论、数学模型相似理论、一般系统相似理论、复杂系统相似理论四部分。其中,实物模型相似理论比较成熟,数学模型相似理论、一般系统相似理论还需不断完善,而复杂系统相似理论,亟待突破。

1. 实物模型相似理论

实物模型相似理论是研究实物的人造模型的相似理论,以物理相似、几何模型相似为基础,主要包括实物模型的几何相似、运动学相似、动力学相似三部分内容。

几何相似研究对象几何特征的相似,构建各种实物的模型,使模型和实物保持几何相似。原型和模型对应的线性长度均成固定比例系数。

运动学相似研究不同对象和模型的运动学相似性。原型和模型的速度场相似,即速度场中各对应点的速度大小成比例,方向相同。

动力学相似采用几何模型,一般是缩小的模型,进行动力学试验,并通过模型研究真实对象的动力学特征。原型和模型对应点所受的同名力方向相同,大小成比例。

在以上研究的基础上诞生了物理学方程式两边物理量纲必须完全相同的量纲原理和伯金罕的相似三定律[62]。

2. 数学模型相似理论

数学模型相似理论以表述不同类事物的数学表达式为相似基础,它通过对真实对象数学模型的研究,揭示真实事物之间的规律。当仿真要研究不同学科领域的问题时,先建立该领域的数学模型,再通过运行数学模型的方法来揭示研究对象之间的相似规律。主要有[62]:

连续系统动力学的数学相似。连续系统的状态方程、传递函数等是对其各个因素之间关系的数学描述,如果不同系统的状态方程、传递函数等数学模型一致,则系统之间具有相似性。

离散系统动力学的数学相似。系统的离散状态方程,离散传递函数是对离散系统的数学描述,当两个系统的离散数学模型一致时,则它们之间存在相似。

场的相似。场是一种特殊的物质存在形式,如电磁场、能量场、引力场等。对不同场中的效应进行分析,建立其偏微分方程数学模型。当不同场效应的数学模型一致时,就出现了场的相似。

概率、模糊集、粗糙集的数学规律相似。在不确定性问题求解,以及随机事件仿真中,引入了大量统计分析工具,形成基于概率统计数学表达式的随机事件相似。还有模糊、粗糙集等数学工具揭示了与统计规律不同的不确定性事物的规律,出现了基于模糊集、粗糙集的相似。

图的相似。图是对事物的一种数学抽象,建立各类事物的图的模型,当模型一致时可以建立图的相似关系。

3. 一般系统相似理论

一般系统相似,是指两个系统的结构、功能、性能、存在与演化上存在的相似,主要包括[62]:

系统的结构相似。指两个系统的各子系统有着一定的对应关系,形成结构的相似。

系统性能、功能相似。指两个系统具有内在相似的特征,对外表现出相同或类似的某些功能。

系统的人机界面相似。指两个系统中,人的操作环境、操作空间环境、操作件的手感,操作者的视觉、听觉、体感等一致或类似。

系统的存在和演化相似。指两个系统有着静态和动态过程的相似性。即它们的初始状态是相似、一致的,且有各自的演化过程,而演化过程中的主要特点、主要参数存在相似关系。

4. 复杂系统相似理论

复杂系统是不能用还原论来研究的系统[61]，具有非线性、涌现性、自治性、不确定性等复杂性特性。

非线性是复杂系统的主要特性，由于元素之间的关系出现非线性，系统的表现才会复杂。系统涌现性是指系统整体具有而部分不具有的特性，在系统由低层到高层聚合中可以产生的新的属性、特征、行为、功能，有的涌现结果甚至令人始料不及。复杂系统的自治性是指复杂系统依靠与外界交换物质、能量、信息而使系统的结构、功能随着外界环境变化"自动"改变，系统可以"自发地"向更有序的方向演化。复杂系统的不确定性指系统演化的结果不确定、不可预知。

复杂系统相似不但表现在结构、功能、存在和演化等相似，更重要的是表现在上述非线性、涌现性、自治性、不确定性等特性上的相似。基于这些相似，复杂系统在其复杂性表现、系统内在要素的相互作用、整体与部分关系及演化的不同阶段等方面会出现不同的相似现象。

3.3　作战仿真中的相似性

系统建模与仿真的实质是寻求一个与原型系统有极其密切关系的模型来研究系统。为此，欲利用模型研究方法解决复杂系统的演化性、自治性和涌现性问题，就必须遵循复杂系统相似理论，构建复杂仿真系统[56]。

要有效的控制仿真的质量，提高仿真的可信性，透彻分析仿真系统与原型系统之间的相似性是关键之一，也是有的放矢地校核和验证仿真及其结果的依据。作战系统是一个复杂系统，具有一般系统的特性，还具有一般系统所不具有的复杂性特性。在作战仿真中，作战仿真系统与作战系统之间不但要满足一般系统的相似，更突出的是要表现出足够的复杂特性相似。

3.3.1　作战仿真中的一般系统特性相似

作战仿真中的一般系统相似是指作战仿真系统和作战系统之间的子系统、元素在结构、功能、演化上表现出来的规律性相似。

1. 结构上存在相似性

系统的结构（structure）是元素间的一切联系方式的总和，有序的结构称为组织[61]。作战仿真中，需要在时间结构、空间结构、组织等方面复现作战系统的结构。

作战系统具有鲜明的时间结构,如它有着明显的阶段性,而这些阶段在时序上有严格的规范,如陆军阵地进攻战役中,"突破阶段"一般是在"开进展开阶段"之后,这种时间上的结构隐含了某种因果关系,一旦混乱,必然导致仿真中因果颠倒;而且,一般在作战计划中,都会有明确的作战协同时间表,规定了各种作战行动的时序,这种时序里包含了装备运用上的协同关系,反映了战役的计划性。

作战也具有特定的空间结构。如联合战役必然是在一定的战场空间展开。首先,在作战中,不同的军种都是按照其作战特点进行空间上的配置,并在其适合的空间位置活动。如空军大多在空中活动,陆军除陆航部队外绝大多数部队在陆上活动,而海军围绕海洋进行部署和活动。其次,各兵种在使用上也会根据其运用方式在空间上有序排列,如在陆军机动进攻战役中,陆军的一梯队、二梯队、火力突击群等都有自己相应的位置,如果仿真中把火力突击群部署在一梯队前,显然,在兵力部署环节就出现了与原型系统的不相似。因此,作战仿真中的空间结构必须和真实作战相似,否则,就会出现"坦克在天上飞、军舰在陆上跑"的怪诞现象。

作战中,还存在大量的组织。如参战双方的编制、编成是一种典型的组织,它能按照隶属关系构建树状层次结构;通信网络可以按照通信组网计划形成网状或者树状的拓扑结构;按照"指挥所—中心—组—席位"的方式将形成指挥所组织。对这些组织的仿真,都是全要素、全过程的作战仿真所无法避免的。仿真系统与原型系统中的这些组织对应相似,是两者结构上具有相似性的重要体现。

2. 功能上存在相似性

在作战系统中,各作战力量互相协同,发挥各自的功能。在作战仿真中也需要体现这些功能。以陆军集团军作战仿真系统为例,该系统包含了作战指挥仿真子系统、通信侦察仿真子系统、武器系统仿真子系统,装备保障仿真子系统等,涵盖了红、蓝双方建制下的主要装备以及作战行动。各仿真子系统与真实系统中对应子系统具有功能上的相似性。

3. 演化上存在相似性

作战系统中的各种结构、状态、行为、功能在整个作战中随着时间的推移而动态变化,这就是作战的演化。作战开始时,其参战人员和装备都是有序的,形成了严密的组织。随着作战的演化,双方都要受到打击,各自的组织将破坏,组织能力强的一方,会不断修复损坏的结构,维持其有序性,当某一方不能维持时,将导致其结构崩溃,以作战失败而告终。此时,作战系统的演化结束,系统不复存在。在作战仿真中,要在系统演化上与作战系统保持相似性。

3.3.2 作战仿真中的复杂系统特性相似

战争是复杂系统,对其进行仿真时,仅从一般系统角度分析作战仿真系统与作战系统之间的相似是不够的,必须从复杂系统角度分析其可信性。作战仿真中的复杂系统相似是指作战仿真系统和作战系统之间在非线性、涌现性、自治性、不确定性等复杂特性上表现出来的规律性相似。

(1) 非线性上存在相似性。在作战中,到处存在着非线性,比如投入的兵力和作战胜负之间存在非线性。拿破仑曾说过:"两个马木留克兵绝对能打赢三个法国兵,100 个法国兵和 100 个马木留克兵势均力敌,300 个法国兵大都能打败 300 个马木留克兵,而 1000 个法国兵总能打败 1500 个马木留克兵。"[63]这句名言深刻地揭示了单个"兵"与有序的、成建制"兵"的非线性关系。武器装备性能与作战效能之间、作战的局部与整体之间、信息优势与作战结果之间都存在着非线性的关系。作战仿真中必须要能体现这些非线性关系,否则,就变成了优势装备一定打败劣势装备、优势兵力一定打败劣势兵力。这样的仿真也难以提供可信性高的仿真结果。

(2) 涌现性上存在相似性。涌现性,也即系统的整体性[99]。作战系统根据不同标准可以划分为不同的子系统,这些子系统相互作用,可以产生与单个子系统行为显著不同的宏观整体性质。这些性质根据先前的子系统知识是无法预知的。作战中到处存在着涌现性,如武器装备体系具有涌现性,它可以发挥出远大于所有装备单个使用的效能。信息系统被称为"战斗力的倍增器",最能体现涌现性,信息系统本身不具有任何杀伤力,但在作战系统中加入信息系统,加快信息流的循环,使指挥周期变短、决策更加合理、火力引导快捷精确,使整个作战的节奏加快。作战仿真中,要反映这种"1 + 1 > 2"的特点,否则,仿真中任何一方的战斗力都只是所有参战装备性能之和,战法失去了作用,指挥也失去了作用。

(3) 自治性上存在相似性。战争是人设计的,人参与到战争之中并控制战争的全过程。在作战系统中,人是发挥能动作用的主体,离开了人的能动适应性,也就谈不上作战的复杂性。而且战争中的对抗双方都不是孤立存在的,都和战场环境中的敌、友进行不断的交互,从交互中得到不同的信息,从而对自身的行动进行主动的调整,使战争的演化朝本方有利的方向发展。所以,虽然战争具有计划性,但几乎没有一场战争是完全按照人的预先设计按部就班地进行。作战仿真也需要对对抗双方的这种自治性进行逼真的描述,使其与真实的作战具有相似性。

(4) 不确定性上存在相似性。不确定性是作战系统最重要的复杂性表现之一。在战争中,存在着大量不确定性因素,这些因素的产生时机是随机的、对整个战争的影响也是不可预知的,例如一次通信中断可能会造成重要命令的传达不及时,然后导致整个战局发生逆转。这些不确定因素增加了战争中的"迷雾",使参战人员尤其是指挥员难以把握和控制作战。借助作战仿真的方法来研究战争的规律,必须在仿真中反映诸多不确定因素,使它们和真实的战争在不确定性上具有相似性,而不是把不确定的作战系统再现为一个具有确定演化路径、确定作战结果的确定性系统。在这样的系统上进行仿真试验,只要给定确定的初始条件,单次试验和多次试验的结果是一样的,每场"虚拟战争"只有一个作战结果,这样的仿真本身没有体现战争的规律,用它来研究战争的规律,无疑是不尽如人意之举。

3.3.3 作战仿真中相似的标准

按照研究对象分类,作战仿真系统与作战系统之间属于复杂系统相似,既要满足一般系统相似的要求,如结构相似、功能相似、演化相似等,又要满足复杂系统相似的要求,如非线性相似、涌现性相似、自适应性相似、不确定性相似等。上述相似性,存在于作战仿真系统和作战系统的各层次。作战仿真可信性的客观标准就是要判断在各层次上作战仿真系统与作战系统是否满足上述相似性要求。

按系统论分析,作战系统具备明显的层次性,针对每一个层次的问题应该在本层次内得到解决。在本层次内更有针对性,也能够在系统整体角度考虑问题,从而也容易得到整体性的效果。所以,在分析作战仿真系统与作战系统的相似性时,应该坚持层次性的原则。图3-2以联合战役为例,说明了作战仿真中各层次的相似。图中,下层的相似支持上层的相似,上层的相似控制下层的相似。

(1) 作战单元相似。作战单元是指作战仿真系统中参加作战编成的最小作战单位,是仿真系统所能描述到的最小颗粒度。如仿真系统对装甲部队描述的最小颗粒度到连,那么,装甲连就是该仿真系统中的作战单元。对于战役规模的作战仿真而言,最小颗粒度最多到单武器系统,向下细化到部件没有必要[99],而向上到排、连、营均可,目前没有定论。作战单元是作战仿真系统中构建战争体系的"砖块",若其与客观实际不符,就会造成"砖块"变形,必然导致最终仿真的战争体系和真实战争相去甚远。所以,作战仿真系统对作战单元的描述符合客观实际是作战仿真的基本要求。作战单元的相似主要体现在结构相似、功能相似上,如对一个作战单元为连的作战仿真系统进行作战单元相似分析时,应该从各作战单元武器装备的数量、战术技术性能、战术运用原则、机动性能、攻击性能、生存性能等方面进行。

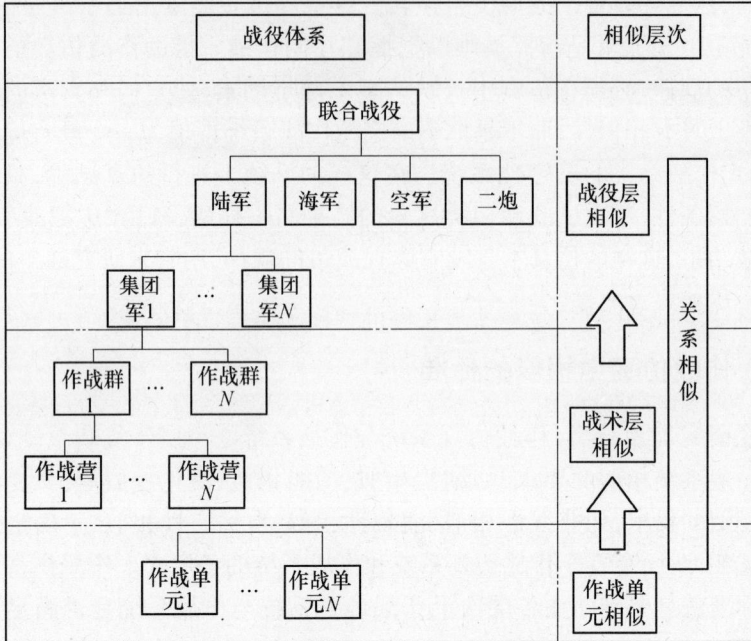

图 3-2　作战仿真中各层次的相似

　　(2) 战术层相似。战术层相似是指作战仿真系统中战术层的作战实体的战斗行动、战斗规律与作战系统客观实际具有相似性。战术层的战斗是构成战争的主体,是达成战争目的的基本手段[4]。所以,战斗层相似是"虚拟战争"与真实世界的战争相似的重要保证。战术层的相似主要体现在结构相似、功能相似、演化相似等一般系统相似上,有的也具有非线性、自适应性等复杂特性的相似。如在结构相似上,以作战系统的陆军作战力量为例,按军、兵种分,作战系统中的陆军子系统可分为步兵、装甲兵、炮兵、防空兵等;而按照作编成分,作战系统中的陆上作战集团可分为主要攻击群、辅助突击群、火力突击群、电子对抗群等,如图 3-3 所示。在仿真系统中,应该能够反映这种不同的结构划分。根据不同的仿真目的和仿真系统体系结构,战术层相似分析的重点不同。在火力封控作战中,火力突击群的战斗活动可能是分析的重点,而在机动进攻作战中,主要攻击群的战斗活动又可能成为分析的重点。

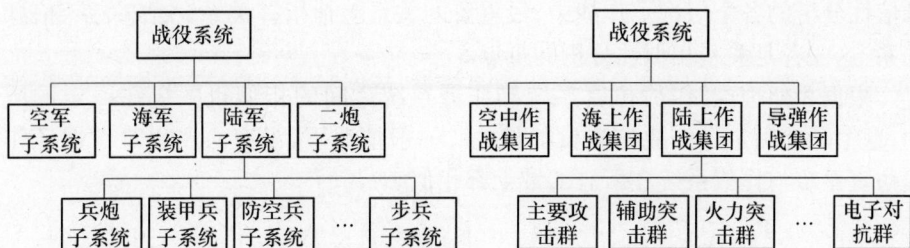

图 3 − 3　作战系统的子系统分类图

（3）战役层相似。在战术层相似的支持下，作战仿真系统和作战系统表现出战役层的相似，这种相似是各种因素相互作用下的整体相似。它既包括一般系统的相似，更突出的是非线性、涌现性（整体性）、不确定性、自适应性等复杂特性相似，是作战仿真系统与作战系统的之间最高层次的相似。

战役层的复杂特性相似如何分析是一个关键问题。显然，满足于战术层的相似，由战术层的相似去推导出战役层的整体相似，是典型的用还原论研究复杂系统，在方法论上出现了偏差。

那么，如何用整体论来指导复杂性分析呢？本书认为，在初始条件一定的情况下，通过一次仿真难以反映战役层的复杂性相似。而通过多次仿真，在各次仿真过程、现象与客观实际相符的前提下，对多次仿真结果进行统计分析，战役层的复杂性相似将一定程度上反映到统计结果中。通过对仿真结果中一些具有综合性、整体性的要素进行分析，可以判断作战仿真系统与作战系统是否具有复杂性相似。这些综合性、整体性的要素是任何子系统、局部所不能代替的，又是各子系统和局部综合产生的。它们包括战役的胜负、战役的时间、战役的消耗、战役的平均推进速度、平均决策周期等。这里，平均决策周期主要是考虑了信息化对战役的影响，尤其是加快了"收集情报—分析判断—定下决心—组织指挥"的决策过程，减少战役中存在的"迷雾"，使决策"更快更准"。战役层的相似性分析可以从这几个方面入手。

（4）关系相似。关系相似是指作战仿真系统各层次内部以及各层次之间的关系与作战系统中对应关系有相似性。作战单元、各作战群、作战集团在战役中不是孤立存在的，而是通过彼此之间的关系相互联系、相互作用，并涌现出上一层的新性质。一个坦克排有三辆坦克，对于每一辆坦克而言，只有位置的概念，而没有战斗队形的概念，但三辆坦克通过相对位置关系的变化可以产生一字队形、前三角队形、后三角队形、左梯形队形、右梯形队形等。所以，关系的相似性分析应该纳入仿真可信性分析的范畴，而且，这种分析应该贯穿于仿真可信性分析的各个层次。作战中,最重要的关系包括指挥关系、交战关系、信息关系,这三者是关系相似性分析的重点。

　　根据相似理论,作战仿真系统和作战系统之间的相似也限定在一定的域中,这个域的确定与作战仿真目的相关。一般情况下,没有必要也难以保证作战仿真系统与作战系统在所有的域上都相似。

第 **4** 章

仿真可信性理论

仿真可信性理论是仿真科学与技术的应用理论的重要组成部分,是所有仿真应用中仿真可信性的共有理论,对保证和提高仿真可信性,使仿真结论具有更好的实用价值极其重要。本章着重构建仿真可信性理论的理论体系,探讨其组成及各组成部分的内涵,继相似理论之后,为作战仿真可信性的研究奠定另一理论基础。

4.1　仿真可信性的理论体系

仿真可信性理论是表述所有应用领域仿真全寿命周期的可信性规律、可信性控制的基本理论。它包含三个方面的理论和方法,分别是仿真可信性基本理论、仿真可信性的影响因素分析及相关理论、仿真可信性的控制方法,如图 4 - 1 所示。仿真可信性基本理论通过研究仿真可信性的概念、分类、描述方法,建立仿真过程和结果可信性的分析方法和评估理论,回答仿真可信性"是什么"、"怎么表示"、"如何分析与评估"等基本问题。仿真可信性的影响因素分析及相关理论从仿真全寿命周期出发分析影响仿真可信性的因素,研究这些影响因素与仿真可信性的关系,并研究提高仿真可信性的各种理论、方法、技术和规范。仿真可信性的控制方法研究对不同性质的仿真,采用不同的方法,控制仿真可信性,使仿真满足应用要求。这三个组成部分中,仿真可信性基本理论是基础,仿真可信性的影响因素分析及相关理论是仿真可信性的理论主体,而仿真可信性的控制方法是使仿真可信性满足应用需求的有效措施。

仿真的可信性理论

├ 仿真可信性基本理论
│ ├ 仿真可信性的概念
│ ├ 仿真可信性的分类
│ ├ 仿真可信性的描述
│ └ 仿真可信性的评估与分析方法
├ 仿真可信性的影响因素分析及相关理论
│ ├ 影响仿真可信性的因素
│ ├ 数据的可信性理论
│ ├ 模型的可信性理论
│ ├ 仿真系统的可信性
│ └ 仿真结果的可信性
└ 仿真可信性的控制方法
　├ 确定性仿真的可信性控制方法
　├ 不确定性仿真的可信性控制方法
　└ 复杂性仿真的可信性控制方法

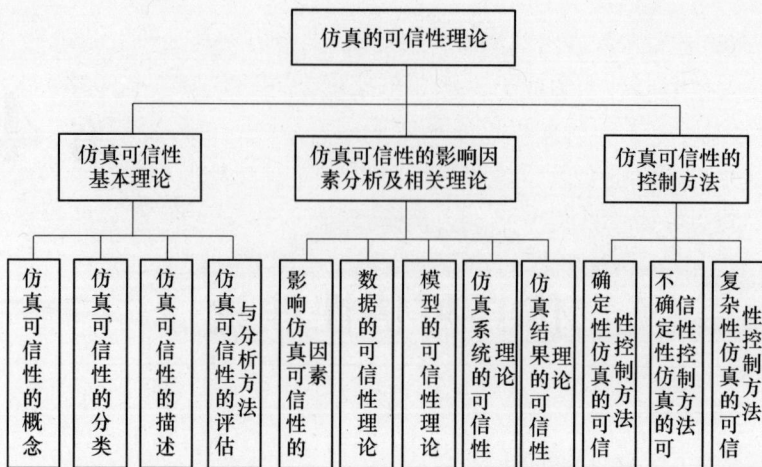

图4-1　仿真可信性的理论体系

4.2　仿真可信性基本理论

仿真可信性基本理论主要研究仿真可信性的定义、分类,研究仿真可信性的定量和定性描述方法,研究仿真可信性分析与评估的方法和技术。确定性系统仿真可采用误差理论评估可信性,简单线性系统仿真、统计性系统仿真的可信性评估也有一些成熟的方法,如基于距离的方法、置信区间的方法。不确定性系统仿真的可信性分析,用到概率、模糊、粗糙集等不确定数学工具,已有一定方法,但复杂系统仿真的可信性分析目前还面临着较大困难,需要加强研究,力争突破。

4.2.1　仿真可信性的基本概念

由于被仿真对象的复杂性,建模者对原型系统的信息获取往往不完全,所以仿真系统只能是原型系统的一个有限映像,仿真系统、原型系统之间必然存在相似。从最终的仿真应用的角度出发,衡量这种相似与仿真应用需求相适应的程度,就提出了仿真可信性的概念。

定义1: 仿真可信性(Credibility)是仿真相对于特定的应用目的而言,其环境、过程、现象和结果正确反映原型系统客观规律的程度。

对该概念有以下几点解释:

(1)客观性。仿真系统与原型系统客观存在着相似性。进行仿真可信性分析,从使用者的角度给出其相似的程度,即模仿原型系统的真实程度,使得用仿真系统来研究原型系统成为可能。所以仿真可信性是一个具有客观性的概念,这种客观性是不因仿真应用目的不同而产生变化的。也就是说,一个仿真系统建成并进行实验之后,其仿真过程和结果正确反映原型系统的客观规律的程度就确定了。由于系统不同,也有学者用逼真度、精确度来说明简单系统的可信性,但复杂系统没有简单的可信性指标,目前也还没有成熟的科学量化方法,要用分析、评估的方法对仿真可信性进行说明和鉴定。客观性是仿真可信性的根本属性。

(2)目的相关性。仿真可信性的高低与研制该仿真系统的目的紧密相关。即使是同一个仿真系统,仿真任务不同,对系统所表现出的可信性的接受程度也不同。

(3)仿真可信性源于仿真系统与原型系统之间的相似性。仿真系统是一种人造系统,所以一般工业系统的评价指标,如可靠性、可维护性、软件可重用性等对仿真与仿真目的的适应程度会产生影响,但这些指标都不是仿真可信性的影响因素。仿真可信性只反映仿真系统与原型系统之间的相似性对仿真目的能否实现的影响。也就是说,仿真可信性满足要求是仿真与仿真目的相适应的必要条件,而非充分条件。

(4)综合性[25]。仿真可信性是仿真模型、算法、数据乃至仿真系统的软、硬件设备等多种因素的综合反映。可信性的某个侧面可能受多种因素的影响;同样地,某一种因素也可能影响可信性的多个侧面。

1. 层次性

按照系统工程的观点,任何一个复杂的系统都可以按某种规则将其构成要素划分为若干层次。基于这种观点,系统工程方法要求在解决复杂问题时,进行层次性把握,分清主次,逐一解决。可信性评估体系也不例外,可信性评估的对象、准则和指标体系同样可以划分为主要和次要方面,整个评估问题可以划分为评估目标、评估标准和评估对象等不同层次。所以,深入理解作战仿真可信性评估的层次性,是抓住问题本质的基本依据之一。

2. 整体性

计算机技术和仿真技术的飞速发展使得装备级作战仿真的可信性指标和人们对它的认识角度都发生了巨大的变化。装备级作战仿真系统往往是一个复杂的巨系统。有机的整体取代了被分割的局部,以往认为是独立的部分,现在看来是更大整体的组成部分,同时又是由若干更小部分构成的整体。因此,这就要求人们将复杂的装备级作战仿真的可信性评估视为一个整体,针对问题分析各有关的局部但不陷入任何局部,追求评估效果的整体最佳,追求评估目标的整体实现,使可信性评估问题在全局意义上得到最终解决。

3. 关联性

关联是指系统内部元素之间及系统与外部环境的联系。按照系统工程的观点,一个系统的内部关联决定着系统的功能与特性,外部关联则决定着系统运动发展的方向。同时,周围环境的变化将直接影响系统功能的发挥。任何复杂问题的出现都有其内部原因和外部原因,所以系统工程方法要求在可信性评估问题的研究活动中,既要考虑内在的构成要素,对相互关联关系进行最优调整,又要找出可信性评估对象的问题、评估准则、评估指标体系与外部环境之间的关联关系,从根本上实现装备级作战仿真有效的评估运作。

4. 反馈性

按照关联性,系统本身的变化将对外界环境产生影响,使环境发生变化。同时,这变化又将反过来对系统本身产生进一步影响,这个过程便是反馈。对作战仿真系统的可信性问题进行评估是一个反复的过程。需要不断地通过实际效果来判断评估的合理性和准确性,以便使评估体系更加完善、评估结果更加有效。

4.2.2　仿真可信性的结构

仿真可信性是仿真相关各个侧面可信性的综合反映,按照不同的划分方法,仿真可信性有不同的结构。从仿真的全寿命周期进行划分,它可以分为四个组成部分:数据可信性、模型可信性、仿真系统可信性、仿真结果可信性。

定义 2: 数据的可信性是指仿真中使用的数据,对仿真满足仿真应用目的的影响程度。这里所说的数据,指的是用于支持模型运行的数据,而不包含仿真结果数据。仿真的过程就是对给定数据进行不断变换的过程[64],如果模型的输入数据不正确、不完整,将会导致后面基于输入数据变换的一系列数据产生误差甚至错误,使仿真结果的可信程度降低。

定义 3: 模型可信性是指仿真中所用模型,对仿真满足仿真目的的影响程度。在仿真建模的过程中,一般包括建立原型系统的概念模型、数学模型、计算机模型三个阶段。与建模的阶段相对应,模型的可信性也应包括概念模型的可信性、数学模型的可信性、计算机模型的可信性三个方面。

定义4: 仿真系统可信性是指仿真系统的结构及运行,对仿真满足仿真目的的影响程度。仿真系统是仿真赖以实现自身价值的物化的表现形式。仿真系统可信性是构成系统的模型、数据以及仿真系统的结构和运行时所表现的动态特性的综合反映。

定义5: 仿真结果可信性是指在特定的仿真应用目的下,运行仿真系统进行仿真试验,产生的试验结果数据对原型系统客观规律的反映程度。将仿真试验的输出结果与相对应的原型系统试验的结果作一致性检验是研究仿真结果可信性最直接也是最基本的方法,大部分定量研究方法都是基于这种思想。但对于作战仿真系统,由于不容易得到原型系统的运行数据,直接比较仿真系统与原型系统的结果往往难以进行。而只能按照原型系统的一般规律,分析仿真结果的可信性。

仿真可信性的各组成部分存在关联关系,数据的可信性会贯穿到使用该数据的后续模型、仿真系统的运行,并反映到仿真结果中;模型的可信性会对仿真系统的可信性和仿真结果的可信性产生影响;仿真系统的可信性自然会影响到基于系统运行而产生的仿真结果的可信性。仿真结果可信性体现了数据、模型、系统、仿真试验诸因素的影响,综合反映了仿真可信性。它们之间的关系如图4-2所示。

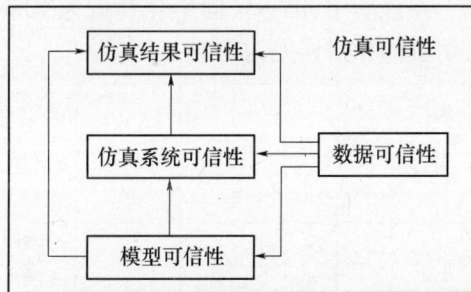

图4-2 仿真可信性及其各组成部分的关系

4.2.3 仿真可信性的度量

仿真可信性的度量决定了仿真可信性的最终表现形式,它可分为定量和定性两种度量方式。现有的仿真可信性定量度量大多用一个数[65-69]、一个距离[70,71]、或者一定置信水平下的置信区间[72]来表示仿真针对应用目的的可信性。其中,用一个数来定量度量的方法较多,但多适用于简单系统,用一个数定量度量复杂系统仿真可信性比较困难。定性度量就是用自然语言或某些结构化语言对仿真可信性做出分析,给出可信性的描述和评价。也有先定性划分仿真可信性等级,然后用某一等级来衡量仿真可信性的方法[23,73]。

1. 仿真可信性的定量度量

简单系统仿真的可信性定量表示已有比较成熟的成果[23,25]:

逼真度(Fidelity):模拟设备所模拟的特性与被仿真对象的真实特性相吻合的程度。

误差(Error):仿真系统的观察值、测量值或计算值与真实值之间的差异。

精度(Precision):模型表达或仿真运算的精确程度。

准确度(Accuracy):模型或仿真中参数、变量或者参数集、变量集与仿真对象或某种选定标准的一致程度。

灵敏度(Sensitivity):描述了外部激励(输入变量)和内部参数(数据值)的不确定性和缺陷对细节的可观测属性的误差幅度的影响。

1)确定性系统仿真的可信性度量

使用误差、精度、准确度等概念可以很好地度量确定性系统的仿真可信性。如对坦克运动学进行仿真时,将坦克驾驶模拟器的加速距离、制动距离、第一位置转向半径、第二位置转向半径与实车的相应数据进行比较,它们之间的误差就可以作为衡量坦克模拟器的仿真可信性的指标。4-3为某坦克模拟器与实车的各种距离对比图。在该图中,第一转向半径真值为10m,仿真值为12m,仿真的绝对误差为2m,仿真的相对误差为2/10=20%。

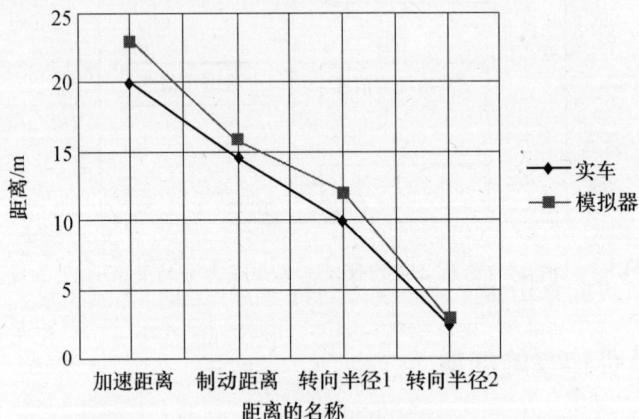

图4-3 坦克实车与仿真模拟器距离对比图

2)简单线性系统仿真的可信性度量

对于线性系统仿真可信性的定量描述已有一些成果,其中,基于系统之间

"距离"的定量描述方法是一种较为有效的方法。仿真系统和原型系统只有部分相似,这种相似可以用两个系统之间的"距离"来度量,"距离"越小,系统越相似,仿真可信性越高。

(1) 基于相似度的度量。对于线性系统,仿真系统的相似度,是相似元的数量、相似元的数值以及每个相似元对系统相似度影响权系数等因素的函数。设系统 A 由 k 个元素组成,系统 B 由 l 个要素组成,系统 A、B 间存在 n 个相似要素,构成 n 个相似元,每个相似元的值记为 $q(\overline{u_i})$。每一相似元对相似系统相似程度的影响权重为 β_i,则系统 A 与 B 的相似度可以定义为

$$Q(A,B) = \frac{n}{k+l-n} \sum_{i=1}^{n} \beta_i q(\overline{u_i}) \qquad (4-1)$$

如果把原型系统看成一个各种特征的模糊集合,每一种特征的隶属度为1,把仿真系统对应的每一特征都与原型系统相似,则 $k=l=n$。可得

$$1 - Q(A,B) = \sum_{i=1}^{n} \beta_i (1 - q(\overline{u_i})) \qquad (4-2)$$

上式的右边就是仿真系统和原型系统的加权海明距离,可见相似度越大,仿真系统和原型系统的加权海明距离越小。

(2) 基于逼真度的度量。当用逼真度来度量仿真系统与原型系统相似性时,常用的"距离"包括欧几里得距离、Mickowski 距离、曼哈顿距离(Manhattan Distance)等。假定两条时间序列 $X = \langle x_1, x_2, \cdots, x_n \rangle$,$Y = \langle y_1, y_2, \cdots, y_n \rangle$,分别为仿真系统和原型系统的时间序列,则其欧几里得距离定义为

$$d(X,Y) = \left(\sum_{i=1}^{n} |x_i - y_i|^2 \right)^{\frac{1}{2}} \qquad (4-3)$$

Mickowski 距离是对欧几里得距离的推广,也称 L_p 距离,定义如下:

$$L_p(X,Y) = \left(\sum_{i=1}^{n} |x_i - y_i|^p \right)^{\frac{1}{p}} \qquad (4-4)$$

显然,当 $p=2$ 时,Mickowski 距离就是欧几里得距离;当 $p=1$ 时,Mickowski 距离定义为 $L_1(X,Y) = \sum_{i=1}^{n} |x_i - y_i|$,称为曼哈顿距离;当 $p=\infty$ 时,Mickowski 距离定义为 $L_p(X,Y) = \max_{i=1}^{n}\{|x_i - y_i|\}$,称为最大距离(Maximum Distance)。

3) 统计性系统仿真的可信性度量

统计性系统仿真的可信性也可以用误差的方法来度量。如对坦克火炮系统的仿真可信性,可以用仿真系统弹着点分布的统计量与实车测试数据的差距

来衡量。如在射击相同次数的情况下,实车弹着点的平均散布半径为 R,而仿真系统的弹着点散布半径为 R',按照仿真应用目的,当 R' 与 R 之间的误差 η 小于某值 ε 时,就认为仿真是可信的,那么,η 的大小就可以定量度量仿真可信性。

统计性系统还可以用一定置信水平下的置信区间来衡量[36]。即对总体参数 θ 进行区间估计时,对预先给定的概率 α 能找到一个区间 (θ_1, θ_2),使得 $P(\theta_1 < \theta < \theta_2) = 1 - \alpha$,则称 (θ_1, θ_2) 为置信区间,α 为置信度,$(1 - \alpha)$ 为置信水平。此时,仿真结果中参数 θ 出现在 (θ_1, θ_2) 范围内的可能性为 $1 - \alpha$,它可以反映仿真系统与原型系统在输入相同的情况下,输出的近似程度。

2. 仿真可信性的定性度量

对于复杂系统,仿真环境、过程、现象和结果正确反映原型系统客观规律的程度难以准确定量描述,而且仿真与仿真应用目的相适应的程度也难以定量度量,所以需要采用定性度量的方法。

仿真的定性度量是按照仿真目的的要求,逐一对仿真的原理、仿真系统的构建、模型的合理性、数据的来源和选择、仿真试验条件、试验实施过程和试验结果的处理过程进行详细分析,查找可能造成不可信的因素,给出全面的分析结果。在分析的基础上,对仿真可信性进行评价,从而给出仿真可信性的总结论。

仿真可信性的定性度量方法有仿真结果的分析方法、分阶段分析法、系统相似法、基于灵敏度分析方法等。在进行仿真可信性的定性度量时,要先将仿真过程的每一个环节的可信性分别描述,最后汇总。仿真过程有建模、构建仿真系统、组织仿真试验等环节,相应地可以运用建模与仿真的 VV&A,仿真系统可信性分析、仿真过程和结果的可信性分析得到各环节的可信性分析结果。再由仿真人员和军事专家一起,对各环节的仿真可信性进行汇总,得到总的仿真可信性结论。

用定性的方法来度量仿真可信性,可以由专家共同分析,或采用专家评分的方法组织,进行定性的评判。如果评判级别划分得过多过细,就会使各评语间差别的理解变得很困难,容易产生歧义;相反,如果级别划分得过于粗糙,又可能流于空泛,降低评语的实际意义。

因此,可以将仿真可信性划分为四个级别,评判集为

可信
基本可信
基本不可信

不可信
|

4.2.4　仿真可信性的分析与评估方法

1. 仿真可信性的分析方法

仿真可信性的分析方法有仿真结果的分析方法、分阶段的分析方法、系统相似法,基于灵敏度的分析方法。

(1)仿真结果的分析方法是依据仿真的输出结果对仿真可信性进行分析。仿真结果集中体现了仿真各环节的可信性,对仿真结果进行详细分析是发现仿真实验、仿真系统、模型、数据的缺陷,提高仿真可信性的重要手段。对仿真结果的分析有两种方法,即宏观分析和微观分析[101]。宏观分析是指在仿真结束后,把仿真结果处理成便于分析比较的形式,然后把处理后的数据提供给有经验的领域专家,他们可根据自己的经验来直观判断结果的合理性,如果觉得结果存在不合理性,便把判断信息反馈给仿真人员,再由仿真人员直观分析仿真各环节的不合理性。这种分析以经验和直觉为主,一般可以快速定位导致不可信现象的子系统或模型。微观分析主要是对仿真的各种中间结果和过程进行仔细的剖析,以找出造成模型或数据不合理的具体环节,查找问题的根源。基于仿真结果的可信性分析要把宏观分析和微观分析相结合,先进行宏观分析,由领域专家指出结果中不合理的现象,然后再由仿真人员用微观分析的方法找出导致不合理结果的因素,修改模型,不断重复上述过程,直到结果被认为可接受时为止。

(2)分阶段的分析方法指将仿真按照过程分为若干阶段,然后将每一阶段的仿真所产生的重要数据输出,依据这些数据分析该阶段的仿真可信性。最后将所有阶段的仿真可信性进行综合,得到总的仿真可信性。分阶段的分析方法是按仿真过程展开仿真可信性分析。

(3)系统相似法是在相似理论的指导下,直接比较仿真系统与原型系统对应子系统和元素是否相似。这种分析以寻找仿真系统和原型系统的相似元为基础,然后逐一分析相似元之间的相似性。在仿真结果可观测时,在输入相同的条件下,比较仿真系统和原型系统之间的输出响应的一致性也是系统相似法的一个重要内容。

(4)基于灵敏度的分析方法是指在感兴趣的范围内,系统改变模型输入变量和参数的值,并观察模型行为因为这种改变而发生的变化。通过灵敏度分析,可以对仿真输出的合理性进行判断,若仿真的输出和预期的不同,表明仿真可能存在错误,模型的有效性需要进一步确认。

2. 仿真可信性的评估方法

仿真可信性的评估方法非常多,根据评估结论的表达方式,可分为定量评估方法和定性评估方法两种。定量评估方法包括基于相似度的评估方法、数理统计方法、谱分析方法、误差分析评估方法、系统辨识方法、层次分析法、基于粗糙集的评估方法、人工神经网络评估方法、灰色综合评估方法、最大熵估计评估方法、案例推演评估方法、相似度辨识评估方法、基于逼真度评估方法等;定性评估方法包括模糊综合评判方法、定性推理评估方法、粗糙集 – 模糊评判方法等[74-81]。仿真可信性评估方法体系如图 4 – 4 所示。

一般说来,各评估方法都有其优点和局限性,要想给出一个可操作的、适用于任何仿真的、能够综合反映仿真各个方面性能的评估模型几乎是不可能的。所以,仿真在实践中,人们往往要综合运用多种方法和手段,从多个角度对仿真可信性进行分析与评估。

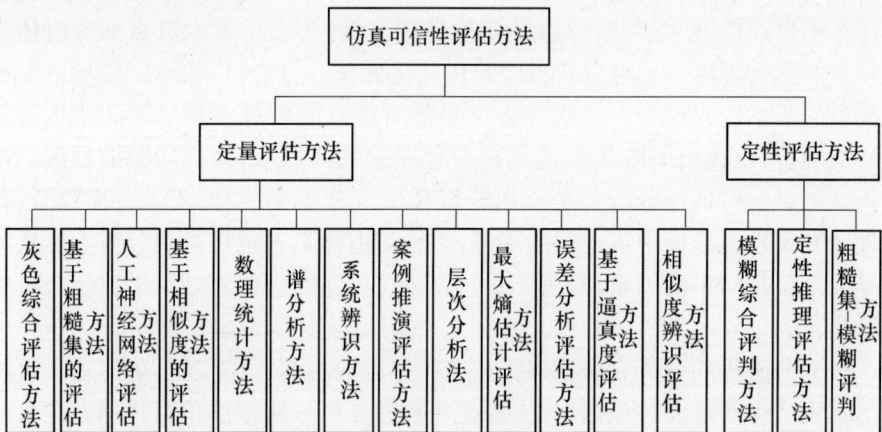

图 4 – 4　仿真可信性的评估方法体系

4.3　仿真可信性的影响因素分析及相关理论

仿真可信性的影响因素分析理论主要根据仿真可信性的组成分析影响仿真可信性的主要因素。从仿真可信性的影响因素入手,研究降低这些因素对仿真可信性的负面影响的理论方法,其中,数据的 VV&C 理论、模型和仿真系统的 VV&A 理论,仿真试验全过程的合理性分析是确保这个目标实现的三个关键的理论。研究仿真试验数据的检验原理以及仿真结果提取的理论、方法,仿真可信性的评价原理等。现对其中的部分理论与方法进行探讨。

4.3.1 仿真可信性的影响因素分析

　　数据可信性、模型可信性、仿真系统可信性、仿真结果的可信性是仿真可信性的组成部分,数据、模型、仿真系统、仿真试验等因素都将对仿真的可信性产生影响。而它们又受到诸多其他因素的影响。因此,仿真可信性是大量影响因素共同作用下,描述仿真系统与应用目的相适应程度的一个总体指标。仿真可信性的主要影响因素如图4-5所示。

　　由图4-5可见,数据可信性是仿真可信性的基础,影响数据可信性的因素主要包括:数据正确性、数据完整性和数据精度。要保证数据可信,关键要解决"正确的数据不完整"和"完整的数据不正确"两个问题。

　　模型可信性是仿真可信性的灵魂,影响模型可信性的因素主要包括:数据可信性、模型正确性、模型精度、模型分辨率、仿真算法等。其中,模型的正确程度越高,模型可信性就越高;模型精度主要影响模型求解速度;模型分辨率越高,可描述的因素就越多,模型的逼真度越高。但模型分辨率并不是越细越好,分辨率越细,建模所需要的知识就越多,模型的正确性越难以把握[82];仿真算法的收敛性、数值稳定性、算法速度、精度等都会影响模型的可信性。

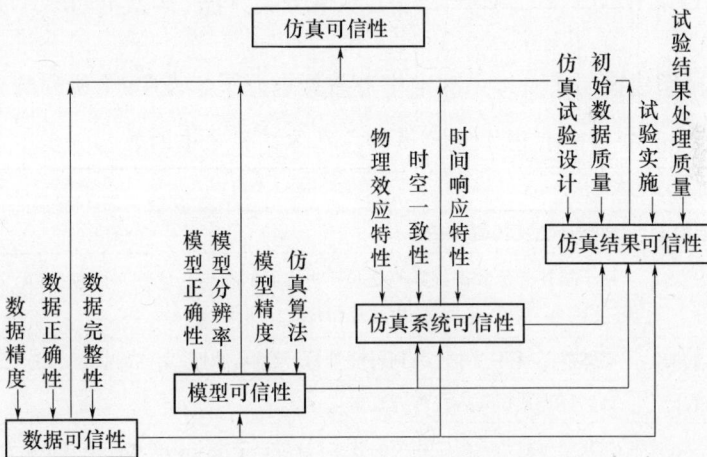

图4-5　仿真可信性的主要影响因素

　　影响仿真系统可信性的因素主要包括:数据的可信性、模型的可信性、物理效应特性、时空一致性、时间响应特性。其中数据的可信性、模型的可信性对所有仿真系统的可信性都有影响,而物理效应特性只针对人在回路和实物在回路仿真系统而言;时空一致性只针对分布式交互仿真系统而言;时间响应特只针对实时仿真系统而言。

仿真结果是仿真的产物,是模型、数据、仿真系统、仿真试验等诸因素的集中反应。数据可信性、模型可信性、仿真过程可信性都会对仿真结果产生不同程度的影响;仿真试验设计、初始数据质量、试验实施过程、仿真试验结果处理等环节也会影响仿真结果的可信性。如仿真结果的处理过程中可能由于数据的遗漏处理、重复处理、错误处理而使得最终结果和仿真输出不一致,影响仿真的可信性。仿真结果全面反映了仿真全过程的影响,在某种程度上甚至可以说,仿真结果的可信性就代表了仿真可信性。

4.3.2 数据的可信性理论

1. 数据的分类

对仿真数据的分类,可以从不同的角度进行划分,下面以作战仿真中数据的分类加以说明。美国国防部建模仿真办公室对数据的分类规范进行了探索,在其组织开发的权威数据源(ADS)中对战争模拟数据进行了分类[64]。共列出了13个一级分类目录,分别是:条令及资料、环境、想定、武装力量、武器装备、保障、单元性能、测试实验结果、人员因素、政治、财经、元数据和其他。二级目录有373个。ADS采用了多级分类方法,其分类目录结构仍在不断完善中。

我国军用建模与仿真体系标准中对数据进行了如表4-1所列的分类。

表4-1 我国军用建模与仿真体系标准中的数据分类

数据分类		说　明
数据体系结构		数据分类及其相互关系
元数据		用于描述其他数据或其他数据某些方面的数据。这些方面包括:定义、安全、分类、正确度、精度、来源、使用局限和有效日期等
应用数据	实体数据	实体静态属性(性能、几何特性等)以及动态特性(实体的状态、反应、交互等)
	环境数据	自然环境数据和人文环境数据
	想定数据	与某个作战仿真想定相关的数据,是对想定文书所包含的信息进行量化表示所得到的数据集合
数据管理及服务		仿真数据管理及服务活动中涉及的数据

按照数据性质可将数据划分为参考数据、嵌入数据、实例数据、验证数据、交换数据,如表4-2所列[83]。

表 4 - 2　作战仿真数据按性质分类

数据分类	说　明
参考数据	模型、仿真或联邦中所有使用数据的描述性信息,包括数据特性以及描述数据质量的一些要素,如分辨率、逼真度、准确性等
嵌入数据	任务空间功能描述中人的行为、响应、交互等算法中的数据值,已经以固定的方式包含在模拟系统内部的数据,如变量值、参数值等
实例数据	仿真系统初始化和动态运行过程中用到的数据。在作战仿真中主要包括想定初始化数据
验证数据	被用于验证仿真结果对于仿真应用是否足够正确,它来自真实世界或专家的信息
交换数据	通过联邦成员的订购与发布,在联邦内进行交换的数据,这种数据是专门针对基于 HLA 仿真体系结构的

　　按照数据的作用可将数据划分为基础数据、生成数据、模型数据、仿真管理数据,如表 3 - 3 所列。

表 4 - 3　作战仿真数据按作用分类

数据分类	说　明
基础数据	指作战仿真中最基本的、不因仿真模型而改变、不受指挥决策影响的数据,主要包括装备性能数据、部队编制数据和自然环境数据
生成数据	通过作业系统根据作战想定作业生成的数据,想定不同、实验方案不同,则生成数据会发生变化,主要包括编成数据、战场环境部署数据、作战计划数据等
模型数据	指模型内嵌的数据和模型运行时需要使用的数据。前者与模型是紧耦合的,通常以立即数或宏定义的形式在程序中出现;后者以输入参数和条件的形式存在
仿真管理数据	指与仿真管理组织有关的数据,如仿真步长、多样本重复仿真次数等

2. 数据的来源

作战仿真中数据的来源包括五个方面:

（1）通过训练或演习。在部队训练或演习时,特别是实兵实弹演习中获取的数据,有较高的价值。

（2）从历史战例分析提取。已经发生过的战争有较真实的记录,从这些记录中,通过分析可以提炼出一些宝贵的数据。

（3）从兵要地志中获取数据[90]。兵要地志是平时由军事部门为作战需要而编纂的,它具有丰富的内容,包括:战略、战役方向上重要地区的政治、军事、经济和自然地理的大量统计资料、图表,还有重要地段上一些特别的地形地物

(如道路、桥梁、渡口、隧道、关隘、车站、制高点、大型建筑等)的情况。

(4) 查阅文献资料。在有关文献资料,甚至是公开的文献资料中,有大量可直接利用的数据,如美国的杜派就从大量公开的文献中收集数据,寻找其中的规律,提出了指数法。

(5) 其他方式。如:向专家调查,充分利用他们的经验;利用有关数据推算;半定量估测;相近武器装备的同类数据代用等方法来获取数据。

3. 数据选择和使用

获取的数据在使用前需要进行认真分析和仔细甄别,挑选合适的数据进行使用。在这个过程中,要把握三条原则:

(1) 权威性原则。当多个来源的数据之间存在较大差异的时候,以数据来源的权威性决定数据的选取。我们认为数据的权威性是其正确性的基本保障,没有权威性的数据要慎用。

(2) 时效性原则。数据具有一定的时效性,超过一定时间的数据即使是权威的,也不一定正确。如第二次世界大战中的很多数据可能就无法直接用于信息化条件下的现代作战仿真。

(3) 适宜性原则。很多权威的新数据都是在理想条件下获得的,而这种理想条件,在实战条件下,受到诸多主客观因素的影响,几乎不可能达到。在仿真中使用理想条件下获取的数据,就会造成仿真结果与实战结果相悖的情况。所以,对于某些权威数据,应该在相关专家的指导下进行修正,再把修正后的数据应用到仿真中。

4. 仿真全过程的数据 VV&C

数据的 VV&C(校核、验证和鉴定)是确保数据的准确性、完整性和数据转换的精度满足仿真需求的有效措施。其含义如下[84]:

数据校核(Date Verification):确定数据是否满足用户特定限制以及是否正确地进行转换和格式化的过程。数据校核贯穿于建模与仿真全生命周期的每个阶段,可分为概念模型校核、设计校核与代码校核三个阶段。

数据验证(Date Validation):建模与仿真的输出结果与来自真实世界的观测结果进行比较,并判断其是否适用的过程。验证不仅局限于建模与仿真的输出结果与标准测试数据进行比较,还应包括使用敏感性等 VV 技术来测试仿真系统在极限条件下的性能表现;与其他高逼真度建模与仿真进行比较;征求领域专家的意见等。

数据鉴定(Date Certification):数据鉴定是基于校核与验证基础上,数据对预期应用来说是否可用的客观评价过程。

在仿真开发和执行的全过程中进行数据的 VV&C,有助于全面提高仿真可信性。由于仿真系统的开发人员经常缺乏对建模对象的全面了解和领域专家的深入支持,将导致数据获取不正确或不完备,这将使模型验证、仿真系统验证和仿真结果验证不准确,而且,仿真开发人员基于这种不准确的验证结论进行系统功能修改将产生南辕北辙的恶果。因此,需要在仿真系统设计和运行过程中引入数据的校核、验证与鉴定,提高仿真系统的可信性。加入校核、验证与鉴定的仿真系统开发和执行过程如图4-6所示。图中虚线表示数据校核、验证与鉴定过程中对仿真系统开发与执行过程的改进反馈。

4.3.3 模型与仿真系统的可信性理论

模型与仿真系统的VV&A规范是可信性的一个完整的保证体系,它在系统开发和应用过程中最大限度地减少可能导致可信性降低的因素,通过对过程的监控来保证结果。

1. VV&A 的概念

VV&A的基本概念是一个逐渐发展和完善的过程,最早被提出来的是仿真模型的校验;后来有学者提出了校核与验证的概念,即V&V;在此基础上人们提出了VV&A的概念。在此过程中还有学者提出过VV&T的概念,到目前为止,在仿真领域中VV&A的提法得到了更多学者和工程人员的认同。简单地讲,VV&A的基本概念包括校核、验证与确认三部分内容,其定义如下[15]:

校核:确定模型实施及其相关数据是否精确描述了开发者的概念描述及相关技术规范的过程。

验证:根据模型开发的预期目的,确定模型及其相关数据描述真实世界的精确程度的过程。

确认:官方对一个模型,或一个仿真,或一系列的模型和仿真及其相关数据可用于特定仿真目的的认证活动。

2. VV&A 的原则

VV&A的原则是VV&A理论研究人员和工程应用人员在VV&A工程实践中总结的关于VV&A的一些基本原则和基本观点。对于VV&A原则的理解有助于VV&A人员正确合理地制定VV&A计划,并指导VV&A工作的开展,提高VV&A工作的效率。VV&A原则是仿真研究者非常关注的一个问题,它包含但不限于以下内容[75,85-89]:

原则1:不存在完全的V&V。

原则2:不存在完全正确的模型。

原则3:VV&A应贯穿于M&S开发的整个生命周期。

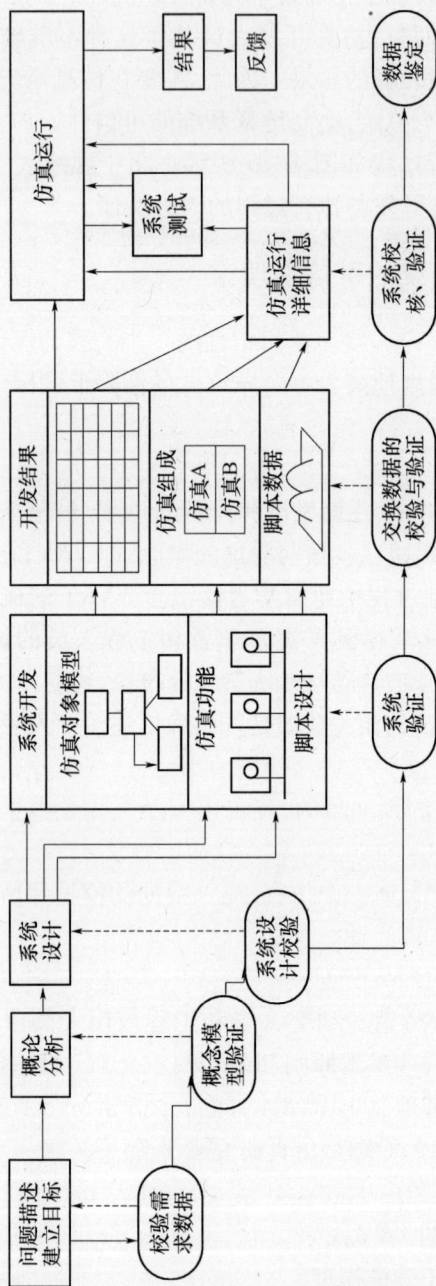

图 4-6　仿真开发与执行过程中的数据 VV&C

原则 4:准确清楚地表达和阐述仿真的预期应用是 VV&A 的基础。

原则 5:仿真可信性的高低与仿真系统的研究目的紧密相关。

原则 6:M&S 的验证是 M&S 满足预期应用需求的必要条件而非充分条件。

原则 7:仿真子系统的可信并不意味着整个仿真系统的可信。

原则 8:确认不是一个是与非的二值判断。

原则 9:VV&A 需要有创造性和洞察力。

原则 10:系统分析员在 VV&A 工作中的作用非常重要。

原则 11:VV&A 工作必须有良好的计划和记录。

原则 12:VV&A 工作需要一定程度的独立性,最好有第三方介入。

原则 13:成功的 VV&A 包括相关数据的 VV&C。

3. VV&A 的方法与技术

在确定了 VV&A 过程后,每个阶段的 VV&A 工作如何进行,需要研究 VV&A 的方法,来完成各阶段的工作。Osman Balci 等分析了软件测试技术、系统技术、统计技术的有关方法应用于仿真可信性研究的可行性;针对 HLA 仿真系统,有学者研究了使用一些面向对象软件测试方法,如面向对象测试方法、模糊逻辑方法以及传统测试方法的改进等方法的应用[34]。DMSO 的 VV&A RPG 列举了可用于仿真系统校核与验证的 76 种软件测试和系统评估方法及 18 种统计技术,最为全面。这些方法分为静态、动态、规范和非规范四大类[15]。

静态 V&V 技术用于评估静态模型设计和源代码的正确性,包括因果关系图、控制分析、数据分析、错误/失效分析、接口分析、语义分析、结构化分析、语法分析、可追溯性评估。

动态 V&V 技术需要运行仿真系统,根据运行的表现来评定它是否可信。它包含可接受性测试、一致性测试、阿尔法测试、贝塔测试、自下而上测试等 18 种方法和技术。

规范的 V&V 技术是指基于数学推理、运算来证实 M&S 正确性的技术,包括归纳、推理、Lambck 积分、逻辑演绎等 8 种技术。

非规范 V&V 技术也是在 VV&A 工作过程中经常使用的技术,包括审核技术、表面验证技术、走查技术、图灵测试技术。

4. 建模与仿真系统全生命周期的 VV&A 开发过程模型

对仿真系统全生命周期进行 VV&A 开发,是提高和控制模型与仿真系统的可信性的最有效措施,图 4 - 7 给出了 DIS/HLA 混合结构的仿真系统生命周期的 VV&A 开发过程模型[75]。这种 VV&A 开发过程模型也适合提高基于 DIS 或 HLA 单一结构的模型与仿真系统的可信性。

定义需求

开发系统概念模型

系统总体结构设计

详细设计
DIS分系统详细设计
支撑分系统详细设计
HLA分系统详细设计

系统实现
DIS分系统实现
支撑分系统实现
HLA分系统实现

集成与测试

系统运行和验收

系统维护

需求校核　概念模型验证　概要设计校核　详细设计校核　系统实现校核　结果验证　系统确认

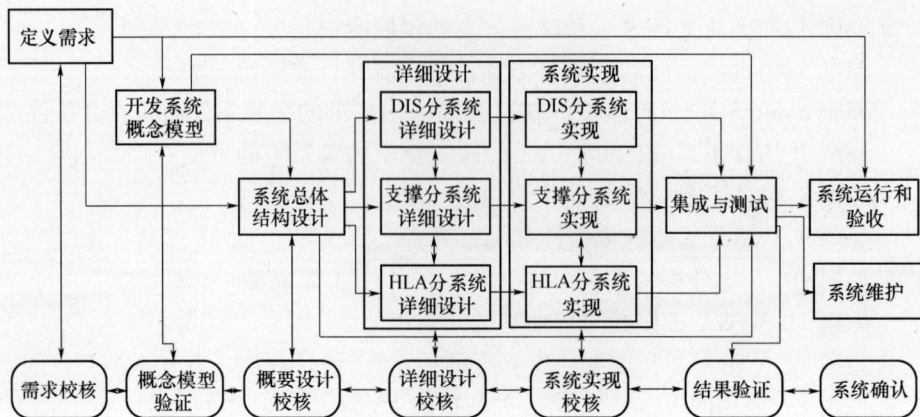

图4-7　建模与仿真系统全生命周期的 VV&A 开发过程模型

4.3.4　仿真结果的可信性理论

仿真实验的设计和准备、仿真试验实施、仿真试验的数据收集和处理都会影响仿真结果的可信性。在仿真系统确认后,对仿真试验全过程进行控制是提高仿真结果可信性的有力保证。其一般方法是逐一分析仿真试验各阶段、各环节可能存在的仿真可信性影响因素,然后针对不同因素采用相应的方法和技术,控制这些因素降低仿真结果可信性的影响。

以仿真结果处理为例。仿真结果必须由计算机计算得出,而在多数情况下,计算机输出的数据并不能直接反映原型系统的性能及作用,必须经过处理,形成表格、图形等便于分析的形式,供研究人员分析其中可能存在的规律。计算机在仿真运行过程中输出的仿真结果,其可信性已经不可控制。但是,基于这些输出结果进行的处理过程,由于加入了人工或者计算机的活动,可能带入新的错误,如遗漏处理数据、重复处理数据、数据库或数据文件访问错误、数据项关联错误等。所以,仿真结果处理在结果输出后仍会影响仿真结果可信性。对于多次仿真的实验来说,这个因素更加不容忽视。

提高仿真结果处理的可信性关键是要建立仿真结果的处理模型,并实现结果处理的计算机自动化。一次大规模的作战仿真,其结果数据可达几 G 字节,人工的方法几乎无法处理,而且极易出错、难以追溯错误原因。建立数据处理模型,使用在线或者离线的方式,自动化批处理海量的结果数据,速度快、可追溯性强,而且还可以引入数据挖掘等方法寻找结果数据中的规律,对提高处理后的仿真结果的可信性大有裨益。

4.4 仿真可信性的控制方法

总体上来说,仿真可信性的控制方法是:针对仿真全寿命周期的各个阶段,严格遵循数据 VV&C 和模型与仿真系统 VV&A 原则,执行 VV&C 和 VV&A 过程,对仿真试验的全过程进行控制;通过运行仿真系统进行仿真试验,得到仿真结果;再采用合适的方法分析、评估仿真可信性,如果可信性满足仿真应用需求,则接受仿真结果,否则,应该采用跟踪、回溯等方法确定仿真可信性不能满足仿真目的的原因,修改相应的数据、模型,以及仿真试验的方案、步骤、过程,并反馈到仿真中。重复上述过程,只到仿真可信性满足要求为止,如图 4-8 所示。

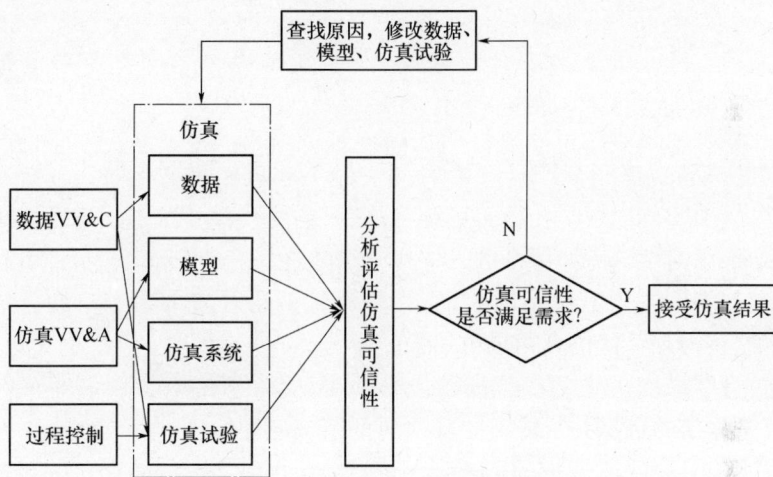

图 4-8 仿真的可信性控制方法

对于确定性系统仿真只要比较相同输入条件下仿真系统的响应和原型系统的响应的误差(Error)或容差(Tolerance)或准确度(Accuracy)是否在仿真需求规定的范围内,即可判断仿真是否具有足够的可信性。

因为随机因素导致的不确定性仿真,需要在输入条件一定的条件下,进行多次仿真试验,再对多次仿真结果进行统计分析,用一定置信水平下的置信区间的方式表示仿真结果。在对仿真结果进行误差分析时,将实测值(或理想值)作为真值,分别用仿真结果的置信区间的端点值(最大、最小值)作为比较值,得到仿真输出与实测值的误差。如果两者的误差均在仿真需求允许范围内,接受仿真结果,否则反馈修改。

复杂性系统仿真影响因素极多,且关系复杂。在给定输入条件下,多次运行仿真系统,仿真输出不但不同,而且多次仿真的结果可能不收敛,会出现发散现象,甚至出现混沌现象。所以要控制仿真的可信性非常困难,目前还没有很有效的理论和方法。但其可信性控制可以从以下几个方面着手进行:极端强调数据的可信性;对仿真全过程进行 VV&A,加强单个仿真平台和单个仿真实体的可信性分析;加强仿真结果的关联性分析和灵敏度分析,加强仿真系统的应用。

第 **5** 章

装备级作战仿真系统可信性评估

根据第 1 章所述,作战仿真可分为战略、战役、战术、技术四层。本章主要探讨装备级作战仿真可信性的组成,建立装备级作战仿真可信性评估的指标体系,从而明确装备级作战仿真可信性的影响因素,使开发人员在进行仿真系统开发时有据可依,为提高装备级作战仿真的可信性提供参考;然后,构建装备级作战仿真可信性评估的指标体系,为解决装备级作战仿真可信性的评估提供有效途径,从而实现装备级作战仿真可信性的正确评估。

5.1 装备级作战仿真可信性的组成

根据装备级作战仿真系统的组成,建立装备级作战仿真系统的可信性评估总体指标体系,要解决的首要问题就是从哪些方面来评估作战仿真系统的可信性。下面对装备级作战仿真可信性的组成进行分析。

本书采用逐级聚合、综合评估的方法,将装备级作战仿真分成六个方面,分别是体系结构单元、实体类型单元、模型算法数据单元(Model Arithmetic Data, MAD)、仿真管理单元、可视化单元和智能单元,即

$C = <A,E,D,M,V,I>$

C:装备级作战仿真的可信性

A:仿真的体系结构单元

E:实体类型数据单元

D:模型算法数据单元

M:仿真管理单元

V:可视化单元

I:智能单元

装备级作战仿真可信性综合评估的体系结构可以通过上述一个六元组来进行描述。

5.1.1 体系结构单元可信性

目前装备级作战仿真的体系结构主要有两种形式,即 DIS 和 HLA(单仿真系统可以认为是分布交互仿真系统在仿真成员为 1 时的一个特例)。值得指出的是这两种体系结构都有其特点,并不能说哪种体系结构的可信性更高。本书主要针对每种体系结构,分析基于该体系结构进行仿真时可信性的影响因素,不同的体系结构,可信性的影响因素也是不同的,如表 5 - 1 所列。

表 5 - 1　不同体系结构的可信性影响因素

仿真体系结构的可信性 C_1	基于 DIS 体系结构(C_{11})	DR 精度、阶次和阈值(C_{111})
		网络延时性能(C_{112})
		有效发送性能(C_{113})
		有效接收性能(C_{114})
		网络数据包吞吐性能(C_{115})
		接口处理性能(C_{116})
	基于 HLA 体系结构(C_{12})	属性更新延时性能(C_{121})
		属性反射延时性能(C_{122})
		对象注册性能(C_{123})
		交互实例发送性能(C_{124})
		交互实例接收性能(C_{125})
		时间管理策略性能(C_{126})

1. 基于 DIS 的体系结构

在基于 DIS 的装备级作战仿真的体系结构中,仿真网络从逻辑上看是一种网状结构,如图 5 - 1 所示。每个仿真应用都向网络上的其他仿真应用广播自身的状态信息,同时又要接收来自其他仿真应用的信息。按照 DIS 的原则,由接收方来决定所收到的信息是否对本节点有用。如果是无用的信息,就将其放弃。通常编程时,采用基于 SOCKET 的网络通信来编写,不管是面向无连接还是面向有连接,广播信息都充斥着整个网络,使仿真应用的扩展变得十分困难。

基于 DIS 仿真系统的体系结构只能用于仿真实体不多的情况下,当系统中

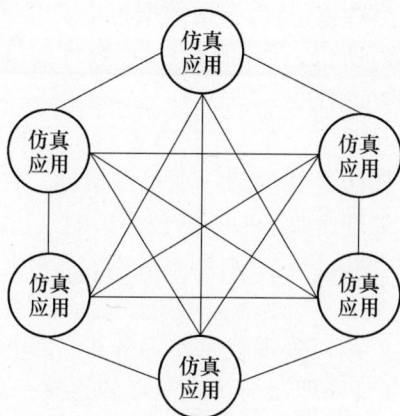

图 5-1　基于 DIS 的仿真体系结构

的仿真节点数增加,这种逻辑结构的连接数将与节点数的平方成正比,使仿真节点的设计和实现更加复杂。

在 DIS 中,仿真网络是一种严格对等的结构。为了减少网络流量,采用推算定位(Dead Reckoning, DR)算法和心跳算法。如果实体有状态变化,那么就要随时向其他仿真应用广播其状态信息,若无实体状态变化,也要隔一定的时间广播其信息。

影响基于 DIS 仿真应用的可信性因素主要包括:

(1) DR 精度、阶次和阈值。DR 机制的基本思想可以概括为以下几点:本节点的仿真实体除有一个精确的运动模型外,还在维护一个简单的运动模型;在每个仿真节点放入可能与之发生作用的其他节点的 DR 模型,并以这些模型为依据推算这些节点的状态,供本节点的有关功能模块使用;当自身的精确模型输出与 DR 模型输出之差大于某一给定阈值时,向其他节点发送自身状态的更新信息,同时更新自身 DR 模型的状态。DR 机制的影响因素主要包括:推算定位模型(Dead Reckoning Model, DRM)的表示,推算定位公式的选择,DR 算法的阶次,DR 算法的阈值。实验证明,采用 DR 机制可使网络流量降低 10 倍~50 倍,还可实现对传输延时的补偿。

(2) 有效发送/接收性能。目前 DIS 大多采用广播的通信方式,数据从一个仿真节点发送到网络中的其他所有节点。主要特点表现为发送节点将数据的一份拷贝发送到网络上,数据在所有可能的网络传输路径上传输,接收域内所有节点都可以接收到以广播方式发送的数据。这种广播方式对于发送节点来说可能是最有效的,但是对于接收节点来说,则是效率最低的传输方式,接收节点需要接收所有的网络数据，然后根据数据包定义的标识号来判断该包数据是否是自己需要的数据。所以，有效的发送/接收性能反映了 DIS 的一个性能指标，并直接影响仿真的可信性。

（3）网络数据包吞吐性能。在一个仿真系统所处的局域网内，网络数据包的数量是影响装备级作战仿真性能的一项重要指标，当网络数据包过多时，接收节点会因为不能及时处理所收到的数据包而影响到仿真的实时性，进而影响仿真的可信性。因此，初期阶段包含对网络数据包吞吐功能的测试是一项主要内容。

（4）接口处理性能。接口处理技术作为分布交互仿真中的一项关键技术已经成为共识。目前，接口处理器与仿真节点的连接一般有两种方式：一种是将接口处理器驻留在网桥中，通过局域网与仿真节点连接并进行数据交换；另一种采用反射内存系统来连接仿者节点与接口处理器。

接口处理器主要完成网络平均传输延迟的测定、时钟同步的实现、协议数据单元的发送和接收、时戳机制的实现与网络传输延迟的补偿、DR 机制的实现、坐标变换与数据格式变换等功能。接口处理机制的优劣也会对仿真的可信性产生影响。

2. 基于 HLA 的体系结构

与 DIS 的网状结构不同，在 HLA 的结构下，仿真网络呈现出星形的逻辑拓扑结构。所有的仿真应用都通过 RTI 进行通信，这种通信机制通过发布/订购的策略使网络中的通信更加有序，网络规模的扩展成为可能，如图 5－2 所示。

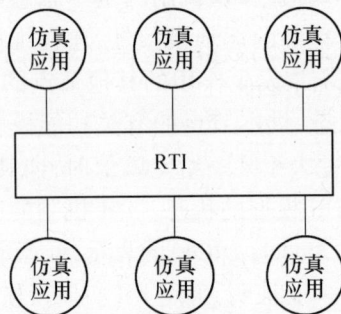

图 5－2　基于 HLA 的仿真体系结构

与基于 DIS 的广播机制相对应，在基于 HLA 的装备级作战仿真体系结构中，联邦成员通过发布/订购机制，采用的通信方式是组播机制。只有当实体的状态信息发生变化时，才发送信息，联邦成员和 RTI 之间通过请求和提供一系列服务的方式来实现交互。影响 HLA 体系结构的可信性因素主要取决于一系列的服务。这些服务包括：联邦管理、声明管理、对象管理、所有权管理、时间管理和数据分发管理。

在基于 HLA 的装备级作战仿真体系结构中，每个联邦成员都可指明自己发布的信息、想要接收的信息（订购信息）、数据的传输方式、传输机制等。以此来保证只传送变化的信息，只传送对方想要的数据和信息。RTI 先判断服务请求所要求的通信机制，最后按照所要求的通信机制与相应的联邦成员通信。在对基于 HLA 的仿真系统的可信性进行分析时，影响可信性的因素主要是 RTI 的性能指标，下面对 RTI 性能指标的相关因素进行说明。

（1）属性更新/反射延时性能。属性延迟为发送成员即将调用更新属性值服务（调用函数 updateAttributeValues( )）之前到接收成员执行相应的反射属性值回调（回调函数 reflectAttributeValues( )）之后所用的时间。属性更新的延迟是实时仿真所关心的关键因素，仿真在某种程度上的有效性依赖于仿真数据的实时性。

（2）属性更新/反射性能。属性更新/反射的性能实际上反映了联邦成员间对象实例数据的最大传输率，发送联邦成员的最大吞吐量由其单位时间内发送 updateAttributeValues( ) 的数目决定；接收联邦成员的最大吞吐量由其单位时间内接收 reflectAttributeValues( ) 的数目决定。在一定带宽的情况下，属性更新/反射性能决定了联邦成员的个数或数据的发送数量。

（3）对象注册性能。注册对象实例是指在联邦执行中加入一个指定对象类对象实例的过程。当联邦中存在对象类的有效订购者时，联邦成员才开始注册对象实例。对象注册性能反映联邦成员每秒钟注册对象的最大能力。影响这一指标的参数包括联邦成员的数量和被注册对象的数量等。

（4）交互实例发送/接收性能。和对象实例的属性更新/反射性能相似，交互实例发送/接收性能反映的是交互实例的发送和接收的吞吐量，通过调用 sendinteraction( ) 函数和 receiveinteraction( ) 函数进行发送和接收。但是与对象类的更新/反射的吞吐量相比，交互实例的数据吞吐量一般比较少。

（5）时间管理策略性能。时间管理策略关注的是如何在联邦执行时控制时间的推进，包括两个方面：消息传递机制和时间推进机制，反映时间管理策略性能的一个重要指标是联邦每秒钟准许时间推进的最大能力，即时间推进的吞吐量。用时间前瞻量 Lookahead 表示。从理论上讲，前瞻量越大，仿真系统运行的效率越高，仿真系统运行的效率越高，但在实际的仿真系统中，寻找合适的时间前瞻量是比较困难的，因为联邦成员使用不同的时间推进服务进行时间推进时受到许多额外因素的影响。例如，当前瞻量太大时，就不能保证在该段时间内不会发生属性实例的更新事件和交互实例的发送事件等。

5.1.2　实体类型单元可信性

装备级作战仿真中实体类型主要包括人在回路仿真的实体类型和计算机生成兵力(Computer Generated Forces, CGF)实体类型两种情况。人在回路的实体类型一方面用于训练乘员操作技能,另一方面在仿真"人"的行为时,可以绕过"人"的建模这一难题;CGF 实体类型则主要用于比较大规模仿真,在实体数量巨大的情况下(上万个仿真实体),无法构建相应的人在环仿真系统,只能采用聚和 CGF 实体的形式。其可信性影响因素的结构图如表 5 – 2 所列。

表 5 – 2　实体类型子系统的可信性

仿真实体类型单元的可信性 C_2	人在回路仿真单元(C_{21})	操纵件的物理特性(C_{211})
		仿真视景的物理特性(C_{212})
		运动平台性能指标(C_{213})
		仿真声音性能指标(C_{214})
	CGF 仿真单元(C_{22})	物理模型可信性(C_{221})
		行为模型可信性(C_{222})
		环境模型可信性(C_{223})

1. 人在回路仿真单元可信性影响因素

此类仿真器主要是人在环组成的武器装备仿真系统,该类仿真系统可以单独对人员进行技能训练,一般为半实物仿真,即人可以进行各种操作,达到训练的目的。同时,该类仿真器在集成时,也可以作为一个单独的实体加入到分布交互仿真中去。人在回路仿真系统可信性影响因素主要包括:操纵装置的物理特性、仿真视景的物理特性、仿真仪表、运动平台的性能指标和仿真声音的性能指标等。

(1)操纵件的物理性能。操纵件的物理特性主要是物理效应设备所具备的特性,是仿真人员操作仿真器时触感、反馈感的重要属性。具体包括:操纵件的位置感、操纵件的操作力感、操纵件的仿真功能。以某型坦克仿真系统为例:其操纵件包括主潜望镜、变速操纵总成、油门踏板装置、手油门、主离合器踏板、制动器踏板、手制动杆、高低机、方向机、火控操纵台、炮长瞄准镜、炮长观察镜和车长瞄准镜等。

(2)仿真视景的物理特性。据统计,人们大脑得到的信息有一半以上是通过视觉获得的,视景系统是仿真系统的重要组成部分,通常视景系统包括 CRT 显示器、等离子电视、屏幕投影、头盔显示器、三维立体眼睛等多种显示终端。

其物理特性主要包括:高低向图形视场角、水平向图形视场角、亮度、对比度、色彩、分辨率和刷新率等各项指标。

(3)运动平台性能指标。运动平台主要用于模拟车辆在地面运动时所产生的颠簸感,通常包括俯仰、侧倾、上下三个自由度,其性能指标主要是平台运动的频率和行程两大项,另外还包括远控、近控、加速、限位等指标。目前,运动平台通常包括电机驱动和液压驱动两种。

(4)仿真声音性能指标。仿真声音主要是为了增加乘员训练的沉浸感,使其有"身临其境"的感觉。仿真系统产生满足真实系统需求的各种音响,具体指标包括设置听者位置、声音位置、播放时间及频率、声强等指标。如某型坦克的火控仿真装置在进行仿真时发出的炮弹装填声、火炮发射声、退弹抛壳声、炮弹爆炸声、电传工作噪声、机枪发射声等。

2. CGF 单元可信性影响因素

使用 CGF 这种实体类型的目的主要在于在较低开发成本的情况下,增加虚拟战场环境中仿真实体的数量,提高虚拟战场环境的复杂度和真实性,增强用户的沉浸感。CGF 单元可信性的影响因素主要是物理模型、行为模型和环境模型的可信性。具体包括:地形地物特征、动态化目标、其后对环境的影响、车辆(轮式、履带车辆)的动力学模型、红外雷达传感器模型、士兵的能量消耗模型、路线规划模型、损伤模型和指挥的明确描述等。

(1)物理模型可信性。物理模型可信性通常包括四种类型:第一,各种轮式车辆、履带车辆、固定翼飞机、旋转翼飞机、导弹以及人的动力学模型和运动学模型的可信性;第二,季节以及风雨雷电各种气候对车辆在仿真环境中的影响和真实世界所产生影响的一致性;第三,制导和非制导武器、导弹和地雷等物理行为性能;第四,"人"的能量消耗模型的可信性等。

(2)行为模型可信性。行为模型可信性通常包括在战场仿真中,各个国家的军事思想及其战术运用表述的准确度;在虚拟战场环境中坦克等仿真实体的路线规划规则;坦克等仿真实体被敌方火器毁伤后的自动反应,一些动态行为的产生。例如,动态地形和装甲被击毁后的飞行情况等;指挥命令和控制等手段表述的明确程度;目标行为的行军速度、编队等参数描述和表达的准确程度。

(3)环境模型可信性。环境模型的可信性主要是在虚拟战场环境中关于地形特征表述的准确度,包括地形的建模,纹理的设置,突出环境的逼真度。另外还包括战场环境中爆炸效果、烟雾特效、弹坑动态形成,树木组成的森林等动态地形。另外,还包括各种地形和气候诸如风、雨、雷、电、雾、微光等对环境的影响[8]。

5.1.3 模型算法数据单元可信性

模型是仿真运行的关键,这里的模型主要从仿真构建的过程来描述,包括概念模型、数学模型和仿真运算模型,有时也将仿真运算模型称为软件模型;算法这里特指从数学模型转换成仿真运算模型的仿真算法,主要包括数值积分法、离散相似法、转移矩阵法和置换法等;数据则是仿真运行的灵魂,数据也可以认为是模型的数据,主要是根据建立的权威数据源来确保仿真运行时模型数据的正确性和可信性。仿真的模型、算法和数据构成了仿真的主体,其性能将直接影响仿真的可信性。仿真的 MAD 单元可信性主要探讨模型、算法以及数据的可信性。其体系结构如表 5-3 所列。

表 5-3 MAD 单元的可信性

MAD 单元的可信性 C_3	仿真模型可信性(C_{31})	概念模型可信性(C_{311})
		数学模型可信性(C_{312})
		软件模型可信性(C_{313})
	仿真算法可信性(C_{32})	求解精度(C_{321})
		求解速度(C_{322})
		稳定性能(C_{323})
		计算方法(C_{324})
	仿真数据可信性(C_{33})	权威数据源质量(C_{331})
		元数据的准确性(C_{332})
		试验数据准确性(C_{333})
		数据的灵活性(C_{334})
		数据的完整性(C_{335})

1. 仿真模型的可信性

对于在计算机作战模拟系统开发过程中所建立的模型,根据对现实世界的抽象程度,可以将其分为三个层次,即概念模型、数学模型和软件模型。主要从建模的抽象过程和逻辑过程进行描述。

(1)概念模型可信性。概念模型主要从概念、符号、格式、陈述、逻辑和算法等方面进行描述。关于概念模型可信性应当从以下几个方面进行评估:完备性、无二义性和易理解性。关于概念模型各个方面的评估可以参照4.3.3 节关于概念模型的校核和验证的方法进行。校核和验证的结果可以作为概念模型可信性指标的评估指标值。

（2）数学模型可信性。数学模型的表现形式一般为数学公式和逻辑公式，模型中的参数、初始条件、其他输入信息和作战结果等数量之间的关系，均以公式、方程式或不等式来表示。是对概念模型的又一次抽象。数学模型一方面与系统的特性有关：例如线性—非线性、静态—动态、定常（时不变）—非定常（时变）、集中参数—分布参数、连续—离散；另一方面与研究系统的方法有关：时域—频域、输入输出（外部）—状态空间（内部）[8]。

（3）软件模型可信性。软件模型的可信性指标往往是数据类型、算法、伪代码、类、文档、对象、函数/过程、数据文件本身的性能指标。相关的性能指标可以参照软件工程进行描述。

2. 仿真算法可信性

主要探讨连续系统离散化模拟的数值积分法，具体包括龙格－库塔法、亚当姆斯法。

仿真算法考虑的主要因素包括：求解精度、求解速度、稳定性能、能否自动启动。在装备级作战仿真中，为了不消耗过多的执行时间，一般都采用定步长法。常用的仿真算法有欧拉法、RK4、图斯汀法和转移矩阵法。通过表5-4对这几种算法进行对比[8]。

表5-4　几种仿真算法的比较表

方法 因素	欧拉法	RK4	图斯汀法	转移矩阵法
解析模型	微分方程或状态方程		传递函数	状态方程
实用性	非线性系统		线性系统	
程序设计	需要求解导数的子程序		需要子程序实现图斯汀转换	需要子程序计算矩阵指数
计算速度	假定为1	4	1.25	1.75
计算精度	不稳定	精度差	精度差	精度高

3. 仿真数据可信性

正如前面所说，数据是仿真的核心，当错误数据被使用时或正确数据被错误使用时，都会使仿真结果变得混乱而不可信。仿真数据可信性的质量管理就是数据的VV&C，考察的主要指标包括仿真的权威数据源的质量、元数据的准确性、试验数据的准确性、数据设计的灵活性和数据设计的完整性。

5.1.4 仿真管理单元可信性

管理是任何系统都不可缺少的,有效的管理是提高工作效率与系统良好运行的保证。仿真管理是装备级作战仿真中不可缺少的关键技术之一。仿真管理的好坏及其管理控制将直接影响仿真的可信性。因此,这里将仿真管理的可信性作为仿真可信性的一项重要研究内容。仿真管理的内容涉及方方面面,包括网络测试、仿真初始化、回放控制、结果评估、数据记录等。按仿真运行阶段进行划分,具体包括仿真运行前的管理、演练初始化、仿真运行中管理和仿真运行后管理四个部分的可信性,其体系结构如表5-5所列。

表5-5　仿真管理单元可信性

仿真管理单元的可信性 C_4	仿真运行前的管理能力(C_{41})	资源加载性能(C_{411})
		网络维护性能(C_{412})
		硬件测试性能(C_{413})
	演练初始化能力(C_{42})	环境初始化性能(C_{421})
		兵力初始化性能(C_{422})
		网络初始化性能(C_{423})
		实体初始化性能(C_{424})
	仿真运行中的管理能力(C_{43})	网络监控性能(C_{431})
		数据记录性能(C_{432})
		系统控制性能(C_{413})
	仿真运行后的管理能力(C_{44})	演练回放(C_{441})
		分析统计(C_{442})
		数据挖掘(C_{443})
		评估(C_{444})
		结果存档(C_{445})

1. 仿真运行前的管理

仿真运行前的管理主要指在装备级作战仿真开始之前,所进行的一系列准备工作。以资源加载为例,进行仿真的资源配置,网络的测试和仿真节点(尤其是物理效应设备)中硬件电路的测试。

2. 演练初始化

以环境初始化和兵力初始化为例说明问题,环境的初始化包括:风、雨、雷、电、雪、霜、露、冰雹、白天、黑夜、地形、光照等。初始化的各种参数组合可以形成各种组合环境,如有雷＋阵雨＝雷阵雨,平原＋无月＋小雨＋雷＋电＋三级风＝东北风三级,雷电交加的雨夜平原环境。兵力的初始化包括:弹量、油料、位置、预定路线等。资源加载时不能出现真实世界不具有的结果,例如子夜出现太阳等。

3. 仿真运行中的管理

仿真运行中影响可信性的因素主要包括网络监控能力、数据记录能力和系统控制能力。网络监控能力主要是监控网络中的数据流量,确定数据记录的位置。例如,在网络流量少时,选择集中由管理计算机记录;当数据流量大时,选择分散由各台仿真计算机记录。数据记录能力主要是指在单位时间内记录网络数据的能力,因为网络数据的记录将直接决定仿真后对可信性评估的数据来源。系统控制主要指在仿真运行中仿真的启动、暂停和恢复等。

4. 仿真运行后的管理

关于仿真运行后结果数据的处理和可信性的关系有两种看法。一种看法是,仿真已经运行结束,可信性也已经确定,仿真结果也就对仿真系统不能再产生影响;另外一种看法是,可以通过对仿真结果的分析来对仿真的可信性进行研究和分析。本书比较倾向于第二种看法,关于通过仿真结果(即仿真运行后的管理)来研究仿真的可信性,第7章将对此进行深入探讨。

5.1.5 可视化单元可信性

可视化技术指运用计算机图形学和图像处理技术,将数据转换为图像或图形在终端显示出来,并进行交互处理的理论、方法和技术。在装备级作战仿真中可视化单元主要包括战场三维视景、战场二维态势、多媒体融合技术和场的可视化技术。其体系结构如表5-6所列。

表5-6 可视化子系统可信性

可视化单元的可信度 C_5	战场三维视景(C_{51})	亮度(C_{511})、对比度(C_{512})
		分辨率(C_{513})、刷新率(C_{514})
		色彩(C_{515})、视场(C_{516})
		场景(C_{517})、设施(C_{518})
		发射效果(C_{519})、击中效果(C_{5110})
	战场二维态势(C_{52})	实体类型(C_{521})
		敌我识别(C_{522})
		实体位置(C_{523})
		攻防态势(C_{524})

		图像信息（C_{531}）
可视化单元的可信度 C_5	多媒体融合分析（C_{53}）	音频信息（C_{532}）
		视频剪辑（C_{533}）
	场的可视化（C_{54}）	雷达可视化（C_{541}）
		电波可视化（C_{542}）
		磁场可视化（C_{544}）
		辐射可视化（C_{545}）
		杂波可视化（C_{546}）
		干扰可视化（C_{547}）

1. 战场三维视景可信性

视景系统可信性的影响因素主要分为两大类：一是显示品质，如亮度、对比度、色彩、分辨率、刷新率、视场等；二是画面元素，如地景（陆地、海洋、海岸线）、人造设施（机场、导弹阵地、雷达阵地）、导弹/炸弹的发射效果和击中效果等[70]。

所有这些因素将影响操作者的沉浸感和震撼感，关系到操作者能否全身心地投入其中进行仿真操作，而这又是影响仿真可信性的一个因素。否则，再好的仿真系统，操作人员没有兴趣进行训练也不会有较好的可信性。所以将其列为一组可信性指标。

2. 战场二维态势可信性

二维态势观察器是演练指挥人员总揽战场全局的重要工具，它提供给指挥人员动态变化的态势信息，实时显示对抗双方仿真实体位置、毁伤等状况，为指挥决策提供简洁明了的局势。

二维态势观察器采用 jpg、bmp 等格式的图片作为显示背景，为提高分辨率，还可以使用矢量图。若采用基于 HLA 的仿真体系结构，此时作为观察器的一个单独的联邦成员，影响可信性的因素包括实体类型、实体敌我标识、实体位置、双方态势等信息。核心问题包括实体显示效果和坐标变换两个问题。

二维态势对可信性的影响主要是对有人工干预的装备级作战仿真系统，此时，在参谋席位或首长席位需根据作战发展趋势变换相应的策略或者进行强行干预。这时，一个信息的主要来源便是纵观全局的二维态势系统。除此之外，二维态势对于参演人员掌握全局，对于自己所处的位置，也具有重要的作用。

3. 多媒体融合分析技术

多媒体融合技术允许指挥人员在不对作战仿真演练造成干扰的情况下,通过不同的角度深入战场内部对战场的局部进行细致入微的察看,包含了图像、音频、信息融合、视频剪辑等因素。多媒体融合技术是对三维视景和二维态势的一个有效补充。

4. 场的可视化技术

目前关于场的可视化问题是仿真可视化中的一个重要研究课题,实现了电波、磁场、雷达等的可视化,对于装备级作战仿真将是一个质的飞跃,对于仿真可信性的提高也是一个突破。雷达、电磁场的可视化的性能指标将是仿真可信性的一个重要因素。

5.1.6 智能单元可信性

智能单元不能作为仿真系统的一个组成部分,确切地讲,应该是仿真实体采用智能的形式,智能单元的可信性主要包括知识库、规则库、推理机制以及其他软计算的可信性。其体系结构如表5-7所列。

表5-7 智能单元可信性的体系结构

智能单元的可信性 C_6	知识库(C_{61})	知识获取能力(C_{611})
		机器学习能力(C_{612})
		知识库的构造和组织(C_{613})
		检索的效率(C_{614})
	规则库(C_{62})	基本事实(C_{621})
		基本规则(C_{622})
		规则机制(C_{623})
		规则表示(C_{624})
	推理机制(C_{63})	正向推理(C_{631})
		逆向推理(C_{632})
		混合推理(C_{633})
	软计算(C_{64})	模糊逻辑(C_{641})
		神经网络(C_{642})
		进化计算(C_{643})
		自适应模糊(C_{644})
		粗糙集(C_{645})

智能子系统应该和 CGF 相结合,实现虚拟战场环境中智能化兵力的生成,建立 CGF 的自治行为。完成对态势进行实时的分析与决策和任务规划等行为。主要包含知识库、规则库和推理机制,最终实现实体的智能决策。

这种结构主要用于聚合级 CGF。聚合级 CGF 应具备对战场态势进行分析和实时的任务规划与战场决策的能力。因此,其体系结构中要考虑指挥问题、与平台级的转换问题、与分布交互仿真系统体系结构的一致性问题等,如图 5 - 3 所示。

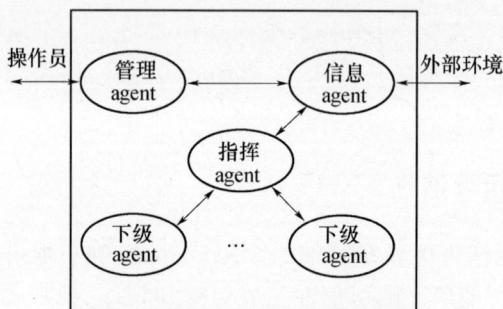

图 5 - 3　基于多 Agent 的仿真体系结构

一般的 agent 由六部分组成:感知模块、知识库、决策模块、学习模块、行动模块、通信模块。影响可信性的因素也主要包括这六个部分。基于多 agent 的聚合级 CGF 系统中各 agent 间的通信方法可以采用黑板通信(广播通信)、直接通信(消息传递)和辅助通信等通信方式来进行。管理 agent 与通信 agent 之间用直接通信方式;指挥 agent 与信息 agent 之间采用黑板通信方式;指挥 agent 与下级 agent 之间采用直接通信方式;下级 agent 之间采用直接通信方式。

1. 知识库

知识是人们把实践中获得的信息关联在一起所形成的信息结构。而知识库则表示研究知识在计算机中存储和处理的形式。一个专家系统的能力首先取决于其知识库中所含有知识的数量和质量,在知识库中,影响作战仿真可信性的关键问题是知识的获取和知识的形式化表示,以及规则的产生。其次,知识库的构造和组织、知识库的检索机制也会影响仿真的实时性和仿真的可信性。

2. 规则库

存储有关实体类型和作战规则等相关问题的状态转移、性质变化等规则的过程型知识,有时也称为规则集。以产生式规则为例,每条产生式规则分为左右两个部分,左部表示激活该产生式规则的条件,右部表示调用该产生式规则后所做的动作。规则库设计的好坏将直接影响实体所采取的动作,例如什么时候开火、什么时候避障等。影响规则库的主要因素包括:基本事实、基本规则、规则机制和规则表示等。

3. 推理机制

推理机制一般是建立推理系统,此时,影响可信性的主要因素主要是推理机制的选择,包括基于规则的推理、基于案例的推理和基于框架的推理。具体包括正向推理、逆向推理和混合式推理等。

这里以基于案例的推理进行说明。尽管基于案例的方法具有模拟人的推理过程的优点,但由于用来实现问题求解方法的计算代价也是非常大的。其中,案例库的组织、案例特征的选取和检索、相似性度量方法的选择和评估以及范例特征的修正等对计算代价的要求都是非常高的,而且,在基于案例的系统中,案例的质量和数量也是开发过程中需要考虑的一个问题。显然,当推理机制出现问题时,将直接影响仿真实体的行为模型,进而影响到仿真的可信性。

4. 软计算

软计算(Soft Computing,SC)是几种数学方法相结合的交叉学科,包括模糊逻辑、神经网络、概率推理;内容涉及遗传算法、混沌理论、信念网络和学习理论。在装备级作战仿真中,能够处理模拟战争的不精确、不确定和部分真值问题。其行为模型更接近于人类的思维。其原则是:允许存在不精确、不确定和部分真值问题,追求解决问题的易处理性、健壮性和低开销。值得指出的是,在装备级作战仿真中,软计算不是模糊逻辑、神经网络和概率推理不平等的结合,而是在一个混合系统中,这些系统在不同的组织层次上各自发挥作用,也就是说,模糊逻辑、神经网络和概率推理在系统中是互补的关系,而不是互斥的关系。

5.2 装备级作战仿真可信性评估的指标体系

根据对仿真系统的分析对比,将装备级作战仿真的可信性划分成了体系结构可信性、实体类型可信性、模型算法数据的可信性、仿真管理单元可信性、可视化单元可信性和智能单元可信性六个方面。在此基础上,用不同的统计方法进行筛选,结合专家和实际工作者建议和意见,列出装备作战可信性评估指标85项,建立了旨在适合我军目前装备级作战仿真的基本评估指标体系。最终建立的装备级作战仿真可信性评估的体系结构如表5-8所示:

表 5 - 8　装备级作战仿真可信性评估的体系结构

		DR 精度、阶次、阈值(C_{111})
体系结构的可信性(C_1)	基于 DIS 体系结构(C_{11})	网络延时性能(C_{112})
		有效发送性能(C_{113})
		有效接收性能(C_{114})
		网络数据包吞吐性能(C_{114})
		接口处理功能(C_{115})
	基于 HLA 体系结构(C_{12})	属性更新延时性能(C_{121})
		属性反射延时性能(C_{122})
		对象注册性能(C_{123})
		交互实例发送性能(C_{124})
		交互实例接收性能(C_{125})
		时间管理策略性能(C_{126})
仿真实体类型单元的可信性(C_2)	人在回路仿真单元(C_{21})	操纵件物理性能(C_{211})
		仿真视景物理性能(C_{212})
		运动平台物理性能(C_{213})
		仿真声音物理性能(C_{214})
	CGF 仿真单元(C_{22})	物理模型可信性(C_{221})
		行为模型可信性(C_{222})
		环境模型可信性(C_{223})
MAD 单元的可信性(C_3)	仿真模型可信性(C_{31})	概念模型可信性(C_{311})
		数学模型可信性(C_{312})
		软件模型可信性(C_{313})
	仿真算法可信性(C_{32})	求解精度(C_{321})
		求解速度(C_{322})
		稳定性能(C_{323})
		计算方法(C_{324})
	仿真数据可信性(C_{33})	权威数据源质量(C_{331})
		元数据的准确性(C_{332})
		试验数据准确性(C_{333})
		数据的灵活性(C_{334})
		数据的完整性(C_{335})

		资源加载性能（C_{411}）
仿真管理单元 的可信性（C_4）	仿真运行前的管理能力（C_{41}）	网络维护性能（C_{412}）
		硬件测试性能（C_{413}）
	演练初始化能力 C_{42}	环境初始化性能（C_{421}）
		兵力初始化性能（C_{422}）
		网络初始化性能（C_{423}）
		实体初始化性能（C_{424}）
	仿真运行中的管理能力（C_{43}）	网络监控性能（C_{431}）
		数据记录性能（C_{432}）
		系统控制性能（C_{433}）
	仿真运行后的管理能力（C_{44}）	演练回放（C_{441}）
		分析统计（C_{442}）
		数据挖掘（C_{443}）
		评估（C_{444}）
		结果存档（C_{445}）
可视化单元的 可信性（C_5）	战场三维视景（C_{51}）	亮度（C_{511}）
		对比度（C_{512}）
		分辨率（C_{513}）
		刷新率（C_{514}）
		色彩（C_{515}）
		视场（C_{516}）
		场景（C_{517}）
		设施（C_{518}）
		发射效果（C_{519}）
		击中效果（C_{5110}）
	战场二维态势 C_{52}）	实体类型（C_{521}）
		敌我识别（C_{522}）
		实体位置（C_{523}）
		攻防态势（C_{524}）
	多媒体融合分析（C_{53}）	图像信息（C_{531}）
		音频信息（C_{532}）
		视频剪辑（C_{533}）

		雷达可视化（C_{541}）
		电波可视化（C_{542}）
可视化单元的	场的可视化（C_{54}）	磁场可视化（C_{543}）
可信性（C_5）		辐射可视化（C_{544}）
		杂波可视化（C_{545}）
		干扰可视化（C_{546}）
		知识获取能力（C_{611}）
	知识库（C_{61}）	机器学习能力（C_{612}）
		知识库的构造和组织（C_{613}）
		检索的效率（C_{614}）
		基本事实（C_{621}）
	规划库（C_{62}）	基本规则（C_{622}）
		规则机制（C_{623}）
智能单元的		规则表示（C_{624}）
可信性（C_6）		正向推理（C_{631}）
	推理机制（C_{63}）	逆向推理（C_{632}）
		混合推理（C_{633}）
		模糊逻辑（C_{641}）
		神经网络（C_{642}）
	软计算（C_{64}）	进化计算（C_{643}）
		自适应模糊（C_{644}）
		粗糙集（C_{645}）

5.3 可信性评估指标的设计和筛选

5.3.1 可信性评估指标的设计

指标是一种具体化、现象化的准则。因此从根本上来说,评估的属性加以具体化是设计指标的基本方法。指标设计主要基于两个方面的考虑,一是数据的可得性,二是能够基本反映研究的目的。具体有下述三种方法可供选择:

第一,从内涵分析入手,抓住事物的本质属性,然后把这一属性的现象外观表现确定为指标。为了对事物做出科学的评估，须做出深入的分析，抓住其最本质的属性，把反映这一属性的可观察的外观表现确定为指标。

第二，从分析事物间的相互联系开始，抓住事物变化后产生的效应，把事物变化所产生的效应确定为指标。这种方法认为，事物与事物之间是有一定联系的。一事物的变化可以引起另一事物的变化。因此，可以通过测量一事物变化后引起的效应，从而对这一事物的变化做出判断。

第三，抓住事物的全部属性或相关属性，把因素群作为相关指标。所谓因素群，就是把和被评估的事物有关的因素确定为指标，需要指出的是，这种方法是人们未能抓住事物的本质。各种因素中往往还包括一些实际上并不重要的甚至是无关的因素，这必然增加指标的数量。

5.3.2 可信性评估指标的筛选

1. 指标的定量分析和选择

定量分析选择评估指标的方法就是根据指标间的数量关系运用数学方法筛选出所需指标体系的方法。一般包括三个步骤：建立预选指标体系，对指标特性进行分析，确定阈值，筛选指标。但是该方法具有明显的缺陷，主要表现在：该类方法不仅需要庞大的初始统计指标数据，而且需要大量的样本数据，才能对各个指标反映整体状态的水平进行甄别，数据收集和整理的工作量大；这类方法对指标去留的筛选依赖于数据的质量；指标之间的逻辑关系不明确。

总之，这类方法指标体系生成于一系列的统计分析或数学分析，不同的人即便对最后形成的统计指标有不同的意见也很难调整，因而很难反映不同意见。

2. 指标的定性分析和选择

定性分析选择评估指标的方法就是运用系统思想，根据评估目的对评估对象的结构进行深入的系统剖析，把评估对象分解成不同的侧面，在对每一个侧面的属性进行深入分析的基础上提出反映各个侧面的衡量指标，这些指标组合起来便构成指标体系。

层次分析法是定性分析选取评估指标的典型代表。其基本思想是充分利用人脑能够将复杂问题进行简化的特点，首先将一个大的复杂问题分解成几个大的方面，然后对每个方面进一步分解成更细小的方面，如此层次递进，直至分解成可以用数据直接描述的层次。

这一方法要求分析人员对评估对象有深入的了解，必须深入到评估对象的内部及本质,将评估对象分解成不同的侧面,针对这些侧面选取最适合的衡量指标。这种方法最大的优势是适用于一些无法进行定量分析的评估对象的评估,而且指标与指标之间存在逻辑关系,指标体系能够完整反映评估对象的全貌。不同的人对同一指标体系可以展开充分讨论,并对指标体系的层析结构和指标的选择实时增删,直至大家取得一致意见。

第 **6** 章

战术级作战仿真系统可信性评估

相对而言,战术级作战仿真涉及的实体较少,可以用还原论进行研究,因而对其可信性可采用一般仿真系统的方法来评估,可采用的方法有基于相似理论的方法,基于层次分析法的评估方法和基于模糊综合评估的方法等。

6.1　基于相似理论的评估方法

为便于说明用相似理论讨论系统仿真可信性的方法,首先对相似理论中几个基本概念进行描述[65,66]。

1. 相似元

假定系统 A 有 $a_1, a_2, \cdots, a_k$ 个组成要素,系统 B 有 $b_1, b_2, \cdots, b_l$ 个组成要素,系统 A 和 B 要素的集合分别记为 A 和 B,则

$$A = \{a_1, a_2, \cdots, a_k\}, B = \{b_1, b_2, \cdots, b_l\}$$

如果系统 A 中某要素 a_i 的特性与系统 B 中要素 b_j 的特性相同,便构成相似元,可以把 a_i 和 b_j 构成一子集合,记为 u_{ij},则 $u_{ij} = (a_i, b_j)$。

假定系统间存在 n 个相同属性和特征的要素,那么在系统间可以构成 n 个子集合,把 n 个子集组成的集合称为相似集合,记为 U,则 $U = \{u_1, u_2, \cdots, u_n\}$。

2. 相似特性值及相似特征比例系数

考虑系统间相似元 $u_{ij}(a_i, b_j)$,设该相似要素有 m 个共有特征,记为 $s_1, s_2, \cdots, s_m$。记 $u_i(a_i)$ 为要素 a_i 相对于特征 s_j 的特征值,$u_j(b_j)$ 为要素 b_j 相对于特征 s_j 的特征值,则要素 a_i, b_j 相对于特征 s_j 的特征值比例系数为

$$r_{ij} = \frac{\min\{U_j(a_i), U_j(b_i)\}}{\max\{U_j(a_i), U_j(b_i)\}} \qquad (6-1)$$

式中:$i = 1, 2, \cdots, n; j = 1, 2, \cdots, m; 0 \leqslant r_{ij} \leqslant 1$。

郭魏、肖斌提出了基于相似元的仿真可信性评估的思路[6,55]:

第一步:找出模仿系统 A 与被模仿系统 B 中所有的要素,假设系统 A 由 k 个要素组成,系统 B 由 1 个要素组成。

第二步:构造相似元。比较模仿系统与被模仿系统,找出所有相似元(假设有 n 个相似元),并求出该相似元相对于某一特征值比例系数 r_{ij}。

第三步:计算相似元的相似度。首先确定各个特征的特征权重,然后计算各个相似元的相似度 $q(\overline{u_i})$:

$$q(\overline{u_i}) = \sum_{j=1}^{n} d_j r_{ij} \qquad (6-2)$$

式中:$i = 1, 2, \cdots, n; d_j$ 为特征权数,即每一特征对于相似元素的权重,$0 \leqslant d_j \leqslant 1$, 且 $\sum_{j=1}^{m} d_j = 1$。

第四步:计算模仿系统与被模仿系统间的相似度:

$$Q(A, B) = \frac{n}{k + l - n} \sum_{i=1}^{n+2} \beta_i q(\overline{u_i}) \qquad (6-3)$$

式中:$i = 1, 2, \cdots, n; \beta_i$ 为每一相似元对相似系统相似程度的影响权重,$0 \leqslant \beta_i \leqslant 1$, 且 $\sum_{i=1}^{m} \beta_i = 1$。

第五步:根据模仿系统的相似度对模仿系统和被模仿系统的相似性做出评价。

基于相似理论的可信性研究现状主要包括:徐迪提出了用相似理论建立系统仿真基本框架的思路[51];周美立讨论了用相似系统的分析原理、相似元的获取与表示和相似度的度量方法[65]。对此肖斌、郭魏参照文献[65]进一步讨论了利用相似理论进行仿真系统可信性评估的定量方法[6,55]。刘舒燕对用相似理论讨论仿真系统的可信性进行了总结[18]。

6.2　基于层次分析法的评估方法

层次分析法是美国著名运筹学家、匹兹堡大学教授 T. L. Saaty 于 20 世纪 70 年代中期提出的一种系统分析方法。

层次分析法中把一个复杂问题中的各种因素通过划分相互联系的有序层次使之条理化,根据对一定客观现实的判断,就每一层次的相对重要性给予定量表示,利用数学方法确定表示每一层次的全部元素的相对重要性次序的数值,并通过排序结果分析和解决问题。这是一种实用的多准则决策方法,能够统一处理决策中的定性和定量元素,具有高等的逻辑性、系统性、简洁性和实用性等优点。

层次分析法的基本思想是先按问题需求建立起一个描述功能或特征的内部独立的递阶层次结构,通过两两比较元素(或目标、准则和方案)的相对重要性,给出相应的比例标度,改造上层某要素对下层相关元素的判断矩阵,以给出相关元素对上层要素的相对重要序列,其核心问题是排序问题,包括递阶层次结构原理、标度原理和排序原理。

运用层次分析法建模,大体可以按下面五个步骤进行:

第一步:分析系统中各个因素间的关系,建立系统的递阶层次结构;

第二步:对同一层次的各元素关于上一层次某一准则的重要性进行两两比较,构造两两比较的判断矩阵;

第三步:由判断矩阵计算被比较元素对于该准则的相对权重向量,并进行一致性检验;

第四步:进行判断矩阵的一致性检验;

第五步:计算各层次元素对于系统目标的总排序权重,进行排序,并计算评估结果向量。

杨惠珍博士提出将层次分析法引入水下航行器系统仿真可信性评估中,从多层次、多角度进行了评估,通过确定系统仿真可信性评估指标体系各因素的权重,对 VV&A 过程实现了定性和定量评估;王清博士从系统工程的角度对电站仿真器数学模型的评价问题进行全面的分析,通过给出一组完整的有实际价值的权值表,用层次分析法实现模型可信性的评估[57,58]。

6.3　基于模糊综合评估方法

任何一个仿真的可信度评估都不是一件容易的事情。在实践中,人们往往要综合运用多种方法和手段,从多个角度对仿真进行分析和评估。一般说来,评估手段不同,得到的评估结论也可能不同,有时甚至大相径庭。所以,要想给出一个可操作的、适用于任何仿真的、能够综合反映仿真各个方面性能的评估模型几乎是不可能的。本书以模糊综合评判理论为基础,给出一个通过综合专家鉴定意见进行仿真可信度评估的方法——模糊综合评判法,并对一系列具体实现问题进行深入讨论。

在自然界和人类活动中存在的各种各样的现象,大体上可分为两大类:确定性现象和非确定性现象。所谓确定性现象,是指在一定条件下必然会出现的现象。非确定性现象又可分为两类:随机现象和模糊现象。二者的区别在于,随机事件本身有明确的含义,条件与事件之间有明确的因果关系,只是由于条件不充分,才使得事件发生与否表现出不确定性;而模糊概念本身就没有明确的外延,一个对象是否符合这个概念是难以判定的,因此造成了划分的不确定性。

人们了解和处理自然现象时,在大脑中所形成的概念往往是模糊概念,由此产生的分析、判断和推理也都具有模糊性。例如,人们为描述雨下的程度,把雨划分为"大雨"、"中雨"和"小雨"。然而什么样的雨是"大雨",什么样的雨是"中雨",什么样的雨是"小雨",又很难界定。假如今天下雨了,人们会根据雨下的程度将其界定为大雨、中雨或小雨,这就是模糊评判。

在影响仿真可信度的诸多因素中,既有确定性因素和随机性因素,也有模糊性因素。从上述可信度的概念分析中可以看出,可信度本身实际上也是一个模糊概念。自然想到,是否可以应用模糊理论对其进行评估呢?答案是肯定的,即模糊综合评判法。其基本思想是,对于影响可信度的确定性因素和随机性因素,通过测量和测试作单因素评判;对于模糊性因素,作单因素模糊评判。最后将上述单因素评判结论通过适当的模糊算法综合起来,得到总体的评估结论。

这里首先澄清两个概念:评估和评判。"评估"(Evaluation)指的是对系统某些特定属性或能力的综合评价,有时也指对决策正确性和风险的综合评价。评估往往在测试基础上进行,二者结合起来,也就是通常所说的"测试与评估"(Test and Evaluation, T&E)。"评判"(Judgement)在模糊数学应用理论中有特定的含义,指的是应用模糊理论进行评估的具体方法(如模糊评判)、具体步骤(如单因素评判、综合评判)等。

6.3.1 模糊综合评判的数学基础

1. 模糊综合评判初始模型

模糊综合评判是在模糊的环境中,考虑了多种因素的影响,关于某种目的对某事物做出的综合决断或决策。

设 $U = \{u_1, u_2, \cdots, u_n\}$ 为 n 种因素构成的集合,称为因素集;$V = \{v_1, v_2,$

$\cdots$, v_m} 为 m 种决断所构成的集合,称为评判集。一般地,各因素对事物的影响是不一致的,所以因素的权重分配可视为 U 上的模糊集,记为

$$A = (a_1, a_2, \cdots, a_n) \in F(U) \qquad (6-4)$$

$a_i (i = 1, 2, \cdots, n)$ 表示第 i 个因素 u_i 的权重,它们满足归一化条件: $\sum\limits_{i=1}^{n} a_i = 1$。

另外,m 种决断也不是绝对的肯定或否定,因此综合后的评判也应看作 V 上的模糊集,记为

$$B = (b_1, b_2, \cdots, b_m) \in F(V) \qquad (6-5)$$

其中 $b_j (j = 1, 2, \cdots, m)$ 反映了第 j 种决断在评判总体 V 中所占的地位。

综上所述,模糊评判模型有三个基本要素:

(1) 因素集 $U = \{ u_1, u_2, \cdots, u_n \}$;

(2) 评判集 $V = \{ v_1, v_2, \cdots, v_m \}$;

(3) 单因素评判,即模糊映射:

$$f: U \to F(V)$$
$$u_i \,|\to f(u_i) = (r_{i1}, r_{i2}, \cdots, r_{im}) \in F(V) \qquad (6-6)$$

由 f 可诱导出一个模糊关系:

$$\boldsymbol{R} = \begin{bmatrix} f(u_1) \\ f(u_2) \\ \vdots \\ f(u_n) \end{bmatrix} = \begin{bmatrix} r_{11} & r_{12} & \cdots & r_{1m} \\ r_{21} & r_{22} & \cdots & r_{2m} \\ \vdots & \vdots & \vdots & \vdots \\ r_{n1} & r_{n2} & \cdots & r_{nm} \end{bmatrix} \qquad (6-7)$$

由 $\boldsymbol{R}$ 再诱导一个模糊变换:

$$T_R: F(U) \to F(V)$$
$$A \,|\to T_R(A) = A \circ \boldsymbol{R} \qquad (6-8)$$

这意味着三元体 $(U, V, \boldsymbol{R})$ 构成了一个模糊综合评判模型。它像一个"转换器",若输入一个权重分配 $A = (a_1, a_2, \cdots, a_n)$,则输出一个综合评判 $B = A \circ \boldsymbol{R} = (b_1, b_2, \cdots, b_m)$,即

$$(b_1, b_2, \cdots, b_m) = (a_1, a_2, \cdots, a_n) \circ \begin{bmatrix} r_{11} & r_{12} & \cdots & r_{1m} \\ r_{21} & r_{22} & \cdots & r_{2m} \\ \vdots & \vdots & \vdots & \vdots \\ r_{n1} & r_{n2} & \cdots & r_{nm} \end{bmatrix} \qquad (6-9)$$

若使用 Zadeh 算子($\wedge$, $\vee$),则

$$b_j = \bigvee_{i=1}^{n} (a_i \wedge r_{ij}) \qquad j = 1, 2, \cdots, m \qquad (6-10)$$

假如 $b_{j0} = \max\{b_1, b_2, \cdots, b_m\}$，则得出的决断为 v_{j0}。

2. 权重的确定

在模糊评判中，各因素的权重分配非常重要，将直接影响评判的结论。我们可以采用模糊理论中隶属度的计算方法来解决这一问题，如绝对比较法、二元比较法、模糊统计法等。另外，还可以采用多目标决策中经常使用的层次分析法。但在实践中，很难找到一种"完美"的方法，只能根据具体情况，结合各种方法的优缺点，选用相对比较合适的方法。下面以绝对比较法为例予以说明。

设因素集为 $U = \{u_1, u_2, \cdots, u_n\}$，评判人员为 $P = \{p_1, p_2, \cdots, p_k\}$，待确定的权重分配为 $A = (a_1, a_2, \cdots, a_n)$；

第一步：选择最重要的因素，即确定 $r \in \{1, 2, \cdots, n\}$，使 $a_r = \max\{a_1, a_2, \cdots, a_n\}$；

第二步：让评判人员将 $u_i (i = 1, 2, \cdots, n)$ 与 u_r 做比较，得比较值

$$f_{ur}(u_i, p_j), \ i = 1, 2, \cdots, n, j = 1, 2, \cdots, k$$

第三步：综合比较结果：

$$x_i = \frac{1}{k} \sum_{j=1}^{k} f_{ur}(u_i, p_j) , \ i = 1, 2, \cdots, n \qquad (6-11)$$

第四步：计算权重（归一化）：

$$a_i = \frac{x_i}{\sum_{j=1}^{n} x_j} , \ i = 1, 2, \cdots, n \qquad (6-12)$$

3. 算子的改善

Zadeh 算子（$\wedge, \vee$），即取最大值和最小值，属于主因素决定型算子，多用于对个体数量较多的某类对象的评判，如产品质量评判等，相对来说比较粗糙。而仿真可信度评判不同于产品质量的评判，如果在模糊变换中使用 Zadeh 算子，势必会忽略掉许多次要因素的影响，很可能得不到正确的评判结论。所以，有必要对算子进行改善。可选择的加细算子也有很多，常见的有概率算子和有界算子等。

（1）概率算子（$\cdot, \hat{+}$）：

$$a \cdot b = a \times b$$

$$a \,\hat{+}\, b = a + b - a \times b$$

（2）有界算子（$\Theta, \oplus$）：

$$a \, \Theta \, b \, = \, \max\{a + b - 1, 0\}$$
$$a \oplus b \, = \, \min\{a + b, 1\}$$

实践证明,将几种算子组合使用,可以不同程度地反映次要因素的影响。

若记广义模糊算子$(\overset{+}{*}, \overset{+}{*})$下的评判模型为$M(\overset{+}{*}, \overset{+}{*})$,则有如下模型:

(1) 主因素突出型$M(\cdot, \vee)$和$M(\wedge, \oplus)$。它们比$M(\wedge, \vee)$精细一些,由它们得到的评判结果在一定程度上反映了非主要指标的影响。

(2) 加权平均型$M(\cdot, \oplus)$。这种模型对所有因素依权重大小均衡兼顾,体现出整体特性。

在实际应用中,对于给定的评判对象,可先用$M(\wedge, \vee)$和$M(\cdot, \oplus)$计算,如得到的评判向量各元素值普遍偏小,则可选用$M(\wedge, \oplus)$;反之,则可选用$M(\cdot, \vee)$。

4. 多层次模糊评判模型

如果模糊评判中需要考虑的因素很多,就会带来两个问题。一方面,权重分配很难确定;另一方面,即使确定了权重分配,由于要满足归一性,每一因素分得的权重必然很小。无论采用哪种算子,经过模糊运算后都会"淹没"许多信息,有时甚至得不出任何结果。

可采用分层的办法来解决这一问题。以两层模型为例,其基本思路如下:

第一步:将因素集按某种属性分为S个子集;

第二步:对各个因素子集分别做出评判,得到S个评判向量;

第三步:将每个因素子集视为一个因素,将上述评判向量归一化后视为单因素评判向量,从而得到总的评判结果。

类似地,可将各因素子集继续细分,变成多层模型进行处理。需要注意的是,高层模型算子的选取一般应与其下层模型中权重最大的模型相一致。

6.3.2 可信性模糊综合评判法的实现

1. 因素的提取

要对一个仿真系统进行可信性模糊评判,首先要找出影响该系统仿真可信性的因素。因素提取是否全面、准确,将直接影响评判结果的正确性。那么,什么是因素呢?

"因素"是因素空间理论的一个元词汇,很难给它一个确切定义。它的含义可以从以下三个方面加以刻画:

(1) 归因性。农民获得丰收,总要考虑一下丰收的成因,例如雨水充足。这种引起某结果的事物就是因素。要注意的是,因素与其状态或特征是有区别的。一般说来,"因素"是名词,是与其有关的各种状态和特征的公共提示,如降雨;状态常用数字表示,是关于某个因素的特殊提示,如降雨量20mm;而特征往往是形容词,是关于某个因素的粗略提示,如雨量充沛。

(2)解析性。概念的形成往往是通过对比实现的,而对比只有在既有差异又有共性的事物之间才能进行。如红、绿、黄是有差异的,但它们有共性的东西——颜色,从而形成了"红"、"绿"、"黄"等概念。这种共性的东西就是因素,它们是一类状态或一组特征的公共标志。

(3)描述性。任何事物都是诸因素的交叉。例如,一个人可以由他的性别、年龄、身高、体重、职业、学历、性格等来描述。这就意味着可以针对某种事物建立一个多维坐标系,其中某一具体事物就可用多维坐标系中的一个点来表示。这种多维坐标系的维名称就是因素。

因素的提取源包括:

(1)仿真系统需求说明书;

(2)有关的国家标准和行业标准;

(3)已有类似系统的可信度评估报告或系统需求说明书;

(4)学科专家意见。

"学科专家"(Subject Matter Expert,SME)是本书经常要用到的一个术语,这里做一个简单的解释。所谓学科专家,是指在仿真的原型系统的学科领域内,具备关于仿真系统预期应用的专业知识或应用技能的人员。需要明确说明的是,学科专家不是指仿真学科的专家。例如,对于东风汽车驾驶模拟器来说,任何熟练掌握东风汽车驾驶技能的人员都可称为学科专家,但研制模拟器的研发人员却不一定是学科专家。

仿真系统的仿真目的往往不止一个。针对不同的仿真目的,影响可信性的因素可能不一样,系统所反映出的可信性也可能不同。所以,必须针对不同的仿真目的,提取各自的因素集(一个因素可以属于多个因素集),分别进行可信性评估。

一般说来,影响仿真系统仿真可信性的因素会有很多。如前文所述,这就需要运用分层的方法进行评判。所以在因素提取时,也应分层进行。可以先将整个系统按功能或组成划分为多个部分,再针对各部分进行因素提取工作,得到相应的因素子集。另外,为便于随后进行的权重分配,应限制每个子集中的因素个数。根据经验,每个子集中的因素个数以不超过8个为宜。如因素个数过多,就应继续分层,直到满足要求为止。

2. 评判集的确定

通俗地讲,评判集就是由评语组成的集合。具体到仿真可信度评判,就是仿真可信性各影响因素所表现出来的状态或特征对仿真目的的适应程度的集合。对于模糊评判而言,这些评语自然是用模糊性语言来描述的。那么仿真可信性评估的评语到底应怎样描述呢? 如果级别划分过多过细,就会使各评语间差别的理解变得很困难,容易产生歧义;相反,如果级别划分过于粗糙,又可能流于空泛,降低评估结论的实际意义。

本书将评语划分为四个级别。评判集为:

$$
\left\{
\begin{array}{l}
很好地满足需求(1 级)\\
较好地满足需求(2 级)\\
基本满足需求(3 级)\\
不能满足需求(4 级)
\end{array}
\right.
$$

针对某一仿真目的来说,可以根据评判结果,直接采用上述评语给出系统的仿真可信性。而针对整个系统而言,如前所述,系统针对不同目的所反映出的可信性可能不同,所以可信性的评估结论一般不能笼统地用上述评判集中的评语来描述。比较合理的做法是,在评估结论中分别说明系统针对于各个仿真目的所反映出的仿真可信性。

3. 评判过程

因为权重分配和单因素评判都需要向评判人员做调查,所以在实际运用中,可以将二者结合起来进行。评判可采用如下步骤:

(1) 根据需求说明书列出研制该系统的主要目的。

(2) 针对不同目的分别提取各自的因素集。

(3) 针对确定性因素和随机性因素对系统进行测试。

(4) 向评判人员详细说明调查的目的、内容和要求,确保他们准确理解各评语的具体含义。

(5) 权重调查,填写调查表。这个过程应在评判人员接触仿真系统之前进行,以使他们免受仿真系统的影响,保证调查结果的客观性。

(6) 仿真运行。对于那些出于成本、可实现性等考虑明显有悖于原型系统的设计,应事先向评判人员说明情况。

(7) 单因素评判,填写调查表。

(8) 选择合适的算子进行综合评判。

(9) 评判结果分析,出具评估报告。

4. 确定性因素评判

在影响仿真可信性的众多因素中,许多因素没有确定性的状态。正是由于这个原因,本书才提出用模糊评判的方法进行可信性评估。但并不是所有因素都如此,也有许多因素具有确定性的状态,而且这些状态可以通过一定的测试手段实际测量到,如模拟座舱空间的几何尺寸、汽车模拟器的汽车最小转弯半径等。本书将这类因素称为确定性因素。

对于确定性因素,如果单纯套用上述模糊评判方法,依靠评判人员的主观判断做出结论,势必会降低结论的客观性。本书建议确定性因素评判采用下述步骤进行:

(1)依据仿真系统需求说明书和有关的国家标准、行业标准,并咨询学科专家,定出评判集中各评语所对应的确定性因素特征值取值范围;

(2)区别不同情况对系统进行离线测量或在线测试,得到这些因素的实际特征值;

(3)二者做比较,得出各自的单因素评判结论。

在实践中,步骤(2)可以与验收测试结合起来进行,并将测试结果作为验收测试报告的内容之一。

综合起来,模糊综合评判法的基本过程可用图6-1表示。

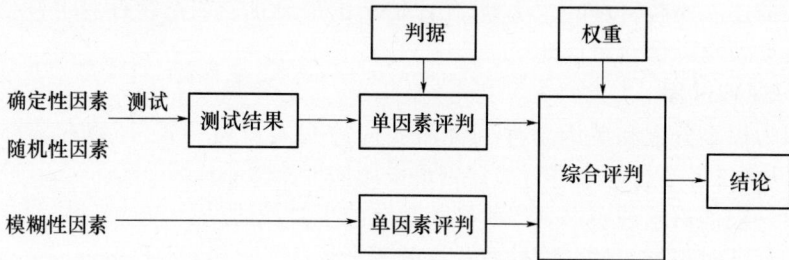

图6-1 模糊综合评判法的基本过程

5. 评判时机及人员选择

评判结果的意义表现在以下两个方面:

(1)分析仿真的薄弱环节。研制人员可以根据单因素评判结果,具体分析影响仿真可信性的关键因素和薄弱环节,有针对性地进行改进,得到事半功倍的效果;

(2)为用户提供一个关于仿真系统可用性的客观评价。

相应地,在以下两种情况下可以考虑进行可信性模糊评判:

(1)系统调试基本完成后。评判的主要目的是找出系统存在的主要问题,为下一步完善指明努力方向。

(2)系统验收时。评判的主要目的是为用户提供整个系统的可信性评估结论。

　　仿真系统的验收人员一般由学科专家、有关部门的领导以及仿真技术专家等组成,验收内容包括性能、可靠性、安全性、文档等各个方面。可信性是仿真系统这种特殊的计算机系统最重要的性能指标。对于可信性模糊评判而言,最恰当的人选不是部门领导,也不是仿真专家,而是学科专家,因为只有他们才真正了解原型系统的特征、工作原理、工作程序等。

第7章

战争复杂系统仿真可信性分析方法

战略层和战役层的作战仿真系统都属于复杂仿真系统,对其可信性的分析和评估是当前作战仿真领域的难题,本书将在后几章重点对该问题进行探讨。

拿到作战仿真结论后,决策者一般都要关注"仿真结论中哪些能用,哪些要慎用,哪些不能用"。仿真人员使用可信性分析方法可以为决策者提供这些问题的答案。仿真可信性的分析方法有基于仿真结果的分析方法、分阶段分析法、系统相似法、基于灵敏度分析法等。由于仿真结果综合反映了仿真可信性,而复杂仿真系统对初值的改变比较敏感,所以这里重点研究两种作战仿真可信性的分析方法:基于仿真结果的分析方法和基于灵敏度的分析方法。

7.1 基于仿真结果的可信性分析方法

作战仿真结果集中反映了仿真对抗的全过程,通过对其进行详细分析是发现作战仿真系统中的模型、数据的缺陷,提高仿真可信性的重要手段。

基于仿真结果的可信性分析要把宏观分析和微观分析相结合。先进行宏观分析,把仿真结果处理成便于分析比较的表现形式,然后把这些处理好的数据提供给有经验的军事人员,他们可根据自己的经验来判断结果的合理性,如果觉得结果存在不合理,便指出不合理的现象,并把判断信息反馈给仿真人员。然后再由仿真人员对仿真的各种中间结果进行仔细的剖析,以找出造成模型或数据不合理的具体环节,查找问题的根源并修改。不断重复上述过程,直到结果被认为可接受时为止。

7.1.1 作战仿真结果的分类

作战仿真结果根据不同的标准可进行不同的分类,如表7-1所列。

根据仿真结果的表现形式可分为图形结果、文字结果、表格结果。

根据仿真结果的输出方式可分为定时输出结果、阶段输出结果、最终输出结果及随机输出结果四种。定时输出是指每隔一定时间输出一次中间结果;阶段输出是在战役阶段结束时输出阶段结果;最终输出是在仿真结束时输出最终结果;随机输出是仿真系统请求人工干预时输出与人机交互相关的结果。

根据仿真结果的性质可分为战役态势图、装备战损数据、弹药消耗数据、机动数据、指挥命令数据、通信网络数据、侦察情报数据、电子对抗数据、作战保障数据、装备保障数据、后勤保障数据、空军出动数据、海军出动数据等。由于该种分类方式与仿真模型的分类紧密相关,所以,对作战仿真结果可信性的分析一般按照这种分类方式逐个展开。

表7-1 作战仿真结果的分类

分类标准	结 果 类 型
表现形式	图形结果、文字结果、表格结果
输出方式	定时输出结果、阶段输出结果、最终输出结果、随机输出结果
结果性质	战役态势图、装备战损数据、弹药消耗数据、机动数据、指挥命令数据、通信网络数据、侦察情报数据、电子对抗数据、作战保障数据、装备保障数据、后勤保障数据、空军出动数据、海军出动数据

7.1.2 作战仿真结果的总体分析

基于仿真结果的可信性分析是整个仿真可信性分析的核心。对仿真结果的可信性分析,本书认为采取定性与定量结合、宏观与微观结合的方式,通过专家评审、对比实战数据以及与战斗条令条例相对比等形式可以实现。仿真结果的分析可以分为总体分析、作战集团和作战群分析、作战单元分析和基于战役态势图的专项分析四种。这些分析是以作战仿真可信性主、客观标准为指导,分层次进行的。

1. 总体分析

总体分析即上述的宏观分析,以作战仿真的总结果为主要分析对象。总体分析有如下方法。

1) 边界分析

真实的战役是一定的兵力、装备在一定的地域范围、时间范围展开的对抗,也就是说地域、时间、兵力、装备等都是有界的。在仿真中,超过了这个界的仿真结果肯定是错误的;处于边界上,或者极为接近边界的仿真结果的可信性是要最先被质疑的。以装备战损和弹药消耗为例,装备战损率的范围为[0,100%],弹药消耗的范围最少为0,最多为携行量与补充量之和。假如在某次仿真中,某种装备的战损率超过了100%,几乎可以断定是该类装备的毁伤模型或者战损率统计模型出错。如果某主战装备的弹药消耗为0,说明该装备在战役中一弹未发;如果这类装备参战了,说明其火力模型可能有错误,如果其没有参战,说明指挥模型将其"遗漏"或者想定的合理性存在问题。

2) 毁伤原因分析

作战仿真中,任何装备的毁伤都是有原因的,而仿真结果会将其如实记录。装备毁伤原因分析是从被毁伤装备的角度出发,统计该装备被对方哪些装备打击、攻击方造成被毁装备的毁伤数量、攻击方造成被毁装备的毁伤数量占被毁装备毁伤总数的百分比,从而可以分析出对该装备最具威胁的对方武器。毁伤原因分析既考虑了装备之间的交战关系,又考虑了交战的效果,可用来分析交战模型的可信性。装备毁伤原因可处理成圆饼图,如图7-1中,"空军,12,40%"表示红方坦克被空军毁伤12辆,占该型坦克毁伤总数的40%。从该图可以看出,迫击炮不但对坦克有毁伤效果,而且毁伤效果超过了武装直升机、反坦克导弹等坦克的"天敌",可能不合理,需要验证迫击炮火力打击模型。

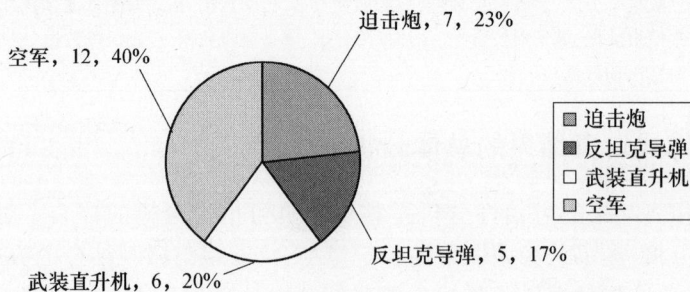

图7-1 通过红方坦克毁伤原因分析查找不可信因素

3) 关联分析

作战仿真系统是一个实体众多、关系复杂的系统,所以作战仿真结果是这些实体和关系相互作用的产物。仿真结果中必然会体现这些复杂的关系,如红方的装备战损率必然和蓝方的弹药消耗量存在关联关系,情报侦察的效果必然影响到通信流量,装备修复率必然与装备战损率有关。加强仿真结果的相关性分析,挖掘结果之间存在的关联关系,可以找出模型的交互关系中存在的问题,校核和验证交互模型。以红方通信干扰强度和与蓝方通信延时为例,如图7-2中,随着红方通信干扰强度的不断加大,蓝方通信延时毫无变化,这要么说明红方的通信干扰毫无效果,要么说明蓝方的通信延时模型根本就没有考虑红方的通信干扰效果,两种应该关联的事物间没有建立关联关系模型。

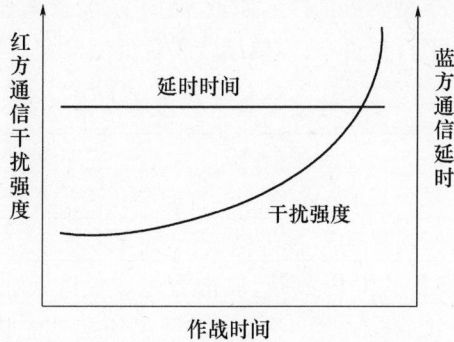

图7-2 通信干扰强度与蓝方通信延时关联分析

4)威胁排序分析

威胁排序分析是按照一方所有主战装备毁伤对方主战装备的总数量进行排序,排序结果以柱状图的形式表示。要进行威胁排序,一般先构建主战装备打击效果统计表,从打击方的角度出发,统计各型武器的弹药消耗量,以及打击对方的装备种类及数量,以表格的形式列举了一方打击另一方的情况,然后按照毁伤对方装备数量进行排序,反映了本方武器对对方武器总的威胁排序。如图7-3所

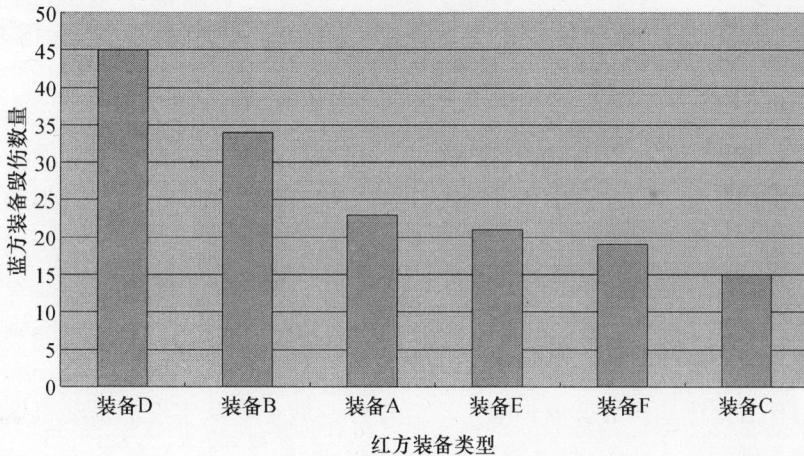

图7-3 红方各类主战装备对蓝方威胁排序

示,红方 A、B、C、D、E、F 六种装备,对蓝方的威胁排序为 D、B、A、E、F、C。可以认为在红方的装备体系中,D 的作用比较重要。这种方式可以对装备体系模型的可信性进行整体分析。

而且,由于将某种装备的弹药消耗量和其毁伤对方的装备数量置于一张表中,还可分析武器效能模型的可信性。如表 7 − 2 中,装备 E 平均毁伤敌方一件装备只需要 1.1 枚弹,几乎百发百中,需要结合装备类型检查其性能数据是否偏高。

表 7 − 2　红方装备毁伤蓝方装备效果

	毁伤敌装备数 /件	弹药消耗量 /发	平均毁伤一件敌装备的 耗弹量/(件/发)
装备 D	45	690	15.3
装备 B	34	322	9.5
装备 A	23	332	14.4
装备 E	21	24	1.1
装备 F	19	179	9.4
装备 C	15	90	7.0

2. 作战集团和作战群分析

仿真可信性分析是一项易于证明仿真"不可信"而难于证明仿真"可信"的工作。宏观分析发现仿真结果在整体上的种种不可信,需要通过微观的分析来准确定位导致不可信的现象产生的原因。微观分析需要大量分析仿真中产生的过程数据,这些数据反映了仿真过程对真实作战的客观规律的复现程度,从本质上讲,微观分析侧重对作战仿真过程而非最终仿真结果的分析。在作战仿真中,微观分析分为作战集团和作战群的分析、作战单元的分析两种。

各作战集团和作战群的作战行动是各自编成内各作战单元的作战行动的整体表现。作战想定已经对整个作战发展趋势作出设想,但想定所设想的内容不可能很细致,而且想定的级别不同,对设想内容描述的细致程度也不同。因此对作战集团和作战群的可信性分析的原则是:作战想定规定的内容,要依据想定进行分析;未在想定中详细规定的内容,要依据条令和条例、战役原则和一般规律进行分析。

对作战集团和作战群的作战行动合理性判断主要从定性的角度根据以下几个方面确定:

(1)对下级指挥控制的完备性。兵力编成决定了作战过程中的指挥协同关系,包括对本单位隶属的兵种部(分)队、对上级加强和支援的力量编配和使用情况。这些情况应该在仿真过程中反映出来,并要符合想定的要求。

（2）指挥决策的合理性。包括命令内容是否符合想定,命令内容是否符合战场情况,命令内容与部队行动是否一致,对上级的火力请求及执行上级的命令是否与战场情况相符合,内部各单位的协同动作是否符合想定。

（3）机动性要求。包括道路、桥梁、河流是否适合部队通行,机动速度在相应地形上是否合理等。

（4）交战情况。攻击和被攻击的目标是否合理,对相关目标进行攻击时弹种选择和弹药消耗是否合理,目标毁伤程度是否合理。

3. 作战仿真结果的单元分析

作战单元,是作战仿真中的最小实体,其在作战仿真过程中的各种表现,如对上级命令的执行情况、火力运用、目标选择、弹种选择等方面是否合理,直接关系到整个仿真系统的合理性。根据作战仿真可信性的客观标准,作战单元相似是仿真及其结果科学的基本要求,因此对它们的合理性进行研究非常重要。

由于战役的不可预测性,各作战单元在不同战斗时节、不同作战地域,其作战角色的转换,战术动作的调整等方面的表现错综复杂。为了更好地分析其合理性,可以各作战单元武器装备战术技术性能、战术运用原则、战争的一般规律为依据,紧密结合作战想定,采用计算机智能判断与人工判断相结合的方法,按照仿真时间进程逐步长、逐个从指挥决策、战术运用、机动性能、攻击性能、生存性能五个方面,区分合理、基本合理、不合理三个层次,对其可信性进行分析,具体内容及方法如下。

1）指挥决策

（1）上级命令是否合理。根据当时的战场态势,如双方的兵力对比、毁伤情况、首长作战意图等,以作战原则为依据对其合理性进行判断。

（2）是否符合上级命令。各作战单元的每个动作,都应该在上级机关的指挥下进行,或者是在通信不畅通的情况下根据上级的意图进行,因此可根据仿真结果中命令传递情况对其是否执行上级命令进行判断。

2）战术运用

（1）是否有进攻能力。当前帧中,自身武器剩余率小于50%时,就认为该作战单元丧失进攻能力,不应该对敌方实施进攻,否则认为其不合理。

（2）目标是否重要。分两方面对目标的重要性进行判别:一是认为目标的装备剩余率,只有高于30%时才有进攻价值,否则认为不应该对其实施进攻;二是对目标的重要性进行评判,即在其他条件相同或基本相当的情况下,对当前攻击能力范围内的多个目标进行排序,区分轻重缓急,并根据此原则实施进攻。不符合此原则时,则认为不合理。

(3) 是否能构成攻击关系。设置一些不可攻击或勉强可攻击原则,如迫击炮不能打飞机,反坦克导弹不能打防空导弹等,违反了这些基本原则,则认为不合理。

(4) 目标是否在打击范围内。根据作战单元中各种武器装备的性能,特别是射程指标,判断能否对对方进行攻击。

(5) 与目标的通视性。根据作战单元与目标间的地理特征,在地理信息系统的支持下判断它们之间能否通视。

3) 机动性能

(1) 机动速度。根据装备性能及作战单元的战术运用特点,给出其速度上限,当它在机动时速度超过这个上限时,认为不合理。

(2) 可通行性。根据各作战单元的装备战术技术性能和机动途中的地形地貌特征,判断其是否能够通行。

4) 攻击性能

(1) 弹种选择。根据装备的战术技术性能、弹药使用规定以及当时的战场情况,对其在打击不同目标时的弹种选择是否合理进行判断。

(2) 耗弹量。一是判断其累积消耗量是否超出供给量(即弹药限量);二是实际消耗与理论需求是否吻合。

(3) 最大射速。根据射击时间及弹量,求出当前帧射速,与装备性能进行对比。

(4) 对方毁伤情况。根据弹药种类、弹药消耗量、对方的装备性质、配置地域等因素,判断其对敌方造成的毁伤是否合理。

5) 生存性能

从敌方进攻单位着手,对各作战单元受打击的各种情况的合理性进行判断,具体方法、指标与上述四方面内容基本相同。判断的内容包括目标选择合理性、攻击单位的攻击能力、攻击距离、通视性、弹种选择、耗弹量、最大射速、被毁伤情况。

最后,根据以下原则对某作战单元的可信性进行评判:如果每一帧数据中在指挥决策、战术运用、机动性能、攻击性能、生存性能五个方面的可信性分析中,有一项指标不合理,则认为此帧数据不合理,如果不合理的帧数除以作战过程的总帧数大于5%,则认为此作战单元在整个作战过程不合理。

4. 基于战役态势图的专项分析

战役态势图是作战仿真过程中输出结果数据的在地理信息系统上的可视

化描述,它有二维态势图和三维态势图两种,以二维态势图居多。战役态势图可以采用数据回放的方式再现仿真过程中所有实体的所有作战行动,非常直观地支持了仿真可信性分析,成为作战集团和作战群分析、作战单元分析等微观分析的有力辅助工具。

除此之外,利用态势图还可以进行一些专项分析,如战场容量分析、通信网络拓扑分析、侦察范围分析、电子干扰范围分析等。由于它们涉及的都是一些与空间相关的范围、拓扑等概念,仅仅依靠数据难以分析这些问题相关的仿真结果的合理性,必须借助战役态势图,把与空间相关的数据尽量用点、连线、圆等图形及不同的颜色表示出来,然后通过对图的分析来获取对上述问题的可信性评价。图7-4是对侦察范围的分析,圆圈表示红方侦察单位的侦察范围,圆圈相交的地方,颜色加深,表示侦察范围重叠。此时,部分蓝军已进入红方前沿侦察力量的侦察范围。

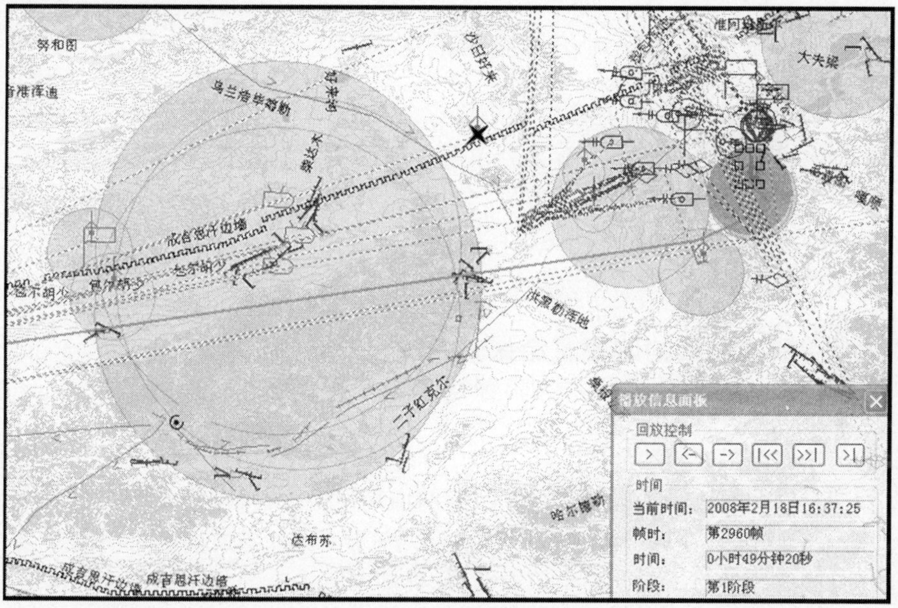

图7-4 侦察范围分析

7.2 基于灵敏度的可信性分析方法

基于灵敏度的仿真可信性分析是指在感兴趣的范围内,系统的改变模型输入变量和参数的值,并观察模型行为因为这种改变而发生的变化。通过灵敏度分析,可以对模型输出的合理性进行判断,若模型的输出和预期的不同,表明模型可能存在错误,模型的有效性需要进一步确认。这里把输入改变能够引起仿真系统输出改变的因素成为敏感因素。

7.2.1　敏感因素选择

进行灵敏度分析,首先要确定哪些因素对仿真系统是"敏感"的,改变这个因素的输入,必然会引起系统输出的改变。敏感因素的确定可以从两个方面入手:一是从理论上分析,如在平原丘陵地的机动进攻战役中,把履带式装备替换成轮式装备,理论上平均推进速度应该提高,所以,装备是履带式的还是轮式的就是一个敏感因素;二是应该参考系统的详细设计文档,确定各模型中考虑了哪些因素,如果详细设计通过了评审,那么,模型中考虑了的诸因素中,那些在系统中有一定变化范围的参数也是敏感因素。

7.2.2　敏感因素变化对仿真结果的影响预计

要进行灵敏度分析,在改变敏感因素之前,分析人员必须对敏感因素变化与系统输出变化之间的关系有充分了解。如果不能事先预计系统输出的变化趋势而直接进行灵敏度实验,将难以分析结果的合理性。也就是说,不是所有的敏感因素都适合于做灵敏度分析,只有那些变化之后能引起仿真结果具有确定变化趋势的敏感因素才适合。

7.2.3　敏感因素的改变及结果分析

进行灵敏度试验时,每次一般只改变一个因素,而且因素的变化要合理,要能引起输出结果比较明显的变化。如在阵地攻防作战仿真中,进攻方的突击装备数量是一个敏感因素,而且,装备数量的增加,将使战役向进攻方有利的方向发展。但是,如果在灵敏度分析中仅增加两三辆坦克,恐怕很难对仿真结果产生明显的影响。而增加两三个坦克营,如果模型是正确的,效果应该比较明显。

第 **8** 章

战争复杂系统仿真可信性评估方法

8.1 基于粗糙集的评估方法

8.1.1 粗糙集理论的一般概念

1982 年,粗糙集(Rough Set, RS)理论首先由波兰华沙理工大学 Z. Pawlak 教授提出,它是一种研究不完整数据及不精确知识的表达、学习和归纳的智能信息处理方法,也是数据挖掘范畴内一个有效的分析工具。该方法的特点是不需要任何先验知识,如模糊理论中的隶属度函数、统计学中的概率分布、证据理论中的基本概率赋值等,而是直接从给定的数据集出发,通过数据约简,建立决策规则,从而发现给定数据集中隐含的知识。其应用非常广泛,如模式识别、决策分析、数据挖掘等[111]。粗糙集理论同模糊集理论、神经网络等其他理论一起,成为不确定性计算的一个重要分支。

1. 知识和知识库

U 为非空有限域,任何子集 $X \subseteq U$ 称为 U 中的一个概念或范畴。U 中的任何概念族称为关于 U 的抽象知识,简称知识。粗糙集理论主要考虑能形成划分的那些知识。一个划分的定义:

$$l = \{X_1, X_2, \cdots, X_n\} \ , X_i \subseteq U, X_i \neq \varnothing \ ; 对于 \ i \neq j; i,j = 1,2,\cdots,n; \ \bigcup_{i=1}^{n} X_i = U$$

U 上的一簇划分称为关于 U 的一个知识库。若 R 是 U 上的一个等价关系,知识就是等价关系集对 U 划分的结果,记为 $\dfrac{U}{R}$,$[x]R$ 表示包含元素 $x \in U$ 的 R

等价类。一个知识库就是一个等价关系 $K = (U, R)$,其中 U 为非空集合,称为论域,R 是 U 上的一簇等价关系。

2. 不可区分关系

若 $P \subseteq R$,且 $P \neq \varnothing$,则 $\cap P$(P 中所有等价关系的交集)也是一个等价关系,称为 P 上的不可区分关系,记为 $\mathrm{ind}(P)$,且有 $[x]_{\mathrm{ind}(P)} = \bigcap_{P \subset R} [x]_P$。

$U/\mathrm{ind}(P)$ 表示与等价关系族 P 相关的知识,称为 A 中关于 U 的 P 基本知识(P 基本集)。为简单起见,常用 U/P 代替 $U/\mathrm{ind}(P)$,$\mathrm{ind}(P)$ 的等价类称为知识 P 的基本概念或范畴。

3. 上、下近似

令 $X \subseteq U$,R 为 U 上的一个等价类。当 X 能表达成某些 R 基本范畴的并时,称 X 为 R 可定义的,否则称 X 为 R 不可定义的。R 的定义集是论域的子集,它可在知识库中精确定义,而 R 不可定义集不能在这个知识库中定义。R 可定义集也称为 R 精确集,R 不可定义集也称为 R 非精确集或 R 粗糙集。

对于一个信息系统 $A = (U, R)$,X 是论域 U 的任意一子集。X 不一定能用知识库中的知识来精确描述,这时就用上、下近似的概念来"近似"描述,如图 8-1 所示。

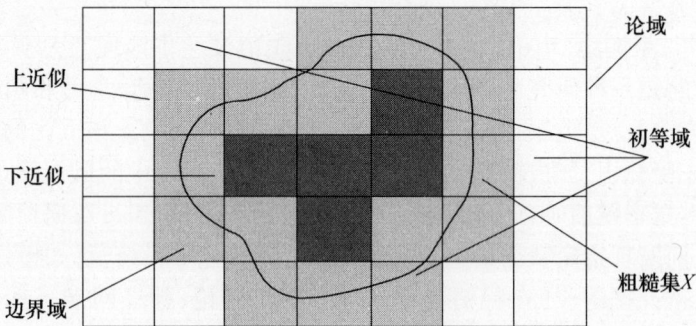

图 8-1 粗糙集概念示意图

$\underline{R}(X) = \cup \left\{ Y_i \in \dfrac{U}{R} \,|\, Y_i \subseteq X \right\}$ 称为集合 X 关于 R 的下近似;

$\overline{R}(X) = \cup \left\{ Y_i \in \dfrac{U}{R} \,|\, Y_i \cap X \neq \varnothing \right\}$ 称为集合 X 关于 R 的上近似。

集合 X 的边界域定义为 $\mathrm{bn}R(X)$:

$\mathrm{bn}R(X) = \overline{R}(X) - \underline{R}(X)$,如果 $\mathrm{bn}R(X)$ 是空集 $\varnothing$,则称 X 是关于 R 是清晰

的;反之则称集合 X 是关于 R 的粗糙集。通常称 $\text{pos}R(X) = \underline{R}(X)$ 为 X 的 R 正域,$\text{neg}R(X) = U - \overline{R}(X)$ 为 X 的 R 负域。

$\underline{R}(X)$ 或 $\text{pos}R(X)$ 是由那些根据知识 R 判断肯定属于 X 的 U 中元素组成的集合,$\overline{R}(X) = \text{pos}R(X) \cup \text{bn}R(X)$ 是那些根据知识 R 判断可能属于 X 的 U 中元素组成的集合。$\text{bn}R(X)$ 是那些根据知识 R 既不能判断属于 X 也不能判断属于 $U - R(X)$ 的 U 中元素组成的集合。$\text{neg}R(X)$ 是那些根据知识 R 判断肯定不属于 X 的 U 中元素组成的集合。

集合不确定性是由于边界域存在而引起的。集合的边界域越大,其精确性越低。为了更准确地表达这一点。由等价关系 R 定义集合 X 的近似精度为

$$a_R(X) = \frac{|\underline{R}(X)|}{|\overline{R}(X)|} \tag{8-1}$$

式中:$X = \varnothing$,$|X|$ 表示集合 X 的基数。显然,对每一个 R 和 $X \subseteq U$ 有 $0 \leqslant a_R(X) \leqslant 1$,当 $a_R(X) < 1$ 时,集合 X 有非空的边界域,集合 X 为 R 不可定义的。由精确度引出集合的粗糙度 $\rho_R(X) = 1 - a_R(X)$。粗糙度和精确度恰恰相反,它表示集合 X 知识的不完全程度。

4. 条件属性表

设 $S = (U, A)$ 为一个知识表示系统,其中 $U = \{x_1, x_2, \cdots, x_n\}$,$x_i$ 为所讨论的个体,$i = 1, 2, \cdots, n$。U 表示有限非空集合即论域,U 中的元素称为对象。$A = \{a_1, a_2, \cdots, a_n\}$,$a_j$ 为个体所具有的属性,$j = 1, 2, \cdots, n$。对于每个 $a \in A$,有一个映射 $a: U \rightarrow a(U)$,且 $a(U) = \{a(u) \mid u \in U\}$ 称为属性 a 的值域。

一个信息系统可以用一个属性信息表来表示,如表 8-1 所列。

表 8-1　一个信息系统的属性信息表

个体＼属性	a_1	a_2	$\cdots$	a_n
x_1	a_{11}(属性值)	a_{12}	$\cdots$	a_{1n}
x_2	a_{21}(属性值)	a_{22}	$\cdots$	a_{2n}
$\cdots$	$\cdots$	$\cdots$	$\cdots$	$\cdots$
x_n	a_{n1}(属性值)	a_{n2}	$\cdots$	a_{nn}

如果 $A = C \cup D$,$C \cap D = \varnothing$,则称信息系统 (U, A) 为一个决策表。其中 C 中的属性称为条件属性,D 中的属性称为决策属性。

5. 属性的约简及其算法

在作战仿真中,属性并不是同等重要的,甚至其中某些属性是冗余的。所谓知识约简,就是在保证信息系统分类能力不变的条件下,删除其中不相关或不重要的属性。

令 R 为一族等价关系, $P \in R$,如果 $\text{ind}(R) = \text{ind}(R - \{P\})$,则称 P 为 R 中不必要的,反之称 P 为 R 中必要的。如果每个 $P \in R$ 都是 R 中必要的,则称 R 是独立的,否则称 R 为依赖的。设 $P \subseteq R$,如果 P 是独立的,且 $\text{ind}(P) = \text{ind}(R)$,称 P 为 R 的一个约简。

R 中有多个约简时, R 中所有必要关系组成的集合称为 R 的核,记为 $\text{core}(R)$ 。

定理 7.1: $\text{core}(R) = \cap \text{red}(R)$,其中 $\text{red}(R)$ 表示 R 的所有约简。

在应用中,一个分类对另一个分类的关系十分重要,尤其是在决策表中,由此引入相对约简和相对核的概念。

令 P 和 Q 为 U 中的等价关系, Q 的正域记为 $\text{pos}P(Q)$,即 $\text{pos}_P(Q) = \bigcup_{X \in U/Q^-} P(X)$ 。

Q 的 P 正域是 U 中所有根据分类 U/P 的信息可以准确划分到关系 Q 等价类中去的对象集合。

令 P 和 Q 为等价关系, $R \in P$ 。如果 $\text{pos}_P(Q) = \text{pos}_{P-R}(Q)$,则称 R 为 P 中 Q 不必要的,否则称 R 为 P 中 Q 必要的。如果 P 中的每个 R 都为 Q 必要的,则称 P 为 Q 独立的。当 $(P-R)$ 为 P 的 Q 的独立子族,且 $\text{pos}_P(Q) = \text{pos}_{P-R}(Q)$,则族 $(P-R)$ 称为 P 的 Q 相对简化。 P 中所有 Q 必要原始关系族,即相对简化集 $\text{red}_Q(P)$ 集合的交,称为 P 的 Q 相对核,记为 $\text{core}_Q(P)$ 。

相对核与相对约简的关系见定理 7.2。

定理 7.2: $\text{core}_Q(P) = \cap \text{red}_Q(P)$,其中 $\text{red}_Q(P)$ 是所有 P 的 Q 约简构成的集合[72,78,81]。

6. 属性的依赖度和重要度

在粗糙集中,使用信息表来描述论域中的数据集合,信息表的行代表对象,列代表属性,一个属性对应一个等价关系。在信息表中,不同的属性可能具有不同的重要性。为了找出某些属性(或属性集)的重要性,采取的办法是从表中去掉一些属性,再来考察去掉该属性后分类会怎样变化。如果去掉该属性相应分类变化较大,则说明该属性的强度大,即重要性高;反之,说明该属性的强度小,重要性低。分类变化与否可以用信息量来表述。

设 $A = (U, R)$ 为一信息系统,对于等价关系 $P \subseteq R$ 有分类 $U/\mathrm{ind}(P) = \{X_1, X_2, \cdots, X_n\}$,则 P 的信息量记为

$$I(P) = \sum_{i=1}^{n} \frac{|X_i|}{|U|} \left[1 - \frac{|X_i|}{|U|} \right] = 1 - \frac{1}{|U|^2} \sum_{i=1}^{n} |X_i|^2 \qquad (8-2)$$

式中: $|X_i|$、$|U|$ 表示集合的基数。

应用等价关系信息量的概念,可以分析某个属性在属性集中的重要度。属性重要度和属性信息量的关系表述如下:

属性 attr 在属性集 P 中的重要度定义为

$$\mathrm{sig}_{P - \{\mathrm{attr}\}}(\mathrm{attr}) = I(P) - I(P - \{\mathrm{attr}\}) \qquad (8-3)$$

式中:attr 为某个属性;$P \subseteq R$ 为等价集中的一个等价子集。用 $\gamma_{P(Q)}$ 表示属性集 Q 对另一个属性集的依赖程度,定义为:

当 $\gamma_{P(Q)} = 1$ 时,称 Q 完全依赖于 P;

当 $0 < \gamma_{P(Q)} < 1$ 时,称 Q 粗糙(部分)依赖于 P;

当 $\gamma_{P(Q)} = 0$ 时,称 Q 完全独立于 P。

8.1.2 基于粗糙集理论的可信性评估过程

基于粗糙集仿真可信性评估的步骤如图 8-2 所示。主要包括五个步骤:获得样本数据,形成属性表;根据属性约简理论进行约简;数据预处理;根据属性重要度和信息量的概念计算指标权重;得出评估值。

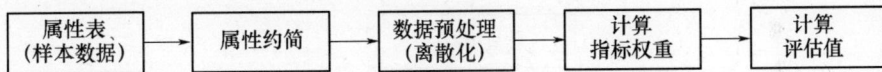

图 8-2 基于粗糙集的综合评估结构示意图

1. 评估指标的量化

可信性评估指标有定性指标和定量指标两种。对于定量指标,其值可以通过测试或运算得到。对于定性指标,评估方法可以采用专家调查法。这种方法的主要过程是:确定评估指标;确定被征询专家组成人员;制定调查表;进行逐轮征询和轮询反馈;作出预测结论。可信性评估采用 10 分制打分法,各个具体指标值的最终评分分布在 0~10 之间:

$$a_i = \frac{\sum_{j=1}^{l} b_{ij}}{l} \qquad (8-4)$$

式中：a_i 为专家组集体认为第 i 个指标的评估值；b_{ij} 为第 j 个专家对第 i 个指标的评估值；l 为参加咨询的专家总数。

2. 基于粗糙集理论的指标属性约简

将可信性评估指标的评分结果汇总到信息表中。可信性评估指标体系设计可能会有交叉的现象，要应用粗糙集约简理论消除一定程度的冗余性，得到剔除冗余的约简指标集 P'，显然 $P' \subseteq P$。

在约简之前，由于粗糙集理论对于数据处理的离散化要求，需要对作战仿真可信性评估的指标属性表作离散化处理，许多研究人员从不同的领域提出了多种离散化方法。典型的有等区间方法、等信息量方法、统计方法、基于信息熵的方法和用户自定义区间法等。根据粗糙集理论的基本思想，用分类能力作为离散化的评估标准，将连续属性离散化问题转化为分割点寻优问题。杨善林提出了一种基于遗传算法的连续属性离散化的方法，在保持所要求的分类能力不变的情况下，发现并删除冗余分割点，对原离散结果进行简化，从而有效减少挖掘算法的搜索空间。其流程如图 8-3 所示。

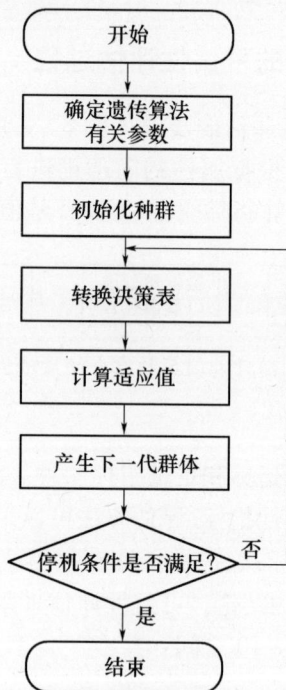

图 8-3 基于遗传算法的属性离散算法流程

指标的属性约简实例如下：

设

$$R = \{R_1, R_2, R_3, R_4\}, U = \{x_1, x_2, \cdots, x_{10}\}$$

$$U/R_1 = \{\{x_1, x_8, x_9, x_{10}\}, \{x_2, x_3, x_4, x_5, x_6, x_7\}\}$$

$$U/R_2 = \{\{x_1, x_2, x_6, x_7, x_8, x_9, x_{10}\}, \{x_3, x_4, x_5\}\}$$

$$U/R_3 = \{\{x_1, x_7, x_8\}, \{x_2, x_3, x_4, x_5, x_6, x_9, x_{10}\}\}$$

$$U/R_4 = \{\{x_1, x_2, x_3, x_4, x_5, x_6, x_8, x_9\}, \{x_7, x_{10}\}\}$$

$$U/R = \{\{x_1, x_8\}, \{x_2, x_6\}, \{x_3, x_4, x_5\}, \{x_7\}, \{x_9\}, \{x_{10}\}\}$$

则

$$U/(R - R_1) = \{\{x_1, x_8\}, \{x_2, x_6\}, \{x_3, x_4, x_5\}, \{x_7\}, \{x_9\}, \{x_{10}\}\} = U/R$$

$$U/(R - R_2) = \{\{x_1, x_8\}, \{x_2, x_3, x_4, x_5, x_6\}, \{x_7\}, \{x_9\}, \{x_{10}\}\} \neq U/R$$

$$U/(R - R_3) = \{\{x_1, x_8, x_9\}, \{x_2, x_6\}, \{x_3, x_4, x_5\}, \{x_7\}, \{x_{10}\}\} \neq U/R$$

$$U/(R - R_4) = \{\{x_1, x_8\}, \{x_2, x_6\}, \{x_3, x_4, x_5\}, \{x_7\}, \{x_9\}, \{x_{10}\}\} = U/R$$

所以，关系 R_1 和 R_4 是可以约简的；关系 R_2 和 R_3 是不可约简的。

这就意味着由四个关系族 $R = \{R_1, R_2, R_3, R_4\}$，其分类和 $R = \{R_2, R_3, R_4\}$ 或者 $R = \{R_1, R_2, R_3\}$ 确定的分类是相同的。

3. 基于粗糙集理论的权重计算

根据上面讨论的粗糙集中属性重要度的概念，利用遗传算法得到根据约简后的指标集 P' 对论域的划分 $U/\text{ind}(P') = \{X_1, X_2, \cdots, X_m\}$，根据信息量计算公式计算出息量 $I(P')$。同理，在指标集 $P' - \{\text{attr}\}$ 对论域 U 划分的基础上得到 $I(P' - \{\text{attr}\})$，然后得到指标 attr 的重要度，将所有指标的重要度作归一化处理即得各指标的权重。第 i 个指标 p'_i 的权重为

$$w_i = \frac{\text{sig}_{p' - \{p'_i\}}(p'_i)}{\sum\limits_{k=1}^{s} \text{sig}_{p' - \{p'_i\}}(p'_i)} \tag{8-5}$$

式中：$\sum\limits_{k=1}^{s}$ 表示 k 从 1 到 s 个重要度的求和。

权重计算实例如下，设

$$U/R = \{\{x_1, x_8\}, \{x_2, x_6\}, \{x_3, x_4, x_5\}, \{x_7\}, \{x_9\}, \{x_{10}\}\}$$

$$U/(R - R_2) = \{\{x_1, x_8\}, \{x_2, x_3, x_4, x_5, x_6\}, \{x_7\}, \{x_9\}, \{x_{10}\}\} \neq U/R$$

$$U/(R - R_3) = \{\{x_1, x_8, x_9\}, \{x_2, x_6\}, \{x_3, x_4, x_5\}, \{x_7\}, \{x_{10}\}\} \neq U/R$$

根据式(8-2)计算约简后属性的信息量，总的信息量计算如下：

$$I(P) = \sum_{i=1}^{n} \frac{|X_i|}{|U|}\left[1 - \frac{|X_i|}{|U|}\right] = 1 - \frac{1}{|U|^2}\sum_{i=1}^{n}|X_i|^2$$

$$= 1 - \frac{2^2 + 2^2 + 3^2 + 1^2 + 1^2 + 1^2}{10^2} = 0.8$$

去除关系 R_2 后的属性信息量为

$$I(P_1) = \sum_{i=1}^{n} \frac{|X_i|}{|U|}\left[1 - \frac{|X_i|}{|U|}\right] = 1 - \frac{1}{|U|^2}\sum_{i=1}^{n}|X_i|^2$$

$$= 1 - \frac{2^2 + 5^2 + 1^2 + 1^2 + 1^2}{10^2} = 0.68$$

去除关系 R_3 后的属性信息量为

$$I(P_2) = \sum_{i=1}^{n} \frac{|X_i|}{|U|}\left[1 - \frac{|X_i|}{|U|}\right] = 1 - \frac{1}{|U|^2}\sum_{i=1}^{n}|X_i|^2$$

$$= 1 - \frac{3^2 + 2^2 + 3^2 + 1^2 + 1^2}{10^2} = 0.76$$

根据式(8-3)计算属性的重要度：

$$\text{sig}(R_2) = 0.8 - 0.68 = 0.12$$

$$\text{sig}(R_3) = 0.8 - 0.76 = 0.04$$

经过归一化处理,得出指标 R_2、R_3 的权重为

$$W(R_2) = \frac{0.12}{0.12 + 0.04} = 0.75$$

$$W(R_3) = \frac{0.04}{0.12 + 0.04} = 0.25$$

4. 最终评估模型

令专家给出的约简后的指标集 $P' \subseteq P$ 相应的原始评估矩阵 C:

$$C = \begin{bmatrix} c_{11} & c_{12} & \cdots & c_{1s} \\ c_{21} & c_{22} & \cdots & c_{2s} \\ \vdots & \vdots & \ddots & \vdots \\ c_{n1} & c_{n2} & \cdots & c_{ns} \end{bmatrix} \tag{8-6}$$

式中:$c_{ij}(i=1,2,\cdots,n;j=1,2,\cdots,s)$ 为第 i 个仿真工程第 j 个因素指标的得分,$s = |P''|$,即约简后的指标集中指标的个数。再对原始矩阵做标准化处理。

$$c'_{ij} = \frac{\max\limits_{i=1}^{n}(c_{ij}) - c_{ij}}{\max\limits_{i=1}^{n}(c_{ij}) - \min\limits_{i=1}^{n}(c_{ij})} \tag{8-7}$$

最终评估结果由下式给出：

$$R = C' \times W = \begin{bmatrix} c_{11} & c_{12} & \cdots & c_{1s} \\ c_{21} & c_{22} & \cdots & c_{2s} \\ \vdots & \vdots & \ddots & \vdots \\ c_{n1} & c_{n2} & \cdots & c_{ns} \end{bmatrix} \times \begin{bmatrix} w_1 \\ w_2 \\ \vdots \\ w_s \end{bmatrix} \quad (8-8)$$

式中：w_i 为对应指标的权重，结果为这个对象的评估值，评估值越大说明该对象在该指标值上的表现越优。

8.1.3 属性依赖关系在可信性评估中的应用

这里以视景仿真为例，具体阐述属性依赖关系在可信性评估中的应用。视景仿真是大多数仿真系统的重要组成部分，视景的可信性将直接影响整个系统的可信性。在实践中，可以先对视景的可信性进行分析，然后再对整个系统的可信性进行综合分析。视景可信性是由多种因素决定的，不仅依赖显示设备，还包括视景数据库、仿真算法和精度。本节重点在于研究属性的依赖关系，确定对可信性的影响方法。不失一般性，这里只讨论典型因素对可信性的影响，在具体应用中，处理方法与此类似。

表8-2是7类仿真系统的视景可信性水平与视景显示设备主要性能指标的属性表，通过显示设备的性能指标来分析影响视景可信性的主要因素。

表8-2　可视化水平与视景显示性能指标的属性值系统

属性 对象	画面连续性 /(帧)/s	画面显示亮度 (0~100)	画面对比度 (0~100)	画面光照 (0~100)	可信性水平
仿真系统 I	15	40	60	60	低
仿真系统 II	20	40	20	40	中
仿真系统 III	25	30	40	80	中
仿真系统 IV	30	40	40	40	高
仿真系统 V	30	40	60	40	高
仿真系统 VI	25	80	40	60	中
仿真系统 VII	20	60	80	40	低

列举画面连续性、画面显示亮度、画面对比度和画面光照作为分析的几个主要因素。对每个属性值（列）进行等价划分：画面连续性取5为划分区间，画面显示亮度取20为划分区间，画面对比度取20为划分区间，画面光照取20为

划分区间。生成如表8-3所列的知识表达系统。

表8-3 一个属性值知识表达系统

对象 ＼ 属性	a	b	c	d	e
1	3	2	3	3	0
2	4	2	1	2	1
3	5	1	2	4	1
4	6	2	2	2	2
5	6	2	3	2	2
6	5	4	2	3	1
7	4	3	4	2	0

该论域由7个对象1,2,…,7组成,属性集是a,b,c,d,e。在表8-3中由属性产生的划分为

$$U/\text{Ind}(a) = \{\{1\},\{2,7\},\{3,6\},\{4,5\}\}$$
$$U/\text{Ind}(b) = \{\{1,2,4,5\},\{3\},\{6\},\{7\}\}$$
$$U/\text{Ind}(c) = \{\{1,5\},\{2\},\{3,4,6\},\{7\}\}$$
$$U/\text{Ind}(d) = \{\{1,6\},\{2,4,5,7\},\{3\}\}$$
$$U/\text{Ind}(e) = \{\{1,7\},\{2,3,6\},\{4,5\}\}$$

设a,b,c,d为条件属性,e为决策属性。计算决策属性对条件属性的相对正域:

$$\text{pos}_a^{(e)} = \{1,3,6,4,5\}, \quad \gamma_a^e = \frac{5}{7} = 0.714 = 71.4\%$$

$$\text{pos}_b^{(e)} = \{3,6,7\}, \quad \gamma_b^e = \frac{3}{7} = 0.429 = 42.9\%$$

$$\text{pos}_c^{(e)} = \{2,7\}, \quad \gamma_b^e = \frac{2}{7} = 0.276 = 27.6\%$$

$$\text{pos}_d^{(e)} = \{3\}, \quad \gamma_b^e = \frac{1}{7} = 0.143 = 14.3\%$$

通过上面的分析可以看出,依赖度最大的是画面连续性,达到71.4%。依赖度最小的是画面光照,仅为14.3%。这说明在视景仿真中,首先应该保证画面的连续性,至少达到25帧/s。在此基础上,可以增加仿真的粒度,增加实体的光照,以及显示的对比度等。在模型的复杂度和模型运算产生矛盾时,有时需要简化实体模型以达到画面流畅的目的。

8.2　基于粗糙—模糊的评估方法

目前,以模糊数学为基础的模糊综合评判方法可以通过隶属度函数将定性问题转换为定量或半定量问题,非常适合仿真可信性的综合评估。模糊综合评判将定性分析和定量计算相结合,主观分析和客观分析相结合,使得评估更加科学化。这种方法具有较好的操作性,是国内学者研究的重点,在业界应用非常广泛。

评估问题的指标设计和指标权重的确定是两个最重要的部分。立足模糊数学的模糊综合评判存在两个无法解决的缺点:一是指标间的冗余问题;二是指标权重制定的非客观化而使结果的准确性受到质疑。

粗糙集中属性约简思想能够剔除冗余指标信息而得到最小的约简指标集,从而解决指标间的冗余问题,即指标信息的重复。另外,可以应用属性重要度和依赖度的概念确定指标的权重,在确定权重时无需提供数据集合之外的任何先验信息,从而避免模糊综合评判中权重确定的主观影响,克服了第二个缺点。因此将模糊综合评判和粗糙集理论构成互补是非常好的选择。

8.2.1　基于粗糙—模糊综合评判的可信性评估步骤

将粗糙—模糊综合评判(*Rought Set - Fuzzy Synthetic Evaluation*,RS - FSE)的方法应用于作战仿真的可信性评估。主要分为6个步骤:

(1) 建立最初评估指标信息表;

(2) 由8.1.2节约简相应的信息表;

(3) 若属性值为连续值,则进行属性的离散化处理,若为离散值,直接转下一步;

(4) 确定指标集和评估集;

(5) 由式(8-2)、式(8-3)计算等价关系的信息量和重要度,根据式(8-5)得出指标权重;

(6) 确定待评估单元的评估值。

8.2.2　基于粗糙—模糊综合评判的可信性评估

1. 确定初步的约简信息表

以某对抗仿真系统为研究对象,评估该仿真系统的可信性时,必须综合考虑模型、运行环境、态势显示和仿真结果等因素。现选取了8个影响因素,如表

8-4 所列。这 8 个因素是定量指标,值可以直接测出;若是定性指标,其值可以通过专家调查的方法来获得。其中,性能指标 X_1 的单元为 ms,X_2、X_3、X_6 的单元为 μs;模型分辨率 X_4 的单元为 m;显示更新率 X_5 的单元为每秒更新帧的数目数;算法求解精度 X_7 的单元为小数点后的计算位数;数据记录性能 X_8 的单元为 kB/s。

表 8-4　影响因素表

X_1	X_2	X_3	X_4	X_5	X_6	X_7	X_8
网络延时	输入输出延时	运算延时	模型分辨率	显示更新率	图像显示延时	算法求解精度	数据记录性能

通过改变不同的想定,多次运行该仿真系统并结合相关的历史数据和经验,得出多组评估样本。表 8-5 为根据专家经验和以往数据,计算各个评估指标的阈值。

表 8-5　评估样本表

样本 \ 因素	X_1	X_2	X_3	X_4	X_5	X_6	X_7	X_8
1	30	490	90	6	31	11	4	35
2	12	380	101	4	31	5	2	56
3	22	750	150	7	35	8	2	100
4	22	640	180	3	32	8	2	120
5	15	520	150	2	39	9	2	140
6	15	350	101	3	8	1	1	156
7	23	375	95	6	15	12	4	170
8	40	402	95	8	40	16	5	30
9	45	463	105	7	34	13	2	40
10	46	423	110	6	20	7	1	25

可信性较高的仿真系统对应的标准数据如表 8-6 所列。

表 8-6　标准数据表

因素	X_1	X_2	X_3	X_4	X_5	X_6	X_7	X_8
标准值	25	500	100	5	30	10	3	50

由表 8-5 和表 8-6 得出最初评估指标信息表。具体算法为:X_1、X_2、X_3、X_4、X_6 是极小型指标,其值越小越好,表 8-5 中凡是小于(或等于)表 8-6 中标

准值的一律取 1；X_5、X_8、X_7 是极大型指标，其值越大越好，表 8-5 中凡是大于（或等于）表 8-6 中标准值的一律取 1。计算结果如表 8-7 所列。

表 8-7　最初评估指标信息表

样本＼因素	X_1	X_2	X_3	X_4	X_5	X_6	X_7	X_8
1	0	1	1	0	1	0	1	0
2	1	1	0	1	1	1	0	1
3	1	0	0	0	1	1	0	1
4	1	0	0	1	1	1	0	1
5	1	0	0	1	1	1	0	1
6	1	1	0	1	1	1	0	1
7	1	1	1	0	0	0	1	1
8	0	1	1	0	1	0	1	0
9	0	1	0	0	1	0	1	0
10	0	1	0	0	0	1	0	0

　　由于 X_1 和 X_8 对 U 的属性值相同，X_3 和 X_7 对 U 的属性值相同，得到初步的属性约简表。X_1 和 X_8 中取一个，X_3 和 X_7 中取一个，这里分别取 X_1 和 X_3。也就是删掉了 X_7 和 X_8 对应的列，得到初步约简属性表，如表 8-8 所列。

表 8-8　初步约简属性表

样本＼因素	X_1	X_2	X_3	X_4	X_5	X_6
1	0	1	1	0	1	0
2	1	1	0	1	1	1
3	1	0	0	0	1	1
4	1	0	0	1	1	1
5	1	0	0	1	1	1
6	1	1	0	1	1	1
7	1	1	1	0	0	0
8	0	1	1	0	1	0
9	0	1	0	0	1	0
10	0	1	0	0	0	1

2. 评估指标约简

令 $A = \{X_1, X_2, \cdots, X_6\}$, $U = \{1, 2, \cdots, 10\}$, 则分类

$U/\mathrm{ind}(A) = \{\{1,8\}, \{2,6\}, \{3\}, \{4,5\}, \{7\}, \{9\}, \{10\}\}$

$U/\mathrm{ind}(A - X_1) = \{\{1,8\}, \{2,6\}, \{3\}, \{4,5\}, \{7\}, \{9\}, \{10\}\} = U/\mathrm{ind}(A)$

$U/\mathrm{ind}(A - X_2) = \{\{1,8\}, \{2,4,5,6\}, \{3\}, \{7\}, \{9\}, \{10\}\} \neq U/\mathrm{ind}(A)$

$U/\mathrm{ind}(A - X_3) = \{\{1,8,9\}, \{2,6\}, \{3\}, \{4,5\}, \{7\}, \{10\}\} \neq U/\mathrm{ind}(A)$

$U/\mathrm{ind}(A - X_4) = \{\{1,8\}, \{2,6\}, \{3,4,5\}, \{7\}, \{9\}, \{10\}\} \neq U/\mathrm{ind}(A)$

$U/\mathrm{ind}(A - X_5) = \{\{1,8\}, \{2,6\}, \{3\}, \{4,5\}, \{7\}, \{9\}, \{10\}\} = U/\mathrm{ind}(A)$

$U/\mathrm{ind}(A - X_6) = \{\{1,8\}, \{2,6\}, \{3\}, \{4,5\}, \{7\}, \{9\}, \{10\}\} = U/\mathrm{ind}(A)$

因此，X_1、X_5、X_6 是可约简的，亦即网络延时、显示更新率和图像显示延时是可约简的。知识 $A = \{X_2, X_3, X_4\}$，这就将原来的 6 个指标约简为 3 个指标。所以指标集 V 为 $\{X_2, X_3, X_4\}$，评估集 U 为 $\{1, 2, \cdots, 10\}$。需要说明的是，在一般情况下，不可能将 6 个指标约简为 3 个指标。这里为了说明问题，对一些指标数据做了一些局部的调整，对于其他情况可以参照该方法进行计算。

3. 计算各指标重要度和权重

计算出总的信息量是

$$I(P) = \{\{1,8\}, \{2,6\}, \{3\}, \{4,5\}, \{7\}, \{9\}, \{10\}\}$$

$$I(P) = \sum_{i=1}^{n} \frac{|X_i|}{|U|}\left[1 - \frac{|X_i|}{|U|}\right] = 1 - \frac{1}{|U|^2}\sum_{i=1}^{n}|X_i|^2$$

$$= 1 - \frac{2^2 + 2^2 + 1^2 + 2^2 + 1^2 + 1^2 + 1^2}{10^2} = 0.84$$

剔除 X_2 后的信息量为

$$I(P - X_2) = \{\{1,8\}, \{2,4,5,6\}, \{3\}, \{7\}, \{9\}\{10\}\}$$

$$= 1 - \frac{2^2 + 4^2 + 1^2 + 1^2 + 1^2 + 1^2}{10^2} = 0.76$$

则 X_2 的重要度为

$$\mathrm{sig}_{P-\{\mathrm{attr}\}}(\mathrm{attr}) = I(P) - I(P - \{\mathrm{attr}\}) = 0.84 - 0.76 = 0.08$$

同理，可以计算出 X_3、X_4 的重要度分别为 0.04、0.04。根据重要度计算出指标权重 W，$W = \{0.5, 0.25, 0.25\}$。

得出的指标权重如表 8 - 9 所列。

表 8 - 9 指标权重和重要度

项目 \ 因素	X_2	X_3	X_4
重要度	0.08	0.04	0.04
权重	0.50	0.25	0.25

4. 根据各个指标的隶属度函数,得出指标值

根据实际工作经验和专家经验,得出 X_2、X_3、X_4 的隶属度函数:

$$F(X_2) = 1 - (X_2 - 300)/500, F(X_3) = 1 - (X_3 - 80)/100, F(X_4) = 1 - 1/X_4$$

根据以上隶属度函数和表 8 - 5 的评估样本,计算出各个指标值,如表 8 - 10 所列:

表 8 - 10 计算得出的指标值

样本 \ 因素	X_2	X_3	X_4	样本 \ 因素	X_2	X_3	X_4
1	0.62	0.90	0.83	6	0.90	0.79	0.00
2	0.84	0.79	0.75	7	0.85	0.85	0.83
3	0.10	0.30	0.86	8	0.80	0.85	0.88
4	0.32	0.00	0.67	9	0.67	0.75	0.86
5	0.56	0.30	0.50	10	0.75	0.70	0.83

5. 建立粗糙 - 模糊评估模型

$\widetilde{R}$ 为模糊关系矩阵,其元素值由各个指标的隶属度函数所决定;W 为各个指标的权重向量;$\widetilde{B}$ 为模糊决策向量。本书采用的模糊算子为 $M(\cdot, +)$,则

$$\widetilde{B} = W \circ \widetilde{R} = (w_1, w_2, \cdots, w_n) \circ \begin{bmatrix} r_{11} & r_{12} & \cdots & r_{1m} \\ r_{21} & r_{22} & \cdots & r_{2m} \\ \vdots & \vdots & \ddots & \vdots \\ r_{n1} & r_{n2} & \cdots & r_{nm} \end{bmatrix} = (b_1, b_2, \cdots, b_m)$$

$$(8 - 9)$$

$$b_j = \sum_{i=1}^{n} w_i r_{ij}, \sum_{i=1}^{n} w_i = 1, w_i \in [0, 1] \qquad (8 - 10)$$

最终评判模型为

$$\widetilde{\boldsymbol{B}} = \boldsymbol{W} \circ \widetilde{\boldsymbol{R}} = (w_1, w_2, \cdots, w_n) \circ \begin{bmatrix} r_{11} & r_{12} & \cdots & r_{1m} \\ r_{21} & r_{22} & \cdots & r_{2m} \\ \vdots & \vdots & \ddots & \vdots \\ r_{n1} & r_{n2} & \cdots & r_{nm} \end{bmatrix} = (b_1, b_2, \cdots, b_m)$$

$$(8-11)$$

由此,得出 10 次仿真结果的可信性评估值为

$$(0.50, 0.25, 0.25) \circ \begin{bmatrix} 0.62 & 0.84 & 0.10 & 0.32 & 0.56 & 0.90 & 0.85 & 0.80 & 0.67 & 0.75 \\ 0.90 & 0.79 & 0.30 & 0.00 & 0.30 & 0.79 & 0.85 & 0.85 & 0.75 & 0.70 \\ 0.83 & 0.75 & 0.86 & 0.67 & 0.50 & 0.00 & 0.83 & 0.88 & 0.86 & 0.83 \end{bmatrix}$$

$$(8-12)$$

运算结果为

$$(0.743, 0.805, 0.340, 0.328, 0.480, 0.648, 0.845, 0.833, 0.738, 0.758)$$

比较结果为

$$b_7 > b_8 > b_2 > b_{10} > b_1 > b_9 > b_6 > b_5 > b_3 > b_4 \qquad (8-13)$$

可以看出:第七次仿真结果的可信性最高,第四次仿真结果的可信性最低。

6. 仿真评估结论的获得

下面进一步分析第七次仿真结果的可信性,在该次仿真过程中,设定其评判集:

$V = \{$

$\quad V_1 = $ 很高的可信性;

$\quad V_2 = $ 较高的可信性;

$\quad V_3 = $ 可信性基本满足要求;

$\quad V_4 = $ 可信性不能满足要求;

$\quad \}$

根据前面获得的权重向量 $\boldsymbol{A} = \{0.50, 0.25, 0.25\}$,单就因素 X_2 而言,根据专家调查法,50% 的人评价为 V_1,40% 的人评价为 V_2,10% 的人评价为 V_3,则有关于 X_2 的对应:

$$X_2 | \rightarrow (0.5, 0.4, 0.1, 0.0)$$

同理:

$$X_3 | \rightarrow (0.4, 0.4, 0.2, 0.0)$$

$$X_4 | \rightarrow (0.3, 0.4, 0.2, 0.1)$$

由此得到模糊关系：

$$
\boldsymbol{R} = \begin{bmatrix} 0.5 & 0.4 & 0.1 & 0.0 \\ 0.4 & 0.4 & 0.2 & 0.0 \\ 0.3 & 0.4 & 0.2 & 0.1 \end{bmatrix} \tag{8-14}
$$

采用"积、和"的算法，得到评判向量 $\boldsymbol{T}$：

$$
\boldsymbol{T} = \boldsymbol{W} \circ \boldsymbol{R} = \begin{bmatrix} 0.50 & 0.25 & 0.25 \end{bmatrix} \circ \begin{bmatrix} 0.50 & 0.40 & 0.10 & 0.00 \\ 0.40 & 0.40 & 0.20 & 0.00 \\ 0.30 & 0.40 & 0.20 & 0.10 \end{bmatrix}
$$

$$
= \begin{bmatrix} 0.425 & 0.400 & 0.150 & 0.025 \end{bmatrix}
$$

式中：$\boldsymbol{W}$ 为前面计算出的指标权重向量；$\boldsymbol{R}$ 为模糊关系。

因为 T_1 最大，根据最大隶属度原则，最终的评判结果为 V_1，即第七次仿真有很高的可信性。

8.3 基于模糊推理的作战仿真的可信性评估方法

影响作战仿真可信性的指标因素繁多，且指标具有模糊性和不确定性。引入模糊推理方法，适合于表达模糊性和不确定性的知识。其推理方式比较类似于人的思维方式，是处理不确定性和非线性的有利工具，并且具有较强的解释推理功能，采用模糊理论可以实现定性问题的定量评估，能够有效减少人为的主观因素，使评估结果更加合理。

8.3.1 评估模型建立

以仿真实体类型单元可信性为例，利用层次分析的思想，将仿真实体类型单元的可信性作为评估对象，将实体类型单元分为人在回路单元和 CGF 仿真单元，确定的底层评估指标包括：操纵装置的物理特性，仿真视景的物理特性，运动平台的性能指标，仿真声音的性能指标，物理模型、行为模型和环境模型的性能指标，如图 8-4 所示。目标层是仿真类型单元的可信性，底层指标依据相应的评估准则进行评估，然后上一级指标的评估由下一级指标的评估值经模糊推理确定。

8.3.2 评估状态等级划分

从底层开始向上评估时，对整个评估项目建立一个对应的等级评估集，与

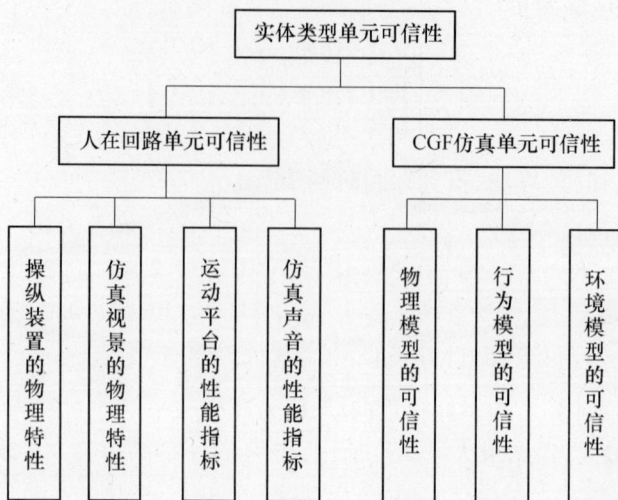

图8-4 实体类型单元可信性的层次结构

模糊综合评判不同,每个等级都给出一个合理的得分,仿真的可信性可以分为三个等级。

本书将仿真单元的可信性分为三个等级,不管对底部还是对整个上部结构,均得到一个三维的模糊评估集:$V = \{ I, II, III \}$,如表8-11所列。

表8-11 评估状态的等级划分

项目 \ 等级	I	II	III	IV
可信性状态	非常可信	基本可信	基本不可信	不可信
分值	100~80	80~60	60~30	30~0

以实体类型单元的可信性为研究对象,根据图8-4建立的评估指标体系,CGF仿真单元的可信性有三个底层指标:物理模型的可信性、行为模型的可信性和环境模型的可信性。每个指标都可以用一个四维的模糊评估集 V_i 来表示。这样,总的规则数为 $4^3 = 64$ 条,通过仿真专家的经验和讨论,可以整理出如表8-12所列的模糊推理规则,例如模糊规则1表示:如果(物理模型的可信性)、(行为模型的可信性)和(环境模型的可信性)均是四级,那么该类CGF仿真实体可信性的得分是(0.0)。

表 8-12　模糊推理规则及底层指标等级

规则＼项目	底层指标等级			规则结果（合理得分）
	物理模型	行为模型	环境模型	
1	IV	IV	IV	0.0
2	IV	IV	III	12.3
3	IV	IV	II	18.8
4	IV	IV	I	21.6
5	IV	III	IV	1.9
6	IV	III	III	15.7
7	IV	III	II	18.6
8	IV	III	I	18.9
...	...	...	...	...
62	I	I	III	82.1
63	I	I	II	85.3
64	I	I	I	100.0

8.3.3　模糊推理计算过程

采用 Takagi – Sugeno(T – S)模糊系统进行模糊推理计算时,先将底层指标的测试数据转化为计算输入的模糊集向量。模糊集一般采用模糊隶属度函数表示成四维的模糊集输入。本书采用 S 型(Sigmoid)函数作为隶属度函数,该函数具有光滑、平整的过渡特性,同时还具有连续可微的非线性特性,CGF 仿真单元的隶属度函数和相应参数见下式:

$$\mu(\omega,\theta,x) = \frac{1}{1 + \exp(-\omega x - \theta)} \tag{8-15}$$

等级对应的参数如表 8-13 所列。输入三个底层指标的测试数据,可以获得每个指标属于不同评估等级的模糊隶属度,再利用模糊规则库进行 T – S 模糊推理,具体计算公式为[5]

$$\mu^i = \prod_j^m \mu_{jk}^i(x_j) \tag{8-16}$$

$$\hat{\mu}^i = \frac{u^i}{\sum_{i=1}^n u^i} \tag{8-17}$$

表 8 - 13　等级对应参数表

等级＼参数	ω	θ	等级＼参数	ω	θ
I	0.306	-27.329	III	-0.306	12.419
II	-0.306	26.324		0.306	-47.405
	0.306	-25.324	IV	-0.306	16.778

$$y = \sum_{i=1}^{n} \hat{\mu}^i \omega_i \qquad (8-18)$$

式中：$\mu_{jk}^i(x_j)$ 为指标 x_j 关于评估集 V_j 的隶属度；i 是规则代码，$i = 1,2,\cdots,n$；x_j 为输入指标变量，j 为评估指标数量，$j = 1,2,\cdots,m$；k 为模糊集的维数；μ^i 为第 i 条规则对应的运算值；ω_i 为第 i 条规则对应的规则值；y 为最终评估结果。

根据推理结果，可以确定仿真的可信性等级，并做出相应的维护和校核措施，从而保证装备级作战仿真的质量。

8.4　作战仿真可信性的整体评估方法

根据系统论观点，对系统问题的描述要兼顾整体与局部，采用分析与综合的方法进行研究。根据评估方法对系统问题研究的层次和适应的范围构建评估方法体系，这种体系由"两个层次、三种模式"组成，如图 8 - 5 所示[110]。两个层次是指单项评估层次和综合评估层次。三种模式是指单项评估层次中的单一方法评估模式和综合评估层次的组合评估模式、整体评估模式。

整体评估是对系统所表现出的特有的整体性质（即整体涌现性）进行评估。它强调利用空间上的全局观和时间上的长远观来分析系统整体特性，是最能够体现系统真实表现的评估角度，也是一切综合评估所希望达到的最理想目标，而这些是单项评估和组合评估不能获得的。

作战具有鲜明的整体性涌现性，从复杂系统相似理论的角度分析，作战仿真的可信性最终表现在作战仿真系统与作战系统的系统相似及仿真满足目的的程度。这种系统相似是整体的相似，它建立在子系统相似、元素相似的基础上，体现了这些相似，又要高于这些相似。所以，评估作战仿真的可信性应该采用整体评估方法，它采用"宏观俯瞰"的方法，即直接研究战役的整体现象，是一种整体向下的模式。针对这一需求，本书提出基于关键要素的规则推理方法来评估作战仿真的可信性。

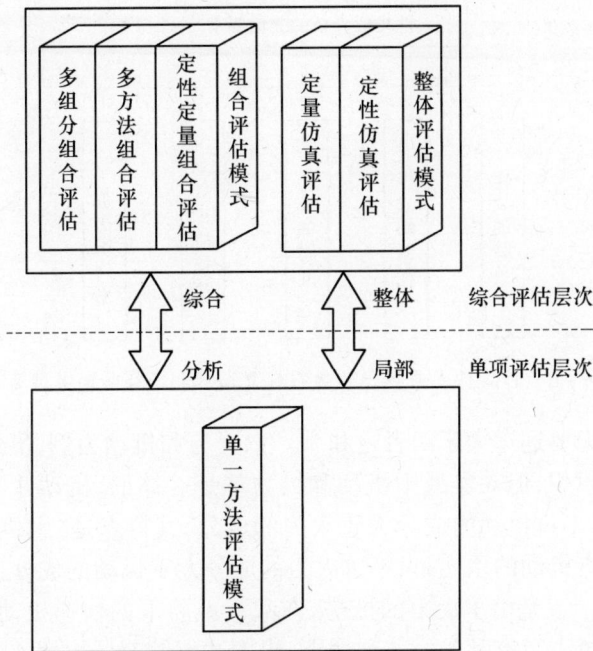

图 8-5 评估方法的体系

8.4.1 作战仿真系统与战争系统复杂性相似的关键要素

第3章已经对作战仿真系统与作战系统的相似进行了分析,并提出了进行战役层相似分析的几个综合性、整体性要素,即作战的胜负、作战的时间、作战的消耗、平均推进速度、平均决策周期等,如图 8-6 所示。这些要素反映的不是某几个战役力量或几场局部战斗的情况,而是所有作战力量在整个作战中相互作用、相互影响、共同演化的全局情况。若每次仿真过程都是合理的,则在多次仿真的统计结果中,这几个方面能够反映作战仿真系统与作战系统在战役层的复杂性相似。

要理解这几个要素的内涵,需要把握以下几点:

(1) 这些要素综合反映了战役的信息力、火力、机动力、保障力、侦察能力、突击力、防护力、指挥控制能力、作战保障能力、后勤和装备保障能力等要素,但又不是其中的任何一项能力。它们是作战系统整体运行才能表现出的性质,同时又是决策者最希望获取的辅助信息。在真实的作战中,信息力、火力、机动力、保障力是最基本的战役力量,而且是相互关联的,它们之间的相互配合所发

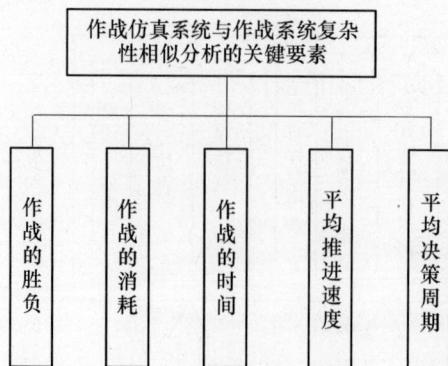

```
┌─────────────────────────────┐
│ 作战仿真系统与作战系统复杂    │
│ 性相似分析的关键要素          │
└─────────────────────────────┘
        │
  ┌─────┬─────┬─────┬─────┬─────┐
┌───┐ ┌───┐ ┌───┐ ┌───┐ ┌───┐
│作 │ │作 │ │作 │ │平 │ │平 │
│战 │ │战 │ │战 │ │均 │ │均 │
│的 │ │的 │ │的 │ │推 │ │决 │
│胜 │ │消 │ │时 │ │进 │ │策 │
│负 │ │耗 │ │间 │ │速 │ │周 │
│   │ │   │ │   │ │度 │ │期 │
└───┘ └───┘ └───┘ └───┘ └───┘
```

图 8-6　作战仿真系统与作战系统复杂性相似分析的关键要素

挥出的整体威力要远远大于四者之和[5]。以火力和机动为例,虽然它们代表两种截然不同的思想,但在实战中机动和火力却是一体的,机动并不是没有火力杀伤的机动,只不过机动的成分大于火力的成分,其特点是"大机动、小火力";火力也不是没有机动的杀伤,只不过火力的成分大于机动的成分,其特点是"大火力、小机动"。正是由于火力的掩护,在敌火威胁下的快速机动成为可能,也正是由于机动抢占了有利的时节和地点,火力才能够充分发挥。上述要素充分体现了所有作战力量相互之间的联系,描述了作战力量各组成部分"1+1>2"的整体性效果。所以,对这几个方面描述的逼真度可以成为作战仿真可信性评价的依据。

(2) 这几个方面对作战整体性的反映程度不同。作战的胜负是对作战整体性表现最强的要素,集中反映了作战系统中所有子系统和元素相互作用的整体结果,它只有三种取值,即胜、负、平。所以,作战仿真系统对作战的胜负的表现是否可信,应该对作战仿真结果的可信性具有重要的意义。作战的消耗、作战的时间、平均推进速度、平均决策周期四个要素也从不同角度反映了作战的整体性,但反映的程度要弱于作战的胜负。这四个要素与作战的胜负有关,甚至可以当作判断作战胜负的标准,但它们与作战的胜负这个要素不构成上、下级的层次关系,而都是在作战的整体性下处于同一层次。

(3) 作战仿真的可信性是这几个方面的可信性的综合体现,但并不是这几个方面可信性的简单加权。它们都是作战系统整体性的表现,除了作战胜负之外,其余四个要素不能说哪一个更重要,又不能说同样重要,也就是说要素的权重难以合理量化;其次,这些要素本身是可以定量描述的,但是它们的可信性具有不确定性和模糊性,难以定量度量。如作战消耗的可信性,比较适合用可信、基本可信、基本不可信、不可信等定性语言来描述,而难以用一个确定的数值来度量。

8.4.2 基于关键要素相似的整体评估步骤

基于关键要素的规则推理方法是依据作战仿真系统与作战系统复杂性相似的关键要素,先建立仿真可信性的评判规则集,然后建立规则推理机,采用规则推理的方式总体上给出仿真可信性的等级,并依据推理结果进行定性的解释和描述。

1. 作战仿真的可信性评估模型

根据 8.4.1 节的分析,从系统整体相似的角度来评价作战仿真的可信性,可建立如图 8-7 所示的评估模型。作战仿真可信性是评估目标,它由作战胜负的可信性、作战消耗的可信性、作战时间的可信性、平均推进速度的可信性、平均决策周期的可信性五方面评估而得到。

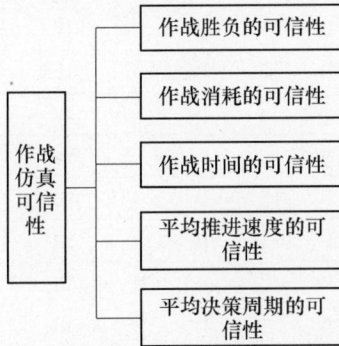

图 8-7 作战仿真的评估模型

2. 作战仿真的可信性评估等级及评判规则

采用该评估方法,首先要对整个评估项目建立一个对应的等级评估集,而且每个等级都给出一个合理的得分。依据第 3 章定性度量仿真可信性的评判集,将仿真的可信性分为四个等级,每个等级对应的分数如表 8-14 所列。

表 8-14 评估等级划分

项目 \ 等级	I	II	III	IV
可信性状态	可信	基本可信	基本不可信	不可信
分值	100~80	80~60	60~30	30~0

根据图 8-7 所示的评估模型和评估等级的划分,可以建立可信性评判规

则。每条规则都可以用一个五维的评估集构成的规则条件与规则结论来表示。这样,总的规则数为 $4^5 = 1024$ 条,通过军事专家和仿真专家的交流,可以建立如表 8 - 15 所列的评判规则集。由于评估模型中五个关键要素对评估结果而言不是等权重的,但这个权重难以准确量化,所以在构建规则集时,以专家的经验知识为依据,把各要素对评估结果的影响程度定性反映在规则中。

例如规则 1 表示:如果(作战胜负的可信性)、(作战消耗的可信性)、(作战时间的可信性)、(平均推进速度的可信性)、(平均决策周期的可信性)均是四级,那么该战役作战仿真的可信性的等级为不可信。

表 8 - 15 评判规则集

项目 规则	各要素可信性等级					规则结论 (评估等级)
	作战胜负 的可信性	作战消耗 的可信性	作战时间 的可信性	平均推进速 度的可信性	平均决策周 期的可信性	
1	IV	IV	IV	IV	IV	IV
2	IV	IV	IV	IV	III	IV
3	IV	IV	IV	IV	II	IV
4	IV	IV	IV	IV	I	IV
5	IV	IV	IV	III	IV	IV
6	IV	IV	IV	III	III	IV
7	IV	IV	IV	III	II	IV
8	IV	IV	IV	III	I	IV
…	…	…	…	…	…	…
1021	I	I	I	I	IV	I
1022	I	I	I	I	III	I
1023	I	I	I	I	II	I
1024	I	I	I	I	I	I

3. 作战仿真的可信性评估的推理模型

规则推理采用广度搜索方法,如图 8 - 8 所示。

对每一个要素分别搜索匹配评判规则集,直到所有规则条件匹配,得到总体仿真可信性的评估等级为止。再依据仿真可信性的评估模型,结合可信性分析的结果,分别对总体仿真可信性和各评估要素代表的侧面的可信性进行定性的解释和描述,提交用户。

当有多个专家对仿真可信性进行评价时,先根据专家对本专业的掌握程度

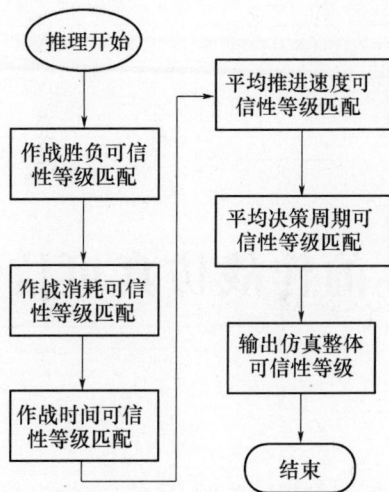

图 8-8　作战仿真的可信性评估的推理模型

区分专家对评价的权重值,确定权重的方法很多,且很成熟,在此不赘述。然后加权计算得到所有专家对每个要素的评分值,将其转化为可信性等级。在所有规则条件的等级确定之后,调用评判规则集,通过规则推理机进行推理,得到总体仿真可信性的等级。

基于规则推理的方法能体现作战仿真可信性评估以定性为主、以解释为主的思想,而且方法比较简单、实用。它是在对仿真可信性进行分析的基础上给出其定性的评价,符合军事人员的习惯,避免了以一个定量的数来表示可信性、物理含义不清晰的问题。

第9章

基于 DMPA 的作战仿真可信性控制方法

作战仿真的可信性控制是很困难的,目前,并没有统一的、成熟的理论。基于相似的叠加性,可以按照对作战仿真的各阶段进行控制,减少各种因素对仿真可信性的影响。这种可信性控制可以从数据(Data)、模型(Modle)、仿真试验全过程(Process)的可信性控制、仿真应用(Application)等方面依次展开。该原理如图9-1所示。

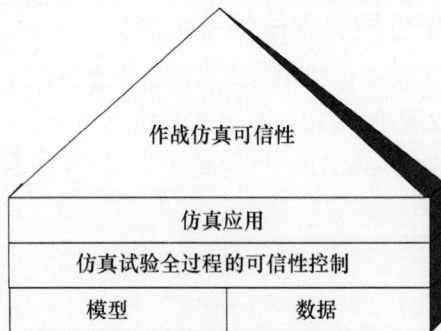

图9-1 作战仿真可信性的控制原理

层次性原则是指作战仿真可信性需要根据系统的相似性从元素、子系统、系统等层次逐层控制,每一层的可信性在本层内得到解决,下层的可信性支持上层,上层的可信性控制下层。

数据和模型在整个仿真中的地位特别重要,严格执行 VV&C 和 VV&A 过程,对数据和模型质量进行控制是保证仿真取得成功的基础。

仿真试验全过程的可信性控制,是用工业化生产的思想,把仿真试验过程分成若干独立的环节,控制好每一个环节的质量,最终达到控制整个仿真试验质量的目的。

仿真应用是提高复杂系统仿真可信性的一个有效手段。应用主要包括两个方面,第一是多想定的仿真应用,第二是研讨厅式推演仿真。任何仿真软件都有一个"成熟"的过程,复杂仿真系统更是如此。因此,需要通过不断的应用,发现仿真系统中存在的问题,再反馈到系统修改中,从而使之日趋成熟,提高仿真的可信性。第一种应用主要是增加仿真系统对不同初始条件的适应性,增加仿真结果在作战解空间中"点"的密度,以发现更多的规律,提高仿真结果的可信性。它没有仿真过程中的人机交互,智能化层次较低。第二种是把仿真系统中的指挥环节开放,然后,由人与仿真系统交互对抗,通过观察系统的表现,修改模型,提高其可信性,这种方法是人机实时交互的,重点考察和提高仿真系统的智能水平,难度比较大,层次比较高。

仿真试验全过程的可信性控制离不开高质量的数据、模型的支持,而它又可以支持仿真应用。整个可信性的控制是在层次性原则的指导下实施,可提高作战仿真的可信性。

9.1 DMPA 可信性控制方法的基本思想和总体结构

9.1.1 DMPA 可信性控制方法的基本思想

DMPA 可信性控制的基本思想是把仿真类比于工业生产过程,如图 9-2 所

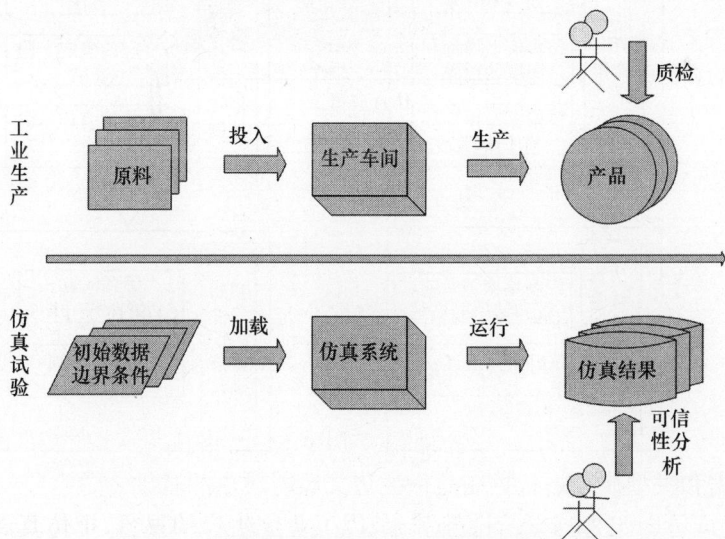

图 9-2 面向仿真过程的可信性控制的基本思路

示。于是,仿真结论就可当成一种"产品",仿真的初始数据、边界条件是"原料",仿真系统是"生产车间",可信性分析就是"质检"。要控制"产品"的可信性,必须保证"原料"合格,"生产车间"正常,"生产过程"无误。如发现"产品"可信性存在问题,要能迅速回溯,查找原因,解决问题。

该方法首先确认影响仿真可信性的主要环节,再分步骤、分层次控制这些因素对仿真可信性的负面影响,既容易定位仿真不可信现象产生的原因和位置,又具有较好的可操作性。

9.1.2 DMPA 可信性控制方法的总体结构

DMPA 可信性控制方法的总体结构如图 9-3 所示。该方法把每一个仿真案例的可信性控制分为数据的校验与确认、模型的校验和评审、仿真试验整体设计的可信性控制、初始条件的评审与确认、仿真试验计划的实施控制、仿真结

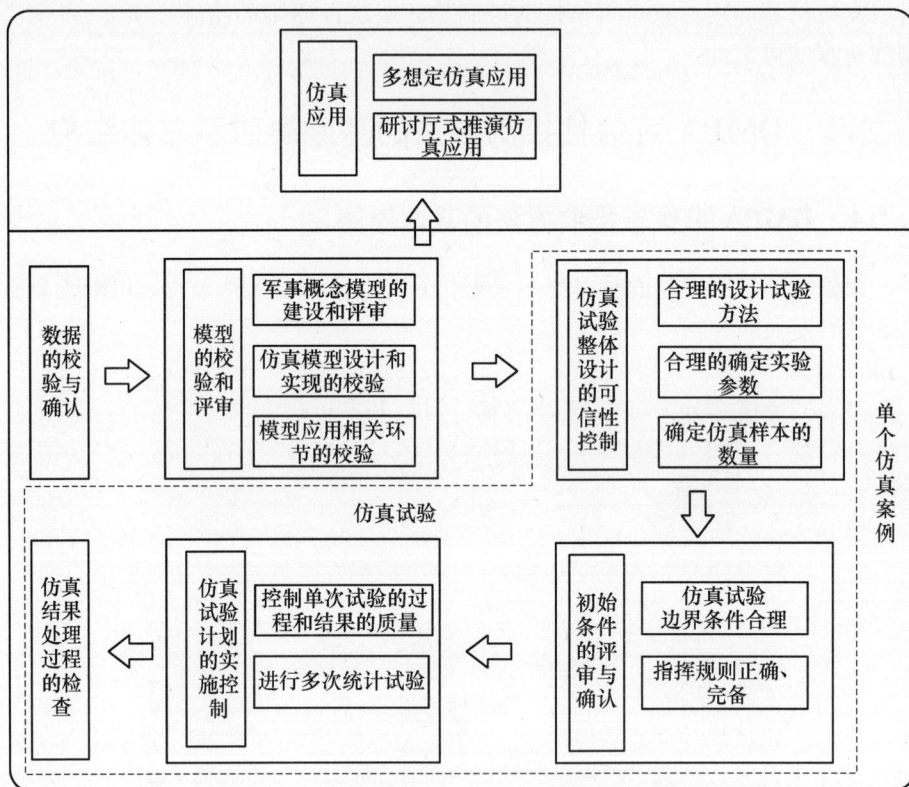

图 9-3 DMPA 可信性控制方法的总体结构

果处理过程的检查等六个步骤,逐环节控制仿真的可信性。仿真结束后,通过仿真可信性分析与评估,确定仿真及其结果是否可用,若满足应用需求,则接受仿真结果;否则,将可信性分析的结果反馈到各环节,查找和修改导致不可信的原因,重新仿真,直至仿真及其结果满足应用需求为止。

而多想定的仿真应用、研讨厅式推演仿真应用是通过特殊的应用方式,使仿真系统与原型系统的相似性逐步增强,从而提高仿真的可信性;在这些仿真应用中,都遵循单个仿真案例六个步骤的仿真可信性控制流程。

9.2　数据的可信性控制

数据是信息的代表,它是实际信息应用在推理、讨论、理解、交流、预测、计算中的陈述符号,能很好地描述建模的思想[125]。

数据的收集、准备与确定,是建立仿真模型和进行仿真的一个重要环节。数据是定量分析的基础,它既关系到定量分析的过程,又关系到分析结果的正确性。在作战仿真中,即使模型正确,如果所用的数据不正确,其仿真结果同样不可信。因此,对数据的可信性控制是仿真可信性控制的重要环节。

9.2.1　数据的可信性等级划分

数据的可信性很大程度上取决于其来源的权威性,数据正确性是数据可信度的基础。而通常情况下,数据权威性又是数据正确性的可靠保证。因此,可依据数据来源的权威性,对数据的可信性进行等级划分。

本书把可信性分为可信、基本可信、可用、基本可用四级。

可信数据是指经权威部门下发或确认的各种数据,以及军语、军用标准等权威数据源给出的相关数据;

基本可信数据是由各业务机关通过部队演习和调研得到的相关数据;

可用数据是通过长期仿真实践认定的一些数据;

基本可用数据是指没有权威来源但仅经仿真编造的数据。

9.2.2　数据的可信性控制方法

要进行数据的可信性控制,有两个有效的措施。第一是进行所有基础数据的权威性分析,合理评定数据的可信性等级;第二是对仿真全过程进行数据 VV&C。

要进行基础数据的可信度分析和评估,首先要对这些数据的权威性进行评估。文献[100]认为一个或一类数据的权威性分析结果必须以报告的形式记录下来,报告的内容至少包括报告编号、数据来源、数据时效性、数据权威性分析结论,并设计了数据权威性的分析报告格式,如图9-4所示。

数据权威性分析报告

- 报告编号:001_____
- 数据名称:X坦克战技性能数据_____
- 数据来源:部队演习_____
- 数据获取日期:20××年×月×日_____
- 根据目前掌握的信息,该数据是否是最新的? 是 ___√___ 否____
如果不是,未能获得最新数据的原因是:_____
- 数据权威性:权威数据___√___ 正规数据____ 临时数据____

报告人:×××_____   审核人:×××_____

日期:20××年×月×日   日期:20××年×月×日

图9-4 数据权威性分析报告格式

权威数据源(Authority Date Source,ADS)是指经过了校核、验证和证明的数据所构成的数据集合[134]。经权威性分析,达到"可信"级别的数据应当赋予特定的标识,收录进入权威数据库中,供以后建模和仿真时直接使用。第10章将对数据的可信性控制做较为系统的论述。

9.3 模型的可信性控制

模型对于仿真系统的重要性是不言而喻的,模型可信性满足要求是整个仿真系统可用的基础和必要条件。

9.3.1 模型的可信性等级划分

按照模型的可信性,本书将作战仿真中的模型分为四类:可信的模型、基本可用的模型、错误的模型、缺乏的模型。

可信的模型是指经过权威领域专家认定的,逻辑、流程、算法正确,可用于仿真评估的模型。

基本可用的模型是指逻辑、流程、算法等基本正确,虽然存在缺陷,但无原理上的错误,经过修正可以满足仿真评估要求的模型。

错误的模型是指逻辑、流程、算法上存在重大错误,无法用于仿真评估的模型。

缺乏的模型是指仿真模型体系中没有描述的模型,这些模型的缺乏导致仿真系统描述的要素不全。

理想的情况下,模型在上述四类模型划分中的定位应该由建模人员与建模对象的领域专家交流后共同确定。

9.3.2　模型的可信性控制方法

模型的可信性控制主要通过对建模与仿真的全过程进行 VV&A 来实现。建模与仿真的 VV&A 的一般工作过程可分为以下八个阶段:确定 VV&A 需求、制定 VV&A 计划、概念模型的 V&V、设计的 V&V、实现的 V&V、应用的 V&V、可接受性评估、确认。对于作战仿真模型的可信性控制,这八个阶段必须完整,而其中概念模型的 V&V、设计的 V&V、实现的 V&V、应用的 V&V 需要重点关注。

(1) 加强军事概念模型的建设和评审。军事概念模型是关于真实世界的军事行动的一致性描述。它采用统一、通用、独立于具体仿真实现的语义,对军事行动进行第一次抽象,它对仿真模型的建立具有指导意义,为作战仿真系统的最终校核、验证和确认提供了良好的基础。

简单系统建模比较容易,所以概念模型的作用并不十分突出,但是,作战仿真是典型的复杂系统仿真,实体多、活动不确定性强、交互关系复杂,一般的仿真建模人员几乎难以跨越建立军事概念模型的阶段而直接建立起可信性较高的、能较好地体现战役复杂性的仿真模型。而且,当仿真模型建立之后,也无法对仿真模型是否和概念模型一致进行校核。因此,严格按照建模的一般过程,先建立军事概念模型,在军事概念模型经过评审后,再依据其开发数学模型和计算机模型,对作战仿真而言,尤其重要。

军事概念模型一般采用表面检验(Face Validation)的方法来验证,即由军事专家和仿真技术人员对同一军事行动一致的、无二义的理解下,面向实体图、活动图、状态图、交互图、时序图等多个视图,经过多次讨论,评审军事概念模型的质量。

另一种方法是执行验证。国际上著名的 VV&A 专家 Balci、Sargent、Kelton 都主张用这种方法来验证概念模型[113,120,121]。在具体的研究过程中,模型能够在一定程度上代替原型,这称为代表性[128],代表性是仿真过程得以进行的条件(即可以利用模型做实验)。从 VV&A 角度来看,执行验证可以检查模型的代表性。一旦概念模型可以执行,那么整个概念模型的执行过程就可以以执行结果的形式显式地展现出来,专家可以借此发现概念模型在过程描述上的错误。更进一步,通过执行还可以发现模型内部的逻辑错误。

（2）对模型的设计和实现进行校核、验证。由于作战仿真的结果是不可验证的,无法在输入相同的情况下通过比较仿真系统与原型系统的输出来分析模型和可信性。所以,在概念模型合格的基础上,加强对模型的设计和实现等环节的控制,无疑可以促进模型可信性的提高。

模型的设计关键考核其是否与军事概念模型一致,是否在环境、实体、活动、交互、规则等方面反映了军事概念模型对真实世界中战役的抽象。

在设计以软硬件方式实现后,要对实现进行校核与验证。其核心内容是考察仿真模型对战役复杂系统特性的表现程度。首先,要采用动态技术验证仿真系统中所有的功能模型,对其中比较关键模型如机动模型、火力模型、指挥模型、信息模型需要重点测试;在功能模型测试合格后,再进行系统级的动态测试,而且,这种测试必须有军事专家参与,能对测试的结果给出较科学的评判。对于测试不合格的结果数据,要分析其对仿真目的的影响程度。

（3）对模型应用的相关环节进行校核、验证。在作战仿真系统准备进行仿真试验前,还需要对应用的相关环节进行 V&V,例如对作业工具的功能测试、对指挥规则管理系统的校核、对数据结果收集与处理环节的测试等。这些环节出现问题,对模型的运行也会产生负面影响。

1. 联邦开发与运行过程中校核和验证

参考作战仿真的开发过程,以 HLA 中 FEDEP 的 VV&A 模型为例,研究仿真开发过程中模型的质量控制措施。

在 HLA 中,将用于实现某一特定仿真目的的分布仿真系统称为联邦。HLA联邦开发与运行过程模型支持设计和开发联邦。1997—1999 年 DMSO 开发了五个 FEDEP 版本,2003 年经过修订后的 FEDEP 被接受为 IEEE 1516.3 标准。FEDEP 的开发经历了几次变化。图 9 - 5 给出了 FEDEP 六步骤过程（DMSO1.5）。图 9 - 6 给出了 FEDEP 七步骤过程（IEEE 1516.3）。

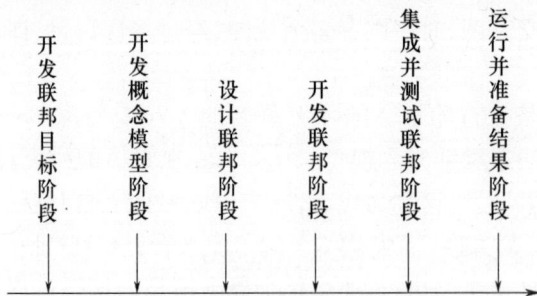

图 9 - 5　FEDEP 六步骤过程（DMSO1.5）

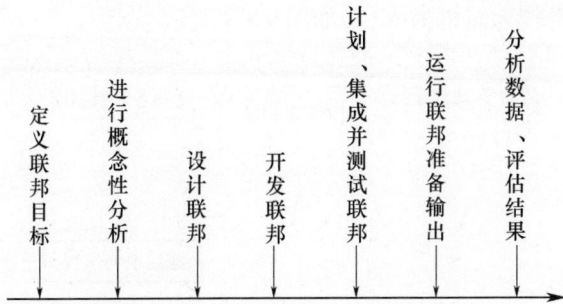

图 9-6 FEDEP 七步骤过程(IEEE 1516.3)

下面以 FEDEP 六步骤开发过程为研究对象,结合需求分析阶段,探讨这七个阶段中校核和验证的具体活动。

2. 需求分析阶段校核和验证

需求分析的校核和验证主要包括正确性校核、完整性校核、一致性校核和无二义性校核四个部分。

1)正确性校核

正确性校核主要包括数据守恒问题。

数据守恒指把流入的数据流加上不变的信息变换成输出信息的数据流。假如破坏了这一规则,则一定存在问题,如图 9-7 所示。

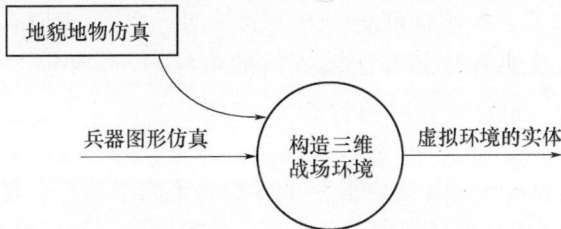

图 9-7 正确性校核过程例 1

例如,图 9-7 中:

地貌地物仿真 = 平原 + 山庄 + 河流 + 田野
兵器图形仿真 = 坦克 + 自行火炮 + 武装直升机 + 汽车

若虚拟环境的实体为在平原、山庄、河流、田野中进行对抗的坦克、自行火炮、武装直升机、汽车和导弹,就出问题了,因为兵器图形仿真中没有导弹这一项。所以一定有数据被遗忘了。

另一种情况是没有使用某项输入数据流,就应考虑是否可以删去这种无用的数据流,以获得较为简单的接口,如图9-8所示。

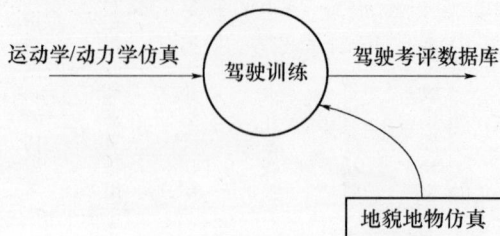

图9-8　正确性校核过程例2

例如,图9-8中:

运动学/动力学仿真 = 模拟坦克的运动性能

训练课目 = 山地驾驶 + 道路驾驶 + 坡上驾驶 + 无等级驾驶 + 城市驾驶

驾驶考评数据库 = 山地、道路、坡上、无等级驾驶的成绩管理

从而发现"驾驶训练仿真"并不适用城市驾驶这个课目,应考虑删掉该训练课目。

2)完整性校核

如果需求分析模型中包含了目标系统所要求做的全部工作的描述,那么称该需求分析模型具有"完整性"。具体地说,就是要将待开发系统的所有功能、行为、性能约束以及它在所有可能情况下的预期行为,对于所有可能出现的输入数据的定义以及对合法和非法输入值的响应等,都要包含在需求分析模型中。

3)一致性校核

需求分析模型的"一致性"要求在系统的各子集中不存在显式的或隐含的矛盾,也就是说,需求分析模型中的各项需求的描述必须不互相矛盾。

4)无二义性校核

需求分析模型的"无二义性"要求分析模型中所描述的任何事情有且只有一种解释。如果其中某一部分给不同的人理解,解释超过一种,那么该需求分析模型就存在二义性。

除了对需求分析进行校核和验证之外,所做的另外一项工作是建立 VV&A 的需求,包括 V&V 工作步骤、确定 V&V 对象、V&V 代理的分工和数据的 VV&C。值得注意的是本阶段用到的 V&V 技术主要是静态验证技术。

3. 联邦目标设计阶段的校核和验证

本步骤主要是确定并记录开发、运行 HLA 联邦的目的和需求,并将这些需求转化为更详细、具体的联邦目标。主要包括两部分内容:确定联邦发起者的需求;开发联邦目标。这一步需要 VV&A 工作主要有 3 项,即需求分析校核、确定 VV&A 需求、制定 VV&A 计划,如图 9-9 所示。

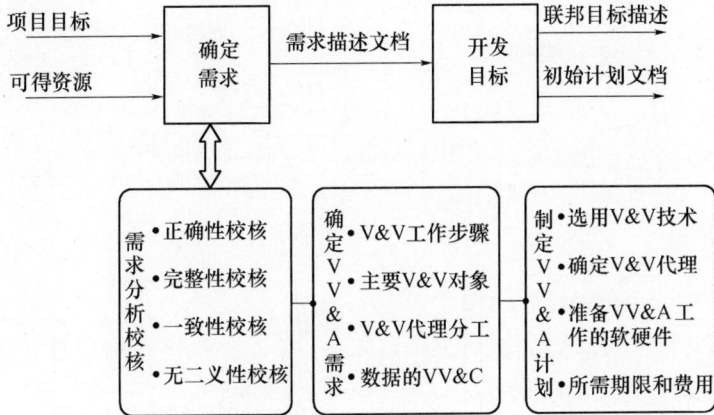

图 9-9　联邦开发和执行过程的 VV&A 活动

4. 联邦概念模型的校核和验证

这一步的目的是对问题涉及的真实世界进行描述,并设计联邦剧情,包括剧情开发、概念性分析和确定联邦需求 3 项内容,如图 9-10 所示。

这一步骤包括的 VV&A 活动如下:

(1) 确定评估范围和判据。理想的评估范围是能涵盖与概念模型有关的所有方面,但在实践中只能局限在某些重要方面。评估判据主要是用于考查概念模型满足仿真预期应用需求的能力,判断的结论将作为仿真确认的重要依据。

评估范围和判据应具有权威性,并且得到用户的认可。通常情况下,评估范围和评估判据应由独立 V&V 工作组的人员在开发人员的协助下确定。

(2) 遴选评估专家。不同专业领域都有自己独特的专业技术,同一专业领域的专家又有自己的特长,这些因素都影响参与验证工作的人选。最理想的人选应对有关专业领域的各个方面都有透彻的理解。退而求其次,评估小组专家的专业知识应涵盖有关仿真预期应用的各个方面,同时了解仿真和仿真评估工作。

(3) 制定评估程序。评估程序规定了评估的方式方法和评估报告的格式。关于评估的方式方法,可以只针对文档进行;或者采用文档评估为主,与仿真开发人员交流为辅的方式进行;或者采用与仿真开发人员交流为主,文档评估为

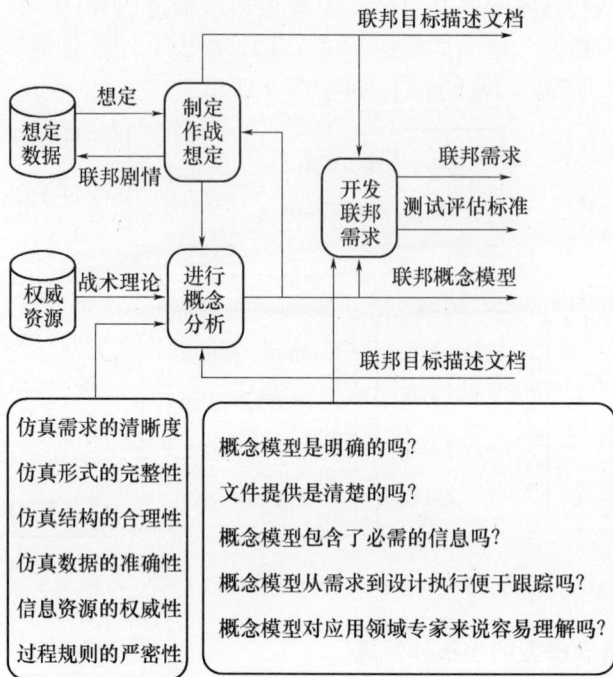

图 9 - 10   开发联邦概念模型过程中的 VV&A 活动

辅的方式进行。结构化的报告格式可以保证不同评估人员对模型各个方面所做报告的一致性、全面性和可比性。此外,评估程序还应包括概念模型描述如何归纳和被评估人员正确理解,评估过程如何组织,评估报告及其他文档如何管理等内容。

(4) 实施评估。这个过程包括评估人员的日程安排,准备有关材料,跟踪评估过程,以及收集评估报告等。对于模型的关键部分,可能需要安排两人以上进行评估,以确保其完全满足需求。而且这些关键部分的评估最好先进行,以使评估人员有充分的时间和精力对其进行认真分析和研究。

(5) 征求开发人员对评估结果的意见。开发人员对概念模型的见解可能与专家的评估结果不完全一致。应该给开发人员提供一个适当的机会,请他们对评估结果发表意见。如果评估结果在文字表达上存在错误,开发人员可以协助进行改正。另外,开发人员还可以针对评估结果中记录的问题提出解决的方法。这种交流的目的是,消除双方对评估结果不必要的分歧,使最终的评估结果更反映模型的实际情况。

(6) 总结并做出结论。最后对评估过程进行总结,对专家提交的评估报告进行综合,做出最终的评估结论。这项工作通常由评估专家小组的负责人来完成。

5. 联邦设计的校核和验证

这一步的目的是确定联邦中的联邦成员,为每一个联邦成员分配功能,并制定联邦开发和实现的详细计划。主要内容包括选择成员、分配功能、准备计划,如图 9 – 11 所示。这一部分需要进行的 VV&A 活动如下:

(1)交互类信息接收率测试。交互类信息描述的是仿真中的离散事件,代表了一个瞬间,丢失后可能对仿真结果造成较大影响,例如开火事件、爆炸事件。进行接收率测试,主要指在网络处于最大负荷的情况下,连续发布几个交互类事件,测试订购该事件的联邦成员是否全部收到,在满足一定比率的情况下,认为测试通过。

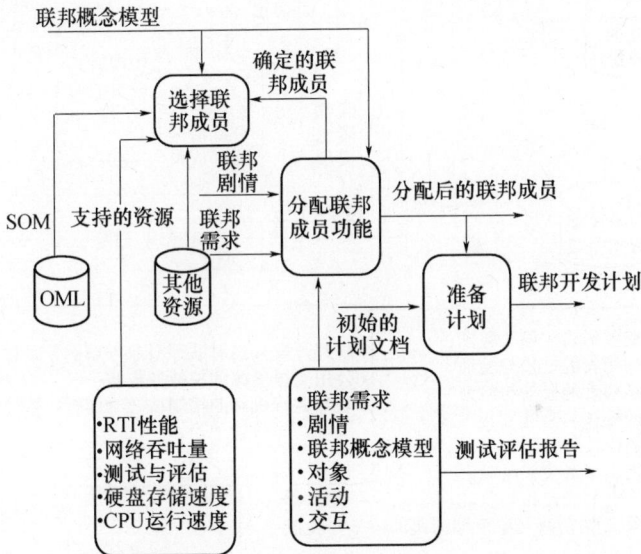

图 9 – 11   设计联邦过程中的 VV&A 活动

(2)网络延时测试。网络延时是网络性能的重要技术指标,同时也是影响时空一致性的重要因素。在理想情况下,模型计算和消息传递引起的延时大于实际的延时,这将导致仿真世界的运行以不希望的方式偏离真实世界,例如因果颠倒。尤其在网络满负荷运行的情况下,网络延时的情况更加突出。因此,必须在设计联邦初期就考虑到网络延时影响,通过选择良好的硬件设置、优化时间管理机制,从根本上解决问题。

(3)计算机性能测试:测试计算机的 CPU 速度、硬盘存储速度、内存读写速度等。最后形成测试评估报告。

6. 联邦开发的校核和验证

这一步的目的是开发联邦对象模型(FOM),必要时修改联邦成员,为联邦测试做准备(数据库开发、安全特性的实现等)。主要内容包括开发 FOM/SOM、建立联邦协定、修改联邦成员,如图 9－12 所示。

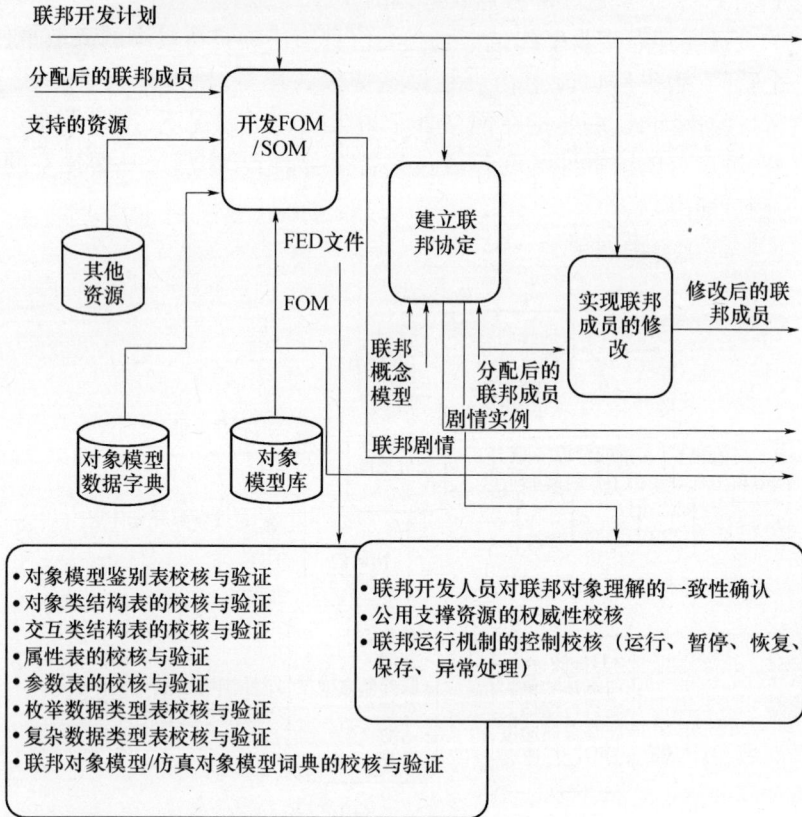

图 9 － 12　开发联邦过程中的 VV&A 活动

该阶段进行 V&V 的主要工作包括:测试和校核对象模型模板。其组成包括:对象模型鉴别表、对象类结构表、交互类结构表、属性表、参数表、枚举数据类型表、复杂数据类型表、路径空间表、FOM/SOM 词典。V&V 的主要工作是对这些表格进行校核,以达到以下 3 个目的:

(1)保证提供一个通用的、易于理解的机制,完成联邦成员之间的数据交换和运行期间的协作。

（2）校核是否具有一个潜在的、联邦成员所具备的与外界进行数据交换及协作的能力，是否有助于促进通用的对象模型开发工具的设计和应用。

（3）制定关于联邦的初始化程序、同步点、保存/恢复机制的若干政策，保证联邦间的合适操作。

7. 联邦集成、测试中校核和验证

这一步的目的是计划联邦的运行，建立联邦成员之间的互连，并在联邦正式运行前测试联邦。主要工作包括：设计运行计划、联邦集成和联邦测试，如图9-13所示。

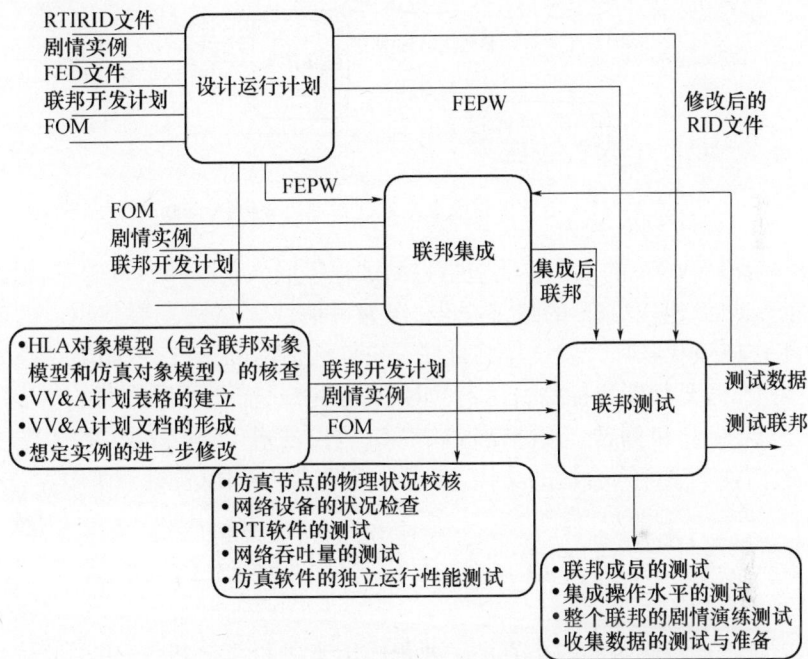

图 9-13　集成和测试联邦过程中的 VV&A 活动

主要对 RTI 的性能进行测试，包括：属性更新延时（属性集的大小、传输类型、更新对象的数量）、属性更新吞吐量（属性集的大小、传输类型、更新对象的数量，以及时间管理策略）、对象注册吞吐量（联邦成员的数量和被注册对象的数量）、所有权变更吞吐量、时间推进准许吞吐量、传输类型和时间管理策略。

在对 RTI 性能进行测试完毕以后，需要对联邦成员进行测试，这时可以按照两两测试、逐步扩展的思路进行，直到典型的网络途径和想定元素均被测试到为止。最后 VV&A 人员校核硬件安装、操作、网络接口和集成输入数据。同时对于 VV&A 的测试程度在这个阶段之初也应该加以明确。

8. 联邦运行和结果准备阶段的校核和验证

这一步的任务是运行联邦、处理联邦运行的输出数据,报告结果并存储可重用的联邦产品。主要内容包括:运行联邦、处理输出、准备结果等,如图 9-14 所示。

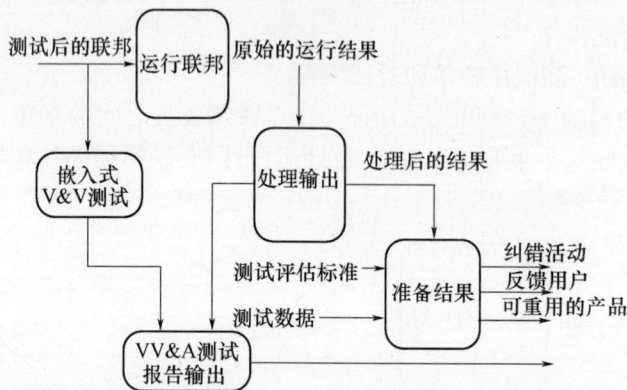

图 9-14 运行联邦准备结果过程中的 VV&A 活动

这一阶段 VV&A 的工作主要包括将测试程序嵌入到联邦成员中去,根据校核和验证结果给出 VV&A 的最终报告,作为可信性评估的主要依据。这时的 VV&A 工作应该和联邦开发工作结合在一块。包括两部分内容:如果 VV&A 工作已经完成,需要判断目标是否达到;如果没有完成,需要返回前面的相应的阶段工作进行检查和修改。如果经过专家认可,工作已经完成,那么需要将 VV&A 的相关产品存入合适的文档,形成可重用的资源,以备将来使用。

9.4 面向仿真试验过程的可信性控制方法

第 2 章已经对影响作战仿真的主要影响因素进行了分析,这里主要讲述如何逐因素地控制这些环节的可信性。

9.4.1 仿真方案设计的可信性控制方法

仿真方案设计第一要决定用什么实验方法去解决问题,然后决定哪些因素对系统输出最有影响,如何设置这些因素的参数值;第二要决定多次仿真的样本数,输出结果的格式和表现形式等。

对第一个方面的可信性控制与方案设计人员对问题的理解,以及把问题分解为多个实验的水平有关,也就是说,与实验设计者的素质有关。要控制这方面的可信性,可行的方法还是集思广益,召开评审会。

而多次仿真的样本数的确定,却主要与仿真系统有关。由于作战过程十分复杂,当建立的仿真模型中引入大量的随机过程时,一般理论上较难确定多次实验的样本数,需要通过一定的实验来探索该值,设之为 C。探索方法如下:

步骤1:选择一个合适的想定,完成仿真初始化作业。

步骤2:对初始化数据进行严格的校核,确保无误,排除初始数据的错误影响实验结果。

步骤3:假设一个初始样本数 $N = n \times 10$,n 为正整数。

步骤4:给各样本配置随机数种子。

步骤5:连续进行 N 次重复仿真试验,得到每次的实验结果 $R = \{R_1, R_2, \cdots, R_k\}$。

步骤6:依次统计前10次,前20次,$\cdots$,前 $(n-1) \times 10$ 次,前 N 次,共计 n 组所有实验结果的均值,将这 n 组均值按照实验结果项(如某型坦克的战损数)分成 k 个集合,每个集合记为 $ER_i (0 < i \leqslant k)$,$ER_i = \{E_{i1}, E_{i2}, \cdots, E_{ij}, \cdots, E_{in}\}$,$E_{ij}$ 表示第 i 个实验结果项的前 $j \times 10$ 次仿真结果的均值。

步骤7:将步骤6中得到的 ER_i 中的所有数据用曲线图表示,得到 E_{i1}, E_{i2},$\cdots, E_{ij}, \cdots, E_{i(n-1)}$ 与 E_{in} 的差异 $\Delta E_{i1}, \Delta E_{i2}, \cdots, \Delta E_{ij}, \cdots, \Delta E_{i(n-1)}$。

步骤8:为每个实验结果项设定可接受性指标 $\varepsilon_i (0 < i < k)$,表示当 $\Delta E_{ij} \leqslant \varepsilon_i$ 时,对于第 i 个实验数据项来说,仿真次数达到 $j \times 10$ 次时,前 $j \times 10$ 的均值与前 n 次的均值很接近。再设定指标 ω,表示当 k 个实验结果数据项中,前 $j \times 10$ 的均值与前 n 次的均值很接近的数据项所占比例达到 ω 时,仿真次数即符合成为实验样本个数 C 的条件。

步骤9:当有多个数 $M_1, M_2, \cdots, M_t$ 符合条件时,可根据实验目的和实验条件选择。若时间充足,对仿真结果精度要求高,可取 $C = \text{MAX}(M_1, M_2, \cdots, M_t)$;当实验条件有限,如计算能力不足、时间要求有限时,可取 $C = \text{MIN}(M_1, M_2, \cdots, M_t)$;若没有任何仿真次数符合成为实验样本个数 C 的条件,则需增加 N 的数量,重复步骤4~步骤8,直到找到合适的样本个数 C 为止。

有一种特例是当 N 增加到相当大,各实验结果的均值仍然不收敛,并且毫无规律的跳动,即说明作战仿真系统可能出现了混沌现象。

9.4.2 边界条件的可信性控制方法

边界条件是作战仿真的基本前提,是驱动仿真运行的必要条件,一般以作战想定形式出现。基于计算机仿真的作战想定,已经对传统作战想定的概念进行了扩展,为了适应不同的仿真目的和仿真系统,作战想定不但从内容上增加了一些与仿真相关的内容,甚至在要素、表现形式上也和传统的作战想定不一样,它更关注的是以问题的解决为核心,将仿真限定在一定的范围内,不至于发散。所以,有的军事专家称这样的想定不能算真正的想定,甚至还说,要编写这样的想定"简直是太阳从西边出来"。因此,基于仿真人员的观点,也为了不引起军事专家的争论,本书称用于作战仿真的想定为"边界条件"。从某种意义上说,这种作战想定的可信性是作战仿真可信性的基础和前提。

1. 边界条件可信性控制的内容

控制边界条件的可信性一般可从以下几个方面入手:

(1)企图立案要立足于现实的军事动态和安全形势,作战样式、作战对象和作战环境的选择需要一致。如在某重型机械化部队的机动作战中选择水网密集地作为作战地域显然不太合理。在作战规模、双方投入的兵力、作战开始时间等方面,还要考虑到仿真需求、仿真目的等。

(2)交战双方的主要作战行动要符合各自的作战思想和主要行动特点。想定应根据交战双方的军事思想,作战能力和兵力部署情况,结合作战地域特殊的地理环境,构想双方的企图,设想双方的主要作战行动。如:设置防御方的防御方向、重点防御地区、可能采取的主要防御手段和措施;设置进攻方作战准备、实施的可能程序、阶段和主要行动,包括主攻方向、作战阶段、主要战法手段、战役布势、用兵重点、战役企图以及各阶段的作战目的。这些因素构成了想定的基石,基石一定要"正"要"牢",否则整个想定就会"立不住""站不稳"。

(3)交战双方的兵力比要适当。如一般的攻防作战中,攻防兵力比至少要达到3:1,而在数字化部队的机动作战中,陆军作战力量应不低于2~3倍于敌,甚至可以高达敌方兵力的5~8倍。如果兵力比过大或过小,导致一方轻易获胜、或几乎无法获胜,一般难以充分暴露双方的缺陷,不利于问题的解决。

(4)结束条件要合理。结束条件是边界条件中很重要的一点,它虽然简单,但反映了问题的关注点所在,而且,作战仿真的结束条件本质上就是战役胜负的评判标准,和战役企图相关。结束条件可以是夺占地域的多少、战斗消耗的程度、作战时间的长短,也可以是对敌指挥所的摧毁。同一场仿真,对于不同的结束条件,其胜负甚至都会发生变化。如某战役中红方的企图是不惜一切代价夺占某要地,那么,战役的胜负应该以夺占地域来衡量。如果红方夺占并控制该要地,则红方胜,但是,红方可能为夺占该地战损很大,如以战斗消耗为结束条件则红方可能失败。因此,结束条件一定要合理,要反映所研究问题最关注的侧面。

2. 边界条件可信性控制的方法

边界条件带有很强的主观性,它是为用仿真的方法研究军事问题而存在。对同一个问题,不同军事人员有不同的理解,甚至对同一条作战原则,不同人员的理解也有差异,因此,难以用定量的方法来描述这种可信性,甚至不能用"正确与否",而只能用"合理与否"来衡量。因此,一般控制边界条件的方法还是主观的专家法,即组织权威的军事专家与仿真人员一起,采用研讨的方式对边界条件进行评审。评审合格后方可使用。

9.4.3 指挥规则的可信性控制方法

指挥规则是指挥决策模型的基础,也是作战仿真中人的智能行为的集中体现,所以,指挥规则的可信性控制是整个作战仿真可信性控制很重要的一部分。对其进行可信性控制,主要通过指挥规则 VV&A 的方法来实施。

1. 指挥规则 VV&A 的要求

(1) 明确指挥规则的生产人员和使用人员,以及他们在指挥规则 VV&A 中的责任;

(2) 指挥规则的 VV&A 工作应该贯穿于指挥规则设计、形式化和使用的整个生命周期;

(3) 指挥规则的 VV&A 工作要尽可能地实现自动化;

(4) 对于不合理的指挥规则需给出原因说明以及处理意见;

(5) 在仿真运行过程中能实时监控指挥规则运行的中间数据,实现实时 VV&A;

(6) 以可视化的方式表现指挥规则的 VV&A 结果。

2. 指挥规则 VV&A 的流程

指挥规则的 VV&A 分为指挥规则生产人员 VV&A 和指挥规则使用人员 VV&A 两部分。指挥规则在整个作战仿真过程的全生命周期包括:

(1) 条令条例、军事教材、作战想定。这些文件是指挥规则的权威数据源,其中:条令条例和军事教材描述的是一类战役或战斗需要遵守的一般原则,具有较强的通用性和指导性,如渡海登岛战役的指挥规则是所有的渡海登岛战役都应该遵循的;而作战想定描述的是一场具体的战役,把条令条例、战术教材中描述的因素特例化,其中隐含的指挥规则具有特异性。

(2) 指挥规则文档。条令条例、军事教材、作战想定等描述的指挥规则比较抽象,也不成体系,需要进行归纳、总结,以"IF 条件 THEN 结论"的方式用自然语言进行描述,形成指挥规则文档。这种文档是进行指挥规则 VV&A 的主要依据之一。

(3) 指挥规则库。自然语言表达的指挥规则便于军事人员和仿真人员理解,但是计算机无法识别。所以,需要对指挥规则文档进行"量化",也就是计算机结构化,变成仿真程序能直接使用的数据,存储在指挥规则库中。

（4）经确认的指挥规则库。指挥规则库中的规则不但要正确,还需要适应于仿真模型,只有满足这两个要求,方能使用,最终变成确认后的指挥规则,存储这些规则的规则库就成为经确认的指挥规则库。要校核指挥规则的正确性,只需要对规则本身进行 VV&A 即可。但要考察指挥规则对仿真系统的适应性,需要运行仿真系统,调用指挥规则,对规则推理后产生的中间数据(主要是命令和请求)以及在这些数据的驱动下产生的一些结果数据(如交火关系、侦察关系等)进行分析。所以,中间数据和结果数据也可看成指挥规则在仿真系统运行中的表现形式。

指挥规则生产人员一般负责规则正确性、完备性的可信性控制,而指挥规则使用人员则负责指挥规则对仿真系统适用性的可信性控制,如图 9－15 所示。

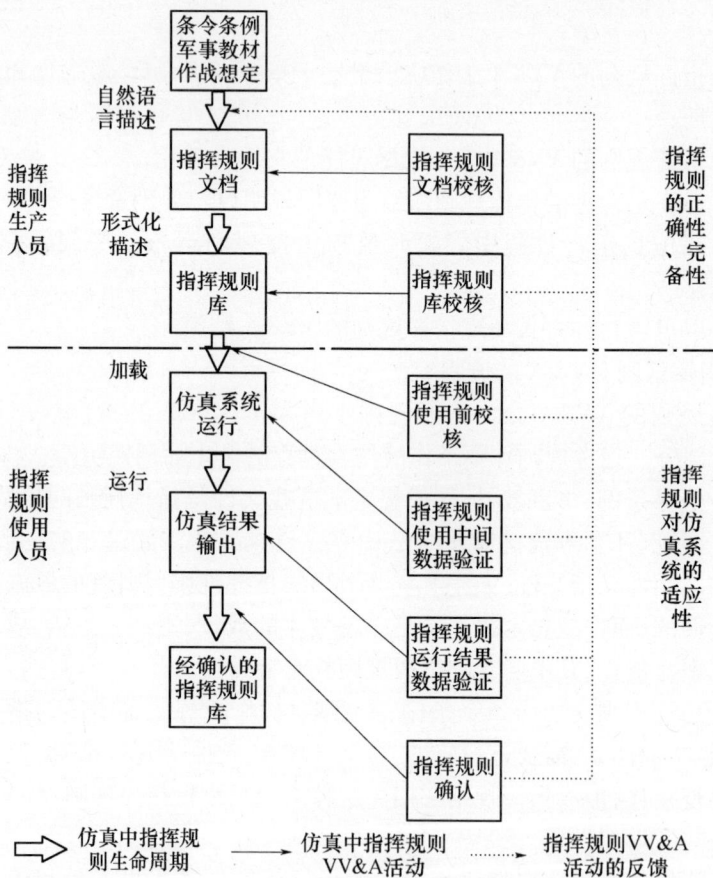

图 9－15　指挥规则 VV&A 流程

3. 指挥规则 VV&A 的内容

在指挥规则生命周期的不同阶段,针对它的 VV&A 活动的内容也有差异。

指挥规则文档的校核。其主要内容是校核指挥规则是否符合一般的军事原则,是否正确反映了作战想定的意图,是否存在矛盾和遗漏等。

指挥规则库的校核。其主要内容是校核指挥规则的结构体系是否完整,指挥规则的"量化"数据项是否符合指挥规则规范和军事要求,以及指挥规则"量化"过程中由于操作人员的失误所引入的错误等。

指挥规则使用前的校核。其主要内容是检查指挥规则库对于仿真模型的适用性,即指挥规则是否能被仿真模型接受并有效执行,指挥规则对于仿真模型是否存在二义性等。

指挥规则使用中间数据的验证。其主要内容是验证指挥规则执行后产生的中间数据是否正确反映了指挥规则的设计意图。

指挥规则运行结果数据的验证。其主要内容是验证作战仿真态势是否正确反映了作战想定的意图,作战仿真是否由于指挥规则的不合理而产生错误的交互关系,出现错误的行动。

4. 指挥规则 VV&A 的方法

美国国防部公布的 VV&A 建议规范中归纳总结了 76 种 V&V 方法,分为非规范方法、静态方法、动态方法和规范方法四大类[116]。对指挥规则的 VV&A,主要使用非规范方法和动态方法,指挥规则的生产人员主要使用非规范方法,指挥规则的使用人员主要使用静态方法和动态方法,如表 9 – 1 所列。

表 9 – 1　指挥规则 V&V 方法

V&V 人员	指挥规则生命周期中的 V&V 活动	V&V 方法
指挥规则 生产人员	指挥规则文档校核	非规范方法
	指挥规则库校核	静态方法
指挥规则 使用人员	指挥规则使用前校核	动态方法
	指挥规则使用中间数据验证	动态方法
	指挥规则运行结果数据验证	动态方法

指挥规则文档校核主要采用非规范方法。指挥规则的文本书档设计完成后,应该组织相关的军事专家和技术人员组成指挥规则评审小组,对指挥规则进行评审,主要评审指挥规则的正确性和完备性。指挥规则的正确性反映其设

计是否合理、指挥规则是否存在军事上的原则性错误等方面。指挥规则的完备性体现在规则是否涵盖了想定中所有阶段重要的活动,以及触发这些活动的情况。当指挥规则通过评审小组的评审后才能进行"量化"。

指挥规则库校核主要采用静态方法,针对指挥规则库中的设置数据展开校核,具体方法有:

(1)指挥规则体系结构的分析。指挥规则库中的大多数指挥规则总存在某种依存关系,如同一指挥规则树中的指挥规则存在命令的传递,同一指挥机构的指挥规则存在兵力分配和战术协同等。所以,可以通过自动构建指挥规则树来分析指挥规则之间的命令传递关系。

(2)指挥规则数据结构的分析。指挥规则经过"量化",由文本形式转化成数据库的形式存在,数据库是严格按照指挥规则的数据结构进行设计的,所以,可以通过检查数据库来校核指挥规则结构的完整性和结构中数据的合理性。如:指挥规则是否缺失条件或结论,是否有数据项被遗漏设置,等等。

(3)数据的置信区间分析。指挥规则的每一个设置项在数值上总是存在一个合理的区间分布(或置信区间),如:炮兵的打击范围不超过其最大射程,武装直升机的攻击范围不能超出最大机动半径,等等。所以,置信区间分析是检查指挥规则设置项数据合理性的有效手段。

指挥规则使用前校核、指挥规则使用中间数据验证、指挥规则运行结果数据验证均采用动态方法。具体方法为:

(1)条件测试:指挥规则使用前校核主要使用该方法。指挥规则的条件分为 4 类 10 型,结论分为命令和请求两类,其中,命令 45 种、请求 16 种。如此之多的规则组合,仿真系统是否都能适应,需要通过系统动态运行才能得知。为减少测试次数,可以对规则的条件部分和结论部分分开测试。先对不同的条件赋值,测试仿真系统中的推理机是否能被触发;条件测试完后,再对指挥规则的结论赋值,测试指挥规则被触发后,仿真系统是否能按照指挥规则的设置输出命令和请求。如果都通过了,说明指挥规则是适应仿真系统的,可以被规则推理机使用。

(2)运行监视测试。指挥规则使用中间数据验证可采用该方法,在仿真程序中设置测试点,通过运行仿真系统,监视其中间输出数据。如某场战役中,二梯队投入战斗的时机是一梯队突击到某指定位置,当一梯队到达该位置时,就可以监视规则推理机的输出,如果这条规则被触发,且指挥所下达了二梯队投入战斗的命令,则这条规则反映规则设计者的意图,是合理的;反之,即说明规则出现了错误。

(3)运行跟踪测试。指挥规则运行结果数据验证主要使用这种方法,通过跟踪规则运行的结果数据来验证规则。在规则的设计中,可能会存在规则冲突的情况,这种冲突大多数很隐蔽,难以发现。如某部队有两条规则:

RULE1:IF 条件 A THEN 部队机动到 B

RULE2:IF 条件 C THEN 部队打击 D

这两条规则都是对的,按照规则设计者的意图,在系统运行中 RULE1 和 RULE2 都应该被触发,并产生先打击 D,再机动到 B 的效果。而实际上,由于在执行 RULE1 过程中,RULE 2 被触发,导致根据 RULE1 产生的命令中断执行,则部队无法实现机动到 B 的效果。对于这类问题,通过跟踪运行数据可以发现,并用来指导规则的修改。

9.4.4 仿真实施过程的可信性控制方法

作战仿真的规模比较大,模型很复杂,其中存在大量不确定性的因素,这些因素很多用随机数来描述。本书第 4 章分析得到了如下结论:当随机数的周期不够长时,会使不同样本中本身毫无关系的事件之间产生相关性,从而使多次重复仿真结果错误地反映战争的规律。所以,随机数的控制是仿真实施过程中可信性控制的一个要点。

一场战役的真实作战时间往往要十几小时甚至几天,虽然计算机的计算能力日益增强,而且有高性能的计算机应用于仿真领域,但是仿真时间仍然较长。在曙光公司峰值计算能力为 6400 亿次/秒的高性能计算机(TC2600 刀片式服务器)上,对某仿真规模为集团军、颗粒度到连、仿真步长为 1s,由 9 台 PC 组成的分布式仿真系统,集成到一个刀片上进行测试,能够实现 5 倍的超实时仿真。即真实作战需 5h 的战役,仿真可 1h 完成。显然,对于更长时间的战役,使用高性能计算甚至也要几小时。作战仿真中存在诸多不可信的因素,仿真时间越长,这些不可信因素的影响效果累积越多,导致最终的仿真结果越不可信,所以,对不可信因素累积效果的控制是仿真实施过程中可信性控制的另一个要点。

1. 随机数种子的控制

用于多样本重复仿真的随机数,首先要和一般的随机数一样进行均匀性、独立性、无相关性、无组合规律性、无连贯性检验,这方面的研究很多,本书不作讨论。

然后,要重点分析随机数的种子的周期是否满足多样本仿真中各样本内及样本之间的随机数发生器使用的种子独立的要求。这里给出计算随机数种子使用需求的估算公式:

$$L = N \cdot \sum_0^{f_周} (k_实 \cdot l_随) \qquad (9-1)$$

式中：L 为需要的随机数种子的个数；N 为仿真样本数；$k_实$ 为仿真中实体个数；$l_随$ 为每个实体在一个仿真步长中需用到的随机数个数；$f_周$ 为仿真步长的个数。

设 T 为随机数的周期长度，当 $T \geq L$ 时，随机数种子的周期长度满足需求，反之，随机数种子的周期长度不满足需求。

在随机数种子的周期长度满足需求的条件下，当 N 个样本串行仿真时，不需要对随机数种子进行特殊的配置。而当 N 个样本并行仿真时，需要对随机数种子进行分段配置。设 N 个样本分成 i 组并行仿真，各组的样本个数为 N_1、N_2 $\cdots N_i$，$N = \sum_1^i N_i$，则将周期长度为 T 的随机数种子分成 i 段，每一段的随机数个数为 T_i，则

$$T_i = \frac{N_i}{N} \cdot T \qquad (9-2)$$

显然，当各组的样本个数相等时，有

$$T_i = \frac{1}{i} \cdot T \qquad (9-3)$$

从每段随机数的第 1 个开始给各仿真样本分配随机数种子，便可消除因随机数种子分配而带来的不同样本仿真结果之间的相关性。

2. 不可信因素累积效果的控制

仿真人员大多有这样的经验：仿真时间越长，仿真越不可控。其实，仿真的可信性也越不可控，尤其在复杂系统仿真中更是如此。针对这个问题，结合作战仿真的特点，本书提出一种"折子戏"式的分阶段仿真方式。作战仿真一般由若干战斗组成，各战斗在时序上有明显的先后关系，这种特点为分阶段的仿真提供了可能。

如图 9-16 所示，按照现代联合作战的特点，把一场作战按时间先后顺序分为若干战斗阶段，先输入第一个战斗阶段的初始条件，进行仿真，当第一阶段仿真完毕之后，军事人员介入，判断本阶段的作战仿真结果是否合理：如果合理，就以此为初始条件，进行下一战斗阶段的仿真；若不合理，则查找不合理的原因，相应调整该阶段的输入数据和指挥规则等初始条件，或是修改模型中存在的错误，继续该阶段的仿真，直至结果合理，可进行下一阶段的作战仿真为止。依次迭代该过程，直至作战仿真结束。

相对于全过程的作战仿真，分阶段的仿真在每个阶段仿真后增加了对本阶段仿真结果合理性的分析环节，减少或避免了本阶段不合理的结果对后续仿真

产生负面影响,提高了仿真的可信性。通过逐阶段的可信性控制,最终得到的仿真结果要比全过程仿真可信性更好。

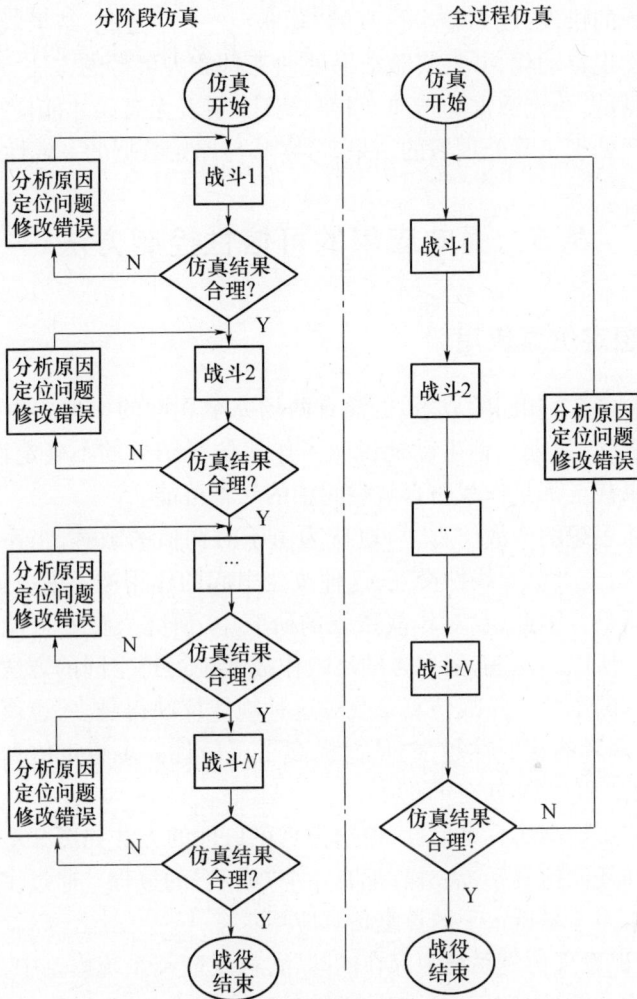

图 9-16 分阶段仿真的基本思想

9.4.5 仿真结果处理的可信性控制方法

一般认为,仿真结果是仿真系统的输出,是确定不可改变的,已经无法再控制可信性。但是在多样本重复仿真试验中,对实验结果的处理过程仍然存在可信性控制的问题。

多样本重复仿真试验次数增加到上百次,甚至几百次,必然产生海量的仿真结果数据,这些数据的收集、处理环节如果不能实现自动化,既非常耗时,又容易引入人为的错误,成为整个仿真的"短板"之一。因此,结果收集、处理、统计分析需要实现自动化,开发实验结果处理工具成为可行的方法。这种工具需要经过严格测试,达到数据的传递、归类、统计、制表无错误才能使用。而且,需要人工抽检经处理工具处理后的结果,考察其与原始数据的一致性。

9.5 面向应用的可信性控制方法

9.5.1 多想定仿真应用

"没有两场完全相同的战争,也没有两场完全相同的虚拟战争""战争是作战仿真的特例"。这两句话生动地说明了作战仿真结果的不确定性,某一场真实作战的结果甚至都是作战仿真解空间中的一种可能。

基于混沌思想的作战仿真[135]也认为由于对初值的敏感,当系统某一局部属性被改变,由于大量非线性交互,这种改变引起的作用被不断放大,最后产生不可预期的后果。因此,在对作战系统的研究中,研究人员不可能给出其确定的演变规律。所以,我们需要更多的反映作战系统运行空间的方法来求得对其演变规律更多的了解。作战仿真系统对这种规律反映得越多,也就越接近真实的作战系统,两者的相似性越强,从而提高了可信性。多想定仿真应用的可信性控制方法的理论根源就在于此。

多想定应用提高仿真可信性,控制仿真可信性的方法如图 9 – 17 所示。复杂仿真系统和任何仿真系统一样,都有一个"成熟"的过程。通过多个想定具有一定质量要求而不是低水平的重复仿真应用:

第一,可以发现仿真系统中存在的问题,再反馈到系统修改中,从而使仿真系统日趋完善。通过"应用—反馈—系统修改—应用"这一过程的迭代,可以不断减少仿真系统中存在的不可信问题,从而使仿真系统与原型系统的相似性增加。但是,仿真系统与原型系统只能无限接近,永远也无法相等。

第二,由于想定主要对作战仿真的初始状态进行设定,所以,改变想定,就相当于改变了仿真系统的初始值,势必引起仿真结果的改变,产生一种演化结果。虽然我们永远无法遍历所有的演化路径,但想定应用越多,每个想定又采用多样本仿真,产生的演化结果就越多,便能够在作战的解空间中产生越来越多的结果"点",当多到一定程度,甚至可能形成所谓的结果"云"时,就能反映出作战演化过程中的内在规律。这种规律,对于从顶层指导作战仿真,提高仿真的可信性大有裨益。当作战的初始条件与某次应用过的想定描述的很相近时,甚至可以尝试一定程度上去预测该作战的结果。

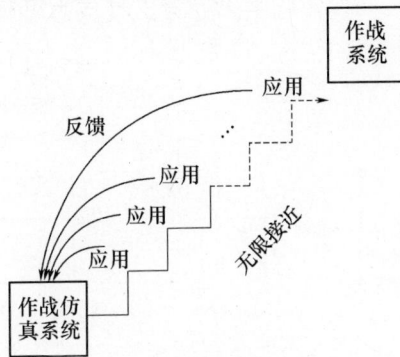

图 9-17   不断应用作战仿真系统以提高仿真可信性

9.5.2   研讨厅式推演仿真应用

在 20 世纪 80 年代初,结合现代作战仿真的研究,钱学森提出了一种处理复杂行为系统的定量方法学,这种定量方法学是半经验半理论的,是科学理论、经验和专家判断力的结合,也就是从定性到定量的综合集成研讨厅的方法[11]。这种方法的实质是将专家群体、数据和各种信息与计算机结合起来,把各种学科的科学理论和人的经验知识结合起来。从定性到定量的综合集成研讨厅方法的提出本来就有作战仿真的背景,可以用于作战仿真的研究[99];而作战仿真,尤其是战役级、战略级仿真涉及的问题层次高,极其复杂,且大量因素无法定量表述,单纯的定量方法已难以满足仿真的需求,引入从定性到定量的综合集成研讨厅方法也成为解决这类复杂仿真问题的必然选择。

1. 研讨厅式推演仿真应用的基本思想

如图 9-18 所示,研讨厅式推演仿真应用的基本思想是:开放作战仿真系统的指挥所,使之能顺利实现人机交互;然后,在综合集成研讨厅环境中,采用类似于国际象棋大师卡斯帕罗夫与"深蓝"计算机系统进行对抗的模式,让军事专家与作战仿真系统实现人机对抗推演,一般情况下,作战仿真系统由于智能程度不高而对抗失败;对抗之后,军事专家、仿真专家在知识体系的指导下一起研讨,分析作战仿真系统中存在的缺陷,再由仿真专家根据研讨结果对仿真系统进行修改完善。反复迭代该过程,则仿真系统的智能化程度将不断提高,对对抗推演中出现的各种情况的处理也会越来越接近军事专家的水平。这种应用的最高目标是在军事专家与作战仿真系统的人机对抗中,实现"仿真系统击败军事专家"。虽然实现这个目标非常困难,但是,在向这个目标接近的过程中,仿真系统的可信性无疑得到了大幅度的提高。

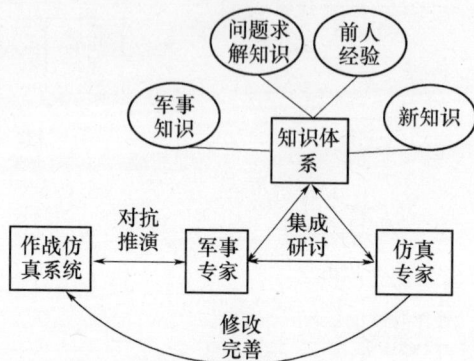

图 9 - 18　研讨厅式推演仿真应用

2. 研讨厅式推演仿真系统的设计

1) 体系结构设计

基于研讨厅式推演仿真系统体系结构如图 9 - 19 所示,整个体系分为三层,由下往上依次为技术层、系统层、应用层。

技术层:提供构建系统所必需的关键技术、支撑环境、工具、仿真模型、数据库、各种资源库以及建设规范标准。

系统层:构建由推演设计分系统、战役级作战仿真分系统、人在环指挥仿真分系统、分队人在环仿真分系统、评估分系统、展现分系统以及导调控制分系统组成的研讨厅式推演仿真系统。

应用层:在研讨厅式推演仿真系统的支撑下,实现装备运用推演、装备保障推演研究,为作战中的关键重大问题的研讨实验提供环境。

这种体系结构使推演和集成研讨成为可能,因为:

第一,符合推演需求,保证实时人机交互,形成指挥员、战斗员进入仿真的环境;

第二,系统以高速并行计算为基础,实现二维态势和三维战场环境的展现,使指挥员、战斗员能获取推演中必要的信息,使其有接近实战、身临其境的推演环境;

第三,所有推演仿真的中间数据和结果数据均被实时记录,并可在二维、三维态势图上展示,为军事专家和仿真专家的集成研讨提供了环境。

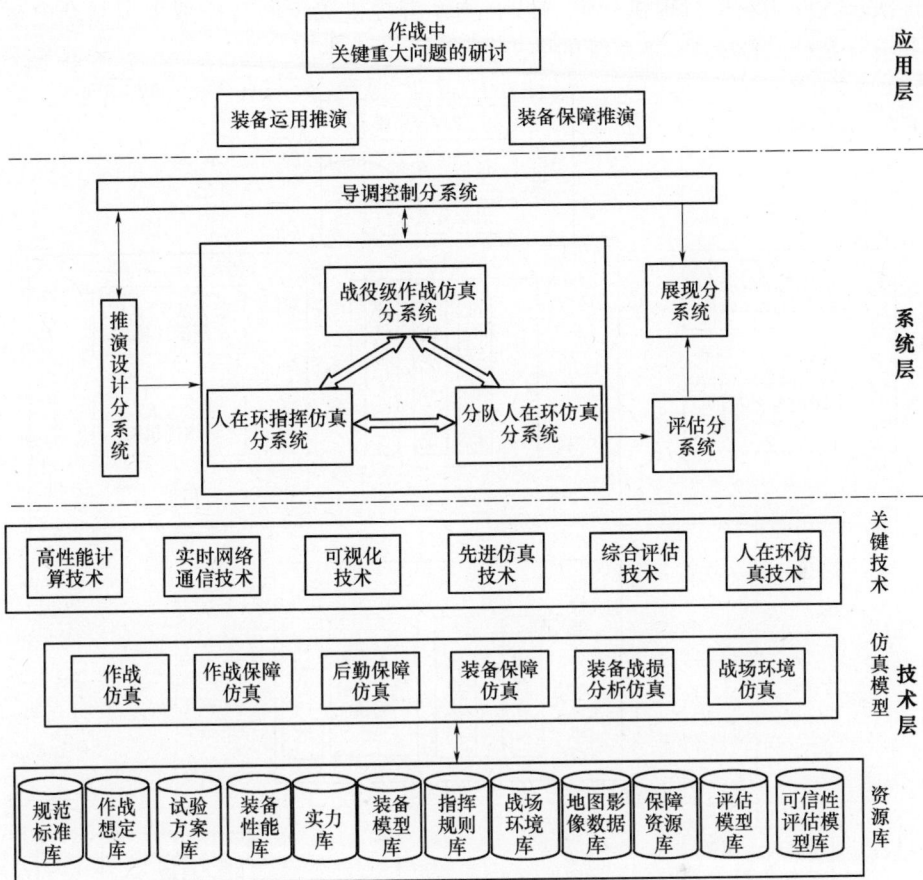

图 9 – 19　基于研讨厅式推演仿真系统体系结构图

2）物理结构设计

基于研讨厅式推演仿真系统物理结构如图 9 – 20 所示,整个系统在物理结构上由上至下分为研讨厅、导演厅、蓝方人在环指挥推演室、红方人在环指挥推演室、高性能并行仿真平台、红蓝方分队对抗仿真实验室。

（1）研讨厅。具备对推演全过程进行实时播放的演示、讲评、评估、回放,以及对关键问题进行研讨的能力。参加人员可包括军事专家、仿真专家等多方人员,均能即席发言、查询资料、投票表决、与导演厅交流进行人工干预。基本形式为会议研讨,可以扩大为与红蓝双方的推演人员也可进行在线研讨,研讨过程全程记录。

（2）导演厅。导演厅主要通过网络为作战仿真推演提供初始边界条件,为推演过程的顺利进行提供导调、控制,为系统提供关于联合作战以及复杂电磁环境等条件的设定等,是系统的中央控制厅。

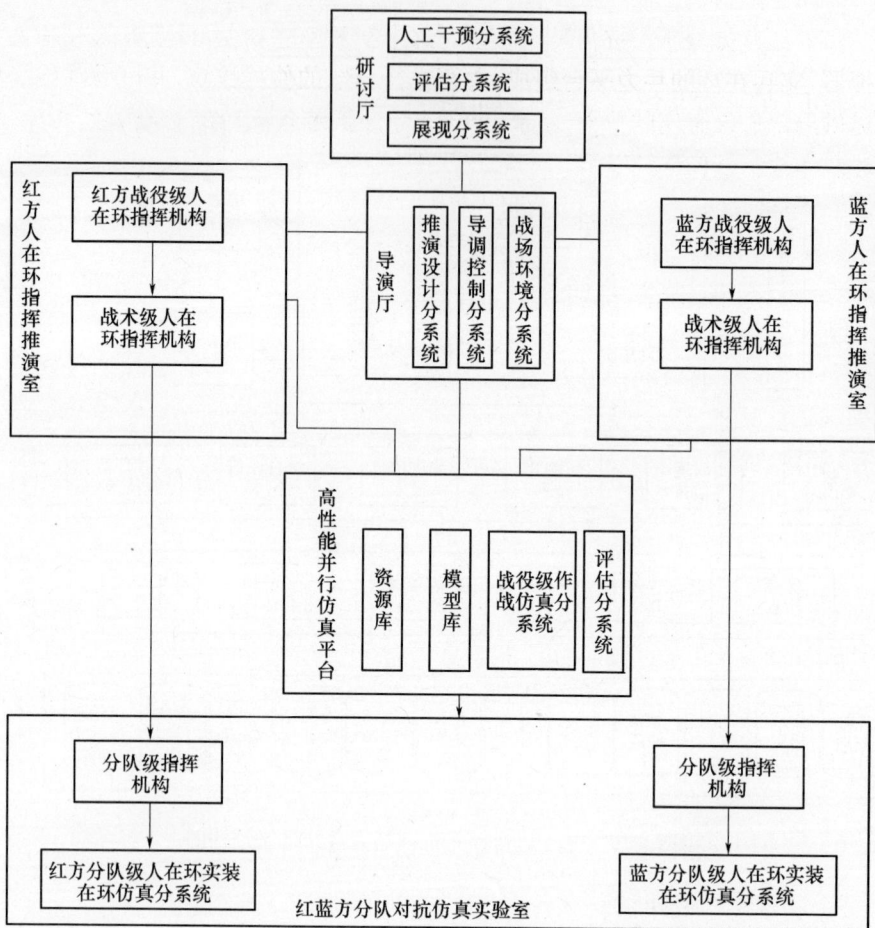

图 9 - 20　基于研讨厅式推演仿真系统物理结构图

（3）红/蓝方人在环指挥推演室。红/蓝方人在环指挥推演室本质上是指挥所仿真,采用"背对背"模式,可以实现双方推演人员同时推演、单方人员与计算机对抗推演、计算机与计算机对抗推演等。其组成主要由军（师）级指挥所和旅（团）级指挥所构成,主要进行红/蓝方推演人员与系统的实时交互。

（4）高性能并行仿真平台。该平台硬件主要是高性能万亿次刀片式服务器构成,除系统软件、支撑工具环境外,软件主要是加载在其中的仿真分系统、评估分系统和资源库、模型库等,实现集中式高速并行仿真,提供红蓝双方推演室所需要的态势信息、双方的装备战损、弹药消耗、人员伤亡等信息,为推演过程提供数据支持,并进行评估。由于仿真计算量极为巨大,需要充足的计算能力。

（5）红蓝方分队对抗仿真试验室。这个实验室主要由红/蓝方人在环装备模拟器、实兵在环的兵力平台组成,主要进行分队的作战推演,并可为师旅级推演提供局部比较真实的仿真支持,可以进行分队装备运用的基础数据实验,以及分队作战的规律研究。

第 **10** 章

作战仿真中数据的病态数据检测

作战仿真的过程就是对给定数据进行不断变换的过程,仿真系统本身就是一个处理数据的信息系统。而且,对用户而言,数据是其最重要的产品,因此,有必要对作战仿真中的数据可信性单独成章进行说明。

10.1 作战仿真数据的分类

对于作战仿真中的数据,如果按照仿真运行的时间阶段划分,可以分为仿真运行前的数据和仿真运行的结果数据,其中,仿真运行的结果数据又包括仿真运行中的结果数据和仿真运行后的结果数据。如果按照仿真数据在作战仿真中的作用划分,作战仿真数据的可信性研究也主要包括这两部分的可信性分析。对于仿真运行前的数据,主要通过仿真数据的 VV&C 来保证;对于仿真运行的结果数据,主要通过仿真结果数据的处理来进行分析,仿真结果不会影响作战仿真的可信性,但是能在一定程度上反映可信性,有利于增强用户使用该仿真系统的信心。

10.1.1 美国国防部建模与仿真办公室关于仿真数据的分类

对于仿真数据的分类,可以从不同的角度进行划分,文献[13]给出了三种数据分类的方法。美国国防部建模与仿真办公室组织开发的权威数据源对战争模拟数据的分类方式,共列出了 13 个一级分类目录,分别是条令及资料、环境、想定、武装力量、武器装备、保障、单元性能、测试实验结果、人员因素、政治、财经、元数据和其他。二级目录有 373 个。ADS 采用了多级分类方法,其分类目录结构仍在不断完善中。

10.1.2 基于数据性质的分类

作战仿真和建模依赖许多不同类型的数据,根据作战仿真的特点,将作战仿真分为运行前、运行初始化、运行中、运行后的过程,从层次上划分为节点级、系统级、对抗级。根据装备作战的仿真过程和仿真层次,参照美国国防部建模与仿真办公室组织开发的权威数据源对战争模拟数据的分类方式,可以将作战仿真数据分为五种类型,具体参见表10-1。

表10-1 作战仿真数据的分类及说明

数据分类	说 明
标准数据	建模与仿真或联邦中所有使用数据的描述性信息,包括数据的分辨率、逼真度、精度、完备性、关联度、通用性、适用度等
硬线数据	任务功能描述中人的行为、响应、交互等算法中的数据值,已经以固定的方式包含在模拟系统内部的数据,例如变量值、参数值等
初始化数据	模拟系统初始化和运行过程中用到的数据。在作战仿真中一般包括环境初始化数据和兵力初始化数据
验证数据	用于验证仿真结果是否足够正确地测度数据,测度来源于真实的测量或者领域专家提供的信息
交换数据	通过联邦成员的订购与发布,在联邦内进行交换的数据,这种数据是专门针对基于HLA仿真体系结构的

权威数据源分类:

(1) I类数据源:数据被很好地实践和管理,具有绝对权威性。例如,某种装备进行机动性仿真时的爬坡能力、车辆转速性能、加速性、制动性等数据。

(2) II类数据源:将仿真的总体方案和装备的相关信息输入计算机,经过权威部门认证的测算推演系统所产生的数据作为仿真数据。例如,在战场态势信息分析系统中,推演系统所产生的蓝方单位的编号、编成、位置、武器类型、数量、战损、机动方向、机动速度等信息。

(3) III类数据源:仿真中非常需要,但是没有这种数据,这样建模和仿真开发者根据仿真的需要和已有的知识所"定制"的数据。例如在进行网络仿真时,模拟敌方所进行网络攻击(如服务拒绝、欺骗、病毒、堵塞)模型数据、无线注入模型数据,参战建制单位外围或上层支撑系统模型及其信息流模型数据等。

10.1.3 基于数据作用的分类

参考陆军先进分布作战仿真对抗系统,根据数据的作用和不同的应用目的,作战仿真系统的数据组成如图 10-1 所示。

从图 10-1 中可以看到:作战仿真的数据共分为 5 大类 47 种数据,数据量庞大、繁琐。如何有效地进行管理,能否协调一致地工作将严重影响仿真的可信性。目前在现有的仿真体系结构中,数据管理的基本形式是数据库管理数据的模式。

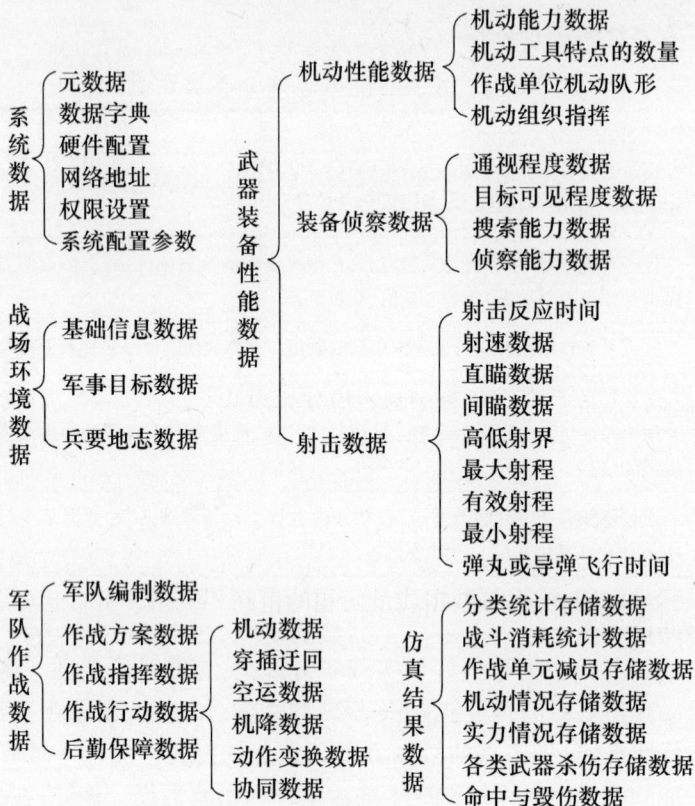

系统数据:元数据、数据字典、硬件配置、网络地址、权限设置、系统配置参数

战场环境数据:基础信息数据、军事目标数据、兵要地志数据

军队作战数据:军队编制数据、作战方案数据、作战指挥数据、作战行动数据、后勤保障数据

武器装备性能数据:
- 机动性能数据:机动能力数据、机动工具特点的数量、作战单位机动队形、机动组织指挥
- 装备侦察数据:通视程度数据、目标可见程度数据、搜索能力数据、侦察能力数据
- 射击数据:射击反应时间、射速数据、直瞄数据、间瞄数据、高低射界、最大射程、有效射程、最小射程、弹丸或导弹飞行时间

作战行动数据:机动数据、穿插迂回、空运数据、机降数据、动作变换数据、协同数据

仿真结果数据:分类统计存储数据、战斗消耗统计数据、作战单元减员存储数据、机动情况存储数据、实力情况存储数据、各类武器杀伤存储数据、命中与毁伤数据

图 10-1 作战仿真的基本数据

10.2 数据可信性的相关概念

10.2.1 数据质量控制

数据质量控制是指为达到规范或规定的数据质量要求而采取的作业技术

和措施,目的是通过监视系统中各数据形成的过程,消除质量环节上所有阶段引起不合格或不满意效果的因素。其中:"作业技术"是数据质量控制手段和方法的总称;"措施"是人们对这些作业技术有计划、有组织的运用,是一种科学的数据质量管理方法。前者偏重于方法、工具,后者偏重于活动过程。

数据质量的具体含义主要包括数据的完整性、正确性、准确性、一致性、及时性等。

完整性是指数据在范围、内容及结构方面的完整程度,包括数据范围、实体类型、属性特征分类、字段描述的完整,不出现空缺。

正确性是指数据的值与数据域的一致程度。例如,如果装备码字段值是装备编码表中的一个,那么它就与数据域匹配,因而是正确的数据值。

准确性是数据所代表意义与真实值的匹配程度。数据值可能是正确的但不一定准确,例如,陆军部队的编成码都是以"1"开头的八位数字,如"10010112",但某一陆军部队的编成码为"2*******",则这个编成码就是错误的。数据值的准确性无法通过简单的对比来判断,需要通过检查其他字段的值或使用外部数据来判断数据值是否准确。

一致性是指数据间关系的可靠程度,包括概念一致性、值域一致性、格式一致性。相同的数据要代表相同的意义,要保持数据前后一致性。例如装备编码、部队编制码,在整个应用过程中都不应发生改变。

及时性是指数据反映客观现象目前状况的程度。数据收集与应用是一个过程,而外部世界无时无刻不在变化,某些数据是某一时期的,而在另一时期这些数据就会有所变化,要及时更新。

错误数据的问题不完全等同于数据质量,尽管数据中存在的各种错误也属于具体的数据质量问题,但是数据质量问题的范畴不局限于此。但要保证数据的高质量的前提是必须找出其错误数据发生的位置以及存在哪些数据错误并对这些错误数据进行明确的划分。错误数据检测的目的就是通过检测影响系统数据质量的错误数据,分析并评估检测结果,实现对系统的数据质量进行控制,从而达到提高系统质量的目的,所以其是数据质量控制中一项重要的内容。

10.2.2　错误数据

1. 数据与信息

信息是知识的构成要素,是客观世界的反映,是对事物的反映。

数据是存储在某一种媒体上符号的集合,其内容是事物特性的反映或描述。数据也可以说是信息的代表,它是实际信息应用在推理、讨论、理解、交流、预测、计算中的陈述符号[32],数据可以用来描述现实世界,并且对现实世界的描述是抽象、局部的,仅仅是真实世界多种描述的一种。

数据的原意是以数字形式表达的信息,这种术语的来源与"数字式"计算机的应用有非常密切的关系。在相当长的一段时间内,数字计算机领域不使用"信息"这一术语,而是将信息统叫做"数据"。因为机器是"数字式"计算机,因此,它所处理的对象和处理的结果都叫做"数据",例如"输入数据""中间数据""输出数据"等。而"数据库"就是以数字形式表达的信息的集合。因此,数据实际是记录或表示信息的一种形式,不能把它等同于信息本身。当然,用数字来表达信息,这只是信息表示的一种形式,而不是唯一的形式,世界上存在着大量非数据的信息,如模拟信息、文本信息、语音信息、图像信息、图形信息等。

数据和信息总是分不开的。信息是以数据的形式表示,是有用的、经过加工的数据,是从数据中加工和提炼出来的,其表现的载体是数据。数据仅仅是描述客观事实、概念的一组文字、数字或符号等,是表示信息的一种手段,必须经过一连串的数据处理才能变成信息,信息就是它的内涵。

数据和信息的关系如图 10-2 所示。

图 10-2　数据和信息的关系

作战仿真系统中的数据,就是对反映系统状况的各种信息的一种描述,也就是将各种信息数字化,转换为数据存入计算机中。所以,本文研究的仿真系统中的数据,实际是仿真系统数字化的信息。

2. 错误数据与病态数据、异常数据

错误数据是指与应用中特定的规则、规律相违背的数据,它具有明显的错误特征,是确定的。具体表现为数据本身不符合应用的需要,或数据的关联不符合正常逻辑。对其的数学描述,可以用以下的形式来表示:

设 $S=(U,R,V,f)$ 为一知识表示系统,其中 U 为论域,R 为属性集合,V 是属性值的集合,$f:U \times R \rightarrow V$ 是一个信息函数,它指定 U 中每一个元素的属性值。

对错误数据的数学描述应是以下两种:

(1) 设 a_k 为第 k 条记录属性 A 的属性值,若存在 $a_k \notin V_A$,则 a_k 的数据值出错。

(2) 设 a_k 为第 k 条记录属性 A 的属性值,b_k 为该记录另一属性 B 的属性值,若存在属性 B 取值 b_k 时,属性 A 不能为 a_k,则 a_k 与 b_k 数据间逻辑错误。

错误数据判断的标准是与应用中特定的规则、规律相违背,作战仿真系统中的错误数据就是与作战的规则、规律相违背的数据,即不能正确反映真实作战系统的环境、过程等因素,或反映出的作战过程中的现象、结果规律与真实作战系统中的规律不相符的数据。

10.2.3 病态数据

病态数据是指包含错误数据但并不完全是错误数据,或数据本身没错但不能被应用的数据集合,其针对的对象是数据集、数据类,并且病态是模糊的。病态数据具体的表现为数据集合不能很好地、直接满足使用要求,如数据不完备,数据集合不完整,数据本身正确但格式与使用要求不一致、不适用,数据精度不高、不准确、不好用等。

10.2.4 异常数据

异常数据是指一批数据中与其余数据相比在某一规律下明显不一致的数据,如严重偏大或偏小,其变化率过大或与其他数据距离过大等。这些数据的存在会使应用过程中产生偏差或使误差增大。异常数据的检测技术一般是基于统计的异常数据检测技术,包括基于分布的、基于深度的、基于距离的、基于密度的;也有依据数据挖掘、人工神经网络、模糊证据理论等人工智能的异常数据检测技术。异常数据有别于错误数据、病态数据的最大特点就是,虽然异常数据不符合数据的某一规律,例如统计规律,但有可能是正确的。

10.3 基于知识树的病态数据检测

10.3.1 知识树模型

知识树本质上就是一个层级式知识图,它表达了为实现某一组织目标的所有相关组织知识间的因果关系或从属关系。层级式知识图由于具有对称性、良好图形、连续性等特点,而得到广泛的应用。知识树模型在层级式知识图的基础上拓展了更多的管理功能。

1. 知识树的结构

考虑一个为完成某一组织目标的知识构成的层次知识结构。它是若干个关联的知识节点集 K,知识节点间的关系 r 构成了一个关系集 R。知识节点集 K 与知识关系集 R 构成了一个知识树 $D = (K, R)$,如图 10 - 3 所示。为进一步研究知识树,引入以下概念。

(1)父节点:相邻两个知识节点中,表示目标知识的上级节点。

(2)子节点:相邻两个知识节点中,表示达到目标的手段或子目标的下级知识节点。

（3）关系:父节点和子节点关系的方式。r 具有两种形式:

① 联合:子节点是共同完成父节点目标的若干个子目标或子功能。

② 替换:子节点是实现父节点目标的若干个可相互替代知识方案或手段。

③ 根节点:无父节点的知识节点,它表示组织的目标知识。知识树具有唯一的根节点。

④ 叶节点:无子节点的知识节点。

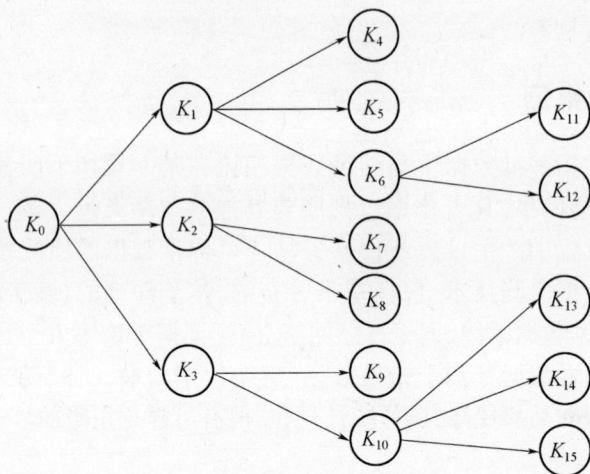

图 10 - 3 知识树结构

2. 知识节点的描述

知识节点是构成知识树的基本单元,每一个知识节点是保证组织目标实现的知识链上的一个环节。因此,知识节点的管理是组织知识动作管理的重要内容。知识节点主要管理属性见表 10 - 2。

表 10 - 2 知识节点的属性

代号	含　义	代号	含　义
K_code	知识节点编号	Relation	与父节点的关系
Name	知识节点名称或简要说明	Value	知识节点值
Type	知识类别形式	S_time	统计节点值的时间
Department	知识所属的部门	Innovator	更新知识的组织或成员
P_code	父节点号	C_time	知识更新的时间

3. 知识树构建的原则

为了保证知识结构的合理性以及应用中使用的方便性,知识树在构建过程通常需要遵循以下几个原则:

(1) 分类标准保持唯一。一棵知识树在逐层细化的过程中其分类标准要自始至终保持唯一。这样做的目的是尽可能保证知识树中的知识节点没有重复,同时保证了不同知识点的子知识点之间没有交叉。

(2) 分类标准的选择。由于知识树是对特定领域某一侧面知识的层次化表达,知识树分类标准既要符合特定领域公认的标准,也要考虑到具体应用的方便性。这样做不仅使得分类树中知识节点的语义具有良好的可理解性,也增强了该知识体系的可移植性和通用性。

(3) 知识树叶子节点的分类。知识树叶子节点既可以代表类别,也可以代表实体。类别可以包含若干实体。若该领域实体的数量很少或者每一实体只与知识树上唯一的知识节点相关,则可以把该实体作为相应的叶子节点,否则,从搜索和存储方面考虑,知识树叶子节点代表类别信息,将具体的分类存储在分类库中并与相应知识树叶子节点建立关联。

(4) 知识节点的粒度问题。知识树是表达知识的层次结构,在每一层中,知识节点与其相邻节点在粒度上保持一致。层次越高,粒度越大;层次越低,粒度越小。

10.3.2 作战仿真中的病态数据

1. 病态数据分类

对病态数据进行分类,目的在于对病态数据有一个比较全面的思考,避免检测的遗漏。经过整理,可以提炼出病态数据的规律,为信息系统开发人员提供更多、更全面的数据关系或数据规律。

1) 根据病态数据的模式进行分类

数据模式是数据库存放数据的模式,正因为有数据模式,才能构造复杂的数据结构来建立数据之间的内在联系与复杂关系,从而构成数据的全局结构模式。数据模式是基于选定的数据模型对数据进行的"型"的方面的刻画,而相应的"实例"则是对数据"值"的方面的描述。先有数据模型,才有数据模式,有了数据模式,才能得到相应的实例。

病态数据分成模式级和实例级两类问题进行分析,如图 10-4 所示。一个数据源的数据质量很大程度上决定于控制这些数据的模式和完整性约束的等级。没有模式的数据源,如文本书件,它对数据的输入和保存没有约束,于是出现病态数据的可能性就很大。因此,和模式相关的数据质量问题是因为缺少合适的特定数据模型和特定的完整性约束,其产生的原因有:差的模式设计,仅定义了很少一些约束来进行完整性控制。实例级病态数据,如拼写错误,不能在模式级预防。另外,不唯一的模式级特定约束不能防止重复的实例,如关于同一实体的记录可能会以不同的字段值输入两次。

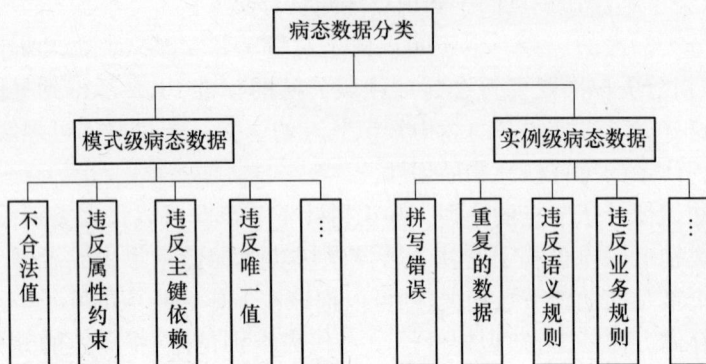

图 10-4　病态数据分类

2）根据病态数据的表现形式进行分类

（1）记录丢失:应有的记录未找到。

（2）属性空缺:属性值为空。

（3）格式错误:与正确的格式不匹配。

（4）不合法数据:数据超出了值域范围。

（5）前后不一致数据:前后使用的相同数据不一致。

（6）相互之间矛盾数据:有联系的数据之间出现了违反联系的数据。

（7）重复记录:记录出现了不应有的重叠或是冗余记录。

（8）错误计算、汇总:在求和或其他计算中出现了结果与真实值不一致的数据。

3）根据病态数据的范围进行分类

无论是模式级病态数据还是实例级病态数据,都可以分成字段、记录、数据集三种不同的问题范围,分别说明如下:

（1）字段:这类病态数据仅局限于单个字段的值。

（2）记录:这类病态数据表现在同一条记录中不同字段值之间出现的不一致。

（3）数据集:这类病态数据表现在不同记录之间的不一致关系。

2. 病态数据的形态知识树

病态数据表现形式可以从原始数据的病态形式、运行数据的病态形式两方面描述,其构成的病态数据的形态知识树如图 10-5 所示。病态数据表现形式知识可以作为病态数据检测的知识索引,通过索引可以快速定位分类。

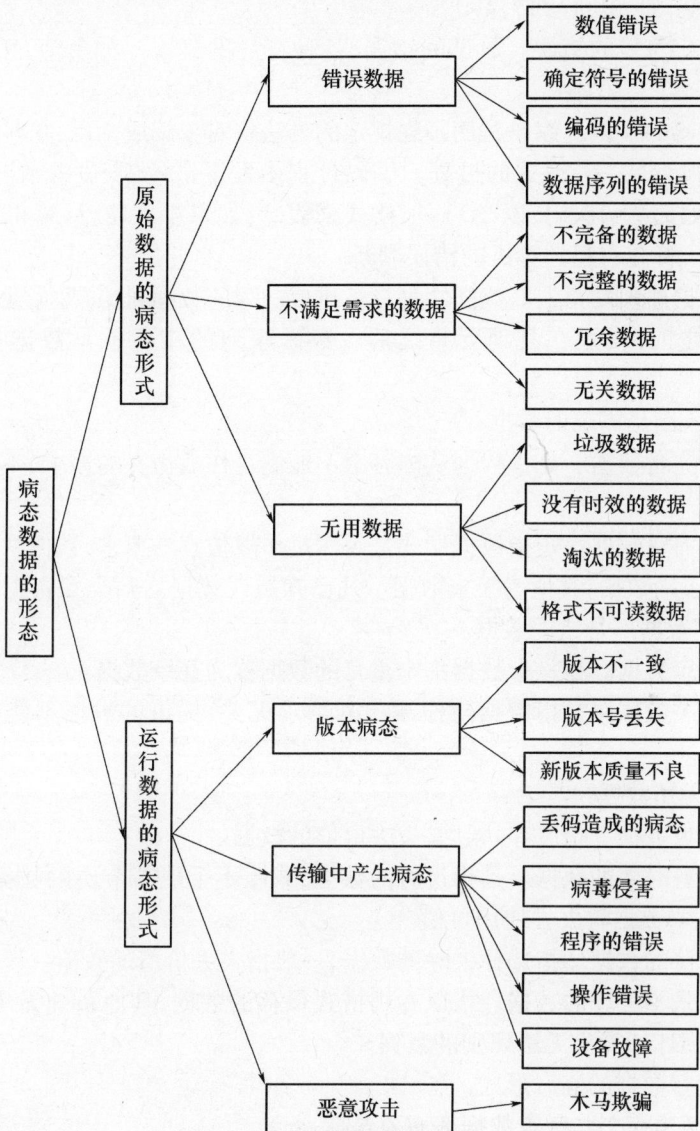

图 10-5　病态数据的形态知识树

1）原始数据的病态形式

（1）错误数据：

① 数值错误。包括:有效位数错误,如 8700 错写成 870;相应位上的数据错误,如 8 错写成 0,7 错写成 1,9 错写成 4 等。高位有效位数据错误带来的后果会更严重,如 7100 写成 1100。

② 确定符号的错误。数据的错误,各种符号的错误。如负值,丢失的"负号",则变成了正值。

③ 编码的错误。编码是用预先规定的方法将对象编成数码,是将信息从一种形式转换为另一种形式的过程。编码过程中发生错位、少位等情况,造成编码错误。如部队层次码,以"333…"格式来表示:如果少 1 位,计算机将无法识别;少 3 位,将会引起计算机的错误判断。

④ 数据序列的错误。数据序列是被排成一列的数据对象,每个元素不是在其他元素之前,就是在其他元素之后。数据序列的错误就是数据排序产生错误。

（2）不满足需求的数据：

① 不完备数据。是指数据从内容上不能满足作战仿真的需求,不能覆盖需求的全域。

② 不完整数据。是指数据形式是否满足作战仿真的要求,数据缺项、漏项,或部分为正确数据,其他为缺失数据。凡已知错误数据均归类到各类错误数据中,不完整数据不是错误数据。

③ 冗余数据。在一个数据集中重复的数据称为冗余数据。

④ 无关数据。是指数据与作战仿真需求无关,提供的数据不能支持作战仿真。

（3）无用数据：

① 垃圾数据。指废弃、无用,失去价值的数据。

② 没有时效的数据。是指过时的数据,或跟不上更新节奏的数据,超出一定时间限制,数据将失去使用价值。

③ 淘汰的数据。指选择去除的数据,一般指失去价值的数据。

④ 格式不可读的数据。指以专用格式保存的数据,其他系统无法识别,或文件格式损坏计算机无法识别的数据。

2）运行数据的病态形式

（1）版本病态。版本的病态主要包括:

① 版本的不一致;

② 版本号丢失;

③ 新版数据质量不良等。

（2）传输中产生病态。传输过程中产生的病态主要包括：

① 信道受干扰,传输过程丢码造成的病态;

② 一般病毒侵害,数据失效;

③ 运行程序的错误,产生病态;

④ 因操作错误,或人的认识造成的数据病态;

⑤ 将错误数据当正确数据运行;

⑥ 设备故障,造成的数据损伤。

（3）恶意攻击。网络遭受攻击,指挥系统被植入木马程序,由此而产生欺骗数据。

3. 病态数据判定的标准

数据与事物是一种映射关系,由于事物是普遍联系的,其映射出的数据信息也是普遍联系的,孤立存在的数据是没有意义的。这种数据之间的联系就是约束条件。由于存在相互之间的联系,我们就可以通过这种约束条件找出错误数据之所在。掌握病态数据判定标准是研究和实施病态数据检测、诊断和修正的基础。病态数据检测的判定标准一方面是从装备指挥信息系统实际运行的分析和得出结果的检查评价中得出的,来源于经验;另一方面是通过与系统调试人员、系统应用人员的沟通交流。

数据约束条件包括两类:一是数据单元自身的规范与要求;二是数据之间的相互关系。

（1）数据单元自身的规范与要求,即数据单元自身约束主要包括:

① 值域限定。给定边界值,判定信息单元是否在规定范围以内;信息单元自身数据类型的限定,例如实数、自然数、正数等。

② 空值限定。规定一个信息单元可否为空值。

③ 规定格式限定。规定一个信息单元的格式,判定待测字段值是否为规定的格式,例如时间、日期,其精度可分为年、月、日、时、分、秒等。

（2）数据之间相互关系限定,即关系约束主要包括:

① 数据守恒。包括数据项守恒和数值守恒。

② 相互之间大小限定。信息集合中的信息单元之间存在大小要求,例如一个连的兵力与连里一个班的兵力。

③ 时间先后顺序限定。信息集合中的信息单元之间存在时间先后顺序要求,例如装备的毁伤时间和被修理时间。

④ 表达式限定。待测信息单元的关系可以用一个表达式来表示,其合理性可以通过表达式计算来判定,例如各部分之和要等于总体值。

⑤ 互有、互斥限定。表示单装的编码必须对应有代表装备的装备码,本单位中不能有其他单位的编码,其他单位也不能有本单位的编码。

4. 病态数据检测方法

根据规则的特点,将规则分为病态数据判定规则和病态数据推理规则。病态数据判定规则又分为业务规则和蕴含语义的规则,主要用来判断数据是否健康。病态数据推理规则,能够通过推理过程发现与之相关联的原因或导致的不良后果,从而发现更深层次的病态数据,提高病态数据的检全率和检准率。因此,针对不同规则的特点和作用,分别提出基于规则的病态数据检测方法和业务规则的推理方法,以及将二者融合,给出基于知识树的病态数据检测原理。

1)基于规则的病态数据检测

病态数据检测方法从数据含义和属性两个层面对病态数据进行检测,过程灵活性强、效率高,但往往忽略了自身蕴含的语义信息。因此,引入本体技术,利用 PAL 描述的病态数据检测规则能够提供较强的语义约束性,可以解决基于规则的病态数据检测方法中缺乏语义约束的问题。业务规则与蕴含评论的规则互相配合,用来检测病态数据,能够极大地提高病态数据的检全率和检准率。

基于规则的检测,系统用尽可能简单的规则来表示病态数据的特征。在进行病态数据检测时,要根据具体的检测需求,定义相应的检测规则,然后,用这些规则来完成相应的检测工作。

对于基于规则的检测方式,有两种不同的模式:

(1)误用检测模式:使用某种模式或者特征描述方法对任何已知错误数据进行表达,将已知的错误特征所对应的错误规则存入规则集中,将需要检测的数据与规则集中的错误规则进行匹配,当发现有匹配时,认为存在错误数据。这种模式的优点是可以有针对性地建立高效的错误检测系统,虚警率低;缺点是对未知的错误或已知错误的另一种形式无能为力,错误特征提取需要不断完善。

(2)异常检测模式:已掌握了被检测数据的正常模式,有错误数据出现时,会与正常模式不同。一般的方法是建立一个对应正常模式的规则集,检测错误数据时,错误检测程序将当前的数据与正常模式的规则集进行比较,当发生不同时即认为错误数据发生。这种检测通用性较强,最大的优点是有可能检测出以前从未出现过的错误,不像误用检测那样受到已知脆弱性的限制。但正常模式规则集的建立,对于复杂的系统来说比较困难,几乎无法描述出所有正常模式的规则,容易出现正常数据被检测出错误的现象。

总体说来,规则集的方式应用比较广泛,检测的结论明确肯定,且操作方便,效率高,容易实施,可根据需求随意调整检测的重点。

2）业务规则的推理

规则一般用来判断数据是否为病态数据，并不能用来进行推理。也就是说只能通过当前数据的状态，判断数据是否为病态数据，并不能通过相关的知识和规则推理出深层次的原因。事物是普遍联系的，从信息关系论观点出发，错误的原因是多方位的，更改了当前的错误，其实掩盖了隐藏背后的问题。因此，利用建立的业务规则集，经过深层次的推理，逐步找出问题的根源。

（1）正向推理。逐条搜索规则库，对第一条业务规则的前提条件，检查事实库中是否存在。若前提条件中各子项在事实库中不是全部存在，则放弃该条业务规则。若在事实库中全部存在，则执行该条业务规则，并把结论放入事实库中。反复循环执行上面的过程，直到推出目标，并存入事实库为止。

正向推理的思路如图10-6所示。如果A是病态数据，可能会导致B、C和D错误，那么B可能是病态数据，C和D的结果可能是病态数据。依此类推，结果A引起病态数据的组合空间是：ABE、ABFK、ABFL、ABG、ACH、ADIM、ADIN、AIJO、ADJP，以及EF、KL、CD、MN、OP之间的运算关系。正向推理，得到了由A可能引起的病态数据空间。

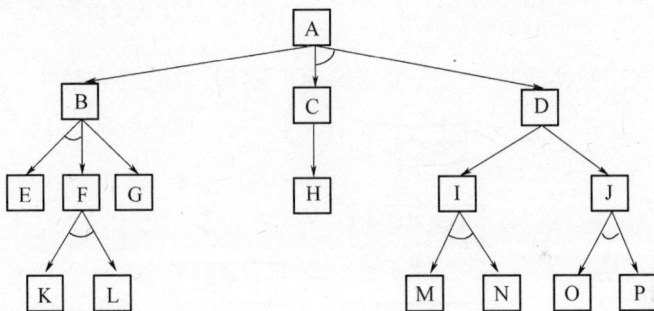

图10-6　正向推理

（2）逆向推理。逆向推理是从目标开始，寻找以此目标为结论的业务规则，并对该业务规则的前提进行判断，若该业务规则的前提中某个子项是另一个业务规则的结论时，再找以此结论的业务规则，重复以上过程，直到对某个业务规则的前提能够进行判断。按此业务规则前提判断（是或否）得出结论的判断，由此回溯到上一个业务规则的推理，一直回溯到目标的判断。逆向推理用得较多，主要是因为它的目标明确，推理快。

逆向推理的思路见图10-7。如果P是病态数据，有可能由M、N和P引起；如果M是病态数据，则有可能是G和H、I引起。依此类推，得到导致P是病态数据的病态数据空间：PMG、PMHA、PMHB、PMI、PNJ、POKC、POKD、POLE、

POLF,以及 NO、GH、AB、CD、EF 之间的运算关系。向后溯源,得到了可能引起 P 错误的原因。

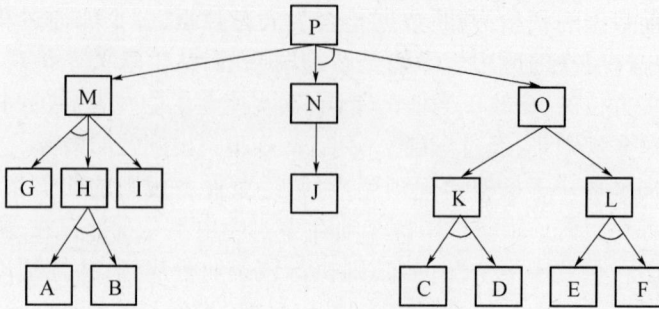

图 10-7 逆向推理

3)基于规则的病态数据检测

根据以上分析,提出基于规则的病态数据检测原理,如图 10-8 所示。该方法的核心思想如下:

(1)根据具体的病态数据检测知识,将知识转换为病态数据检测的规则,构建规则库。

(2)将规则转换成检测病态数据的 SQL 语句,对病态数据进行批量检测。

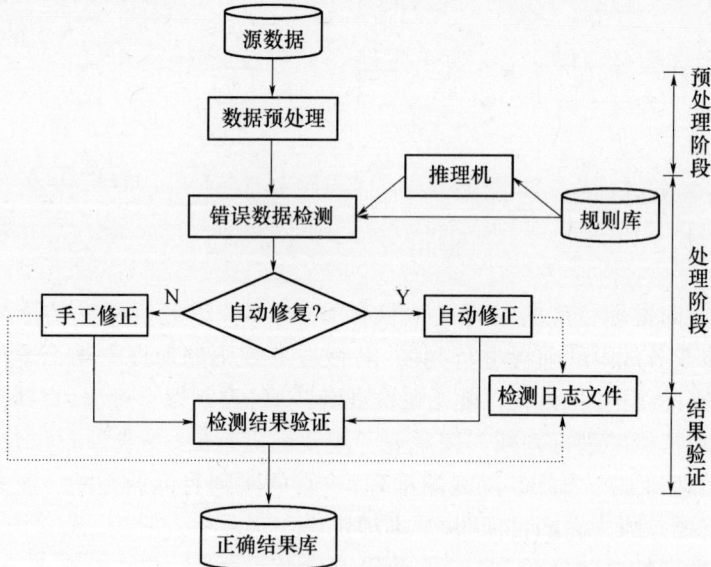

图 10-8 基于规则的病态数据检测原理

（3）针对相互关联的数据,利用推理机制,发现影响病态数据的深层次原因,找到关键因素,再利用规则进行,检测是否为病态数据。

本方法以基于规则检测的方法为主,引入蕴含语义的规则,扩充规则描述的范围,再综合业务规则的推理功能,进一步提高病态数据的检准率和检全率。

10.3.3　病态数据检测规则集

1. 病态数据检测的业务规则

病态数据的检测知识可以用业务规则进行描述。业务规则描述病态数据的处理逻辑,辅助检测程序对病态数据进行处理。实施病态数据检测时,根据具体的业务分析,在规则库中定义业务规则,利用规则完成相应的病态数据检测工作,业务规则对满足条件的数据进行处理。现将业务规则定义如下:

业务规则定义为二元组,记做 Rule = <C,A>。业务规则定义了业务条件的满足程度和根据业务条件所采取的处理动作,C 代表业务条件,A 表示处理动作。

业务条件定义为二元组,记做 C = <D,CH>。业务条件主要用于检测输入数据的符合程度,其中 Ch() 为条件检测函数,包括:Ch(D.) = true 表示输入数据满足业务条件;Ch(D) = false 则表示输入数据不满足业务处理条件。

处理动作是业务处理规则的执行动作。主要动作包括删除、保留、调用处理函数等。

根据对业务规则相关定义和分析,给出业务规则的表示形式:

```
Rule: IF {AND[OR(<CONDITION>)]}
    THEN [(<ACTION>)]
```

其中,Rule 为规则标志:"IF"、"THEN"、"AND"、"OR"均为关键字。"AND"表示联系的条件必须同时满足,即为"与"的组合;"OR"表示联系的条件必须有一个满足,即为"或"的组合;()表示可有一个或多个,但至少有一个。

2. 病态数据检测的语义规则

本体表达的病态数据检测规则可以对违背语义约束的质量问题和病态数据进行处理,从而可以解决业务规则缺乏语义约束的问题。

1）本体

本体起源于哲学的分支,随着人工智能的发展,被赋予了新的定义。1998年 Studer 以本体概念的定义反映了本体的普遍本质,得到广泛的认可:共享概念模型的明确形式化规范说明。这个定义有四层含义:

（1）概念模型,抽象客观世界中相关概念得到的模型,独立于具体的环境;

（2）明确性,意味概念的类型、使用和约束条件被明确性定义;

（3）形式化，意味着本体是计算机可以理解的；

（4）共享，本体体现的是共同的认知，反映了领域内公认的概念框架。

本体的目标是获取领域的知识，提供对领域知识的共同理解，确定领域内公认的词汇，并给出词汇和词汇间相互关系的形式化定义。本体语言是描述概念及概念间关系的语言，将逻辑定义用一组限定词进行表达。

一个完整的本体应由概念、关系、函数、公理和实例五类基本元素构成[101]。因此，把本体定义为一个五元组，记做 O = < C,R,F,A,I >，其中：

C 表示概念。本体中的概念是广义上的概念，它除了包括一般意义上的概念外，还包括任务、功能、行为、策略、推理过程等。本体中的这些概念通常按照一定的关系形成一个层次结构。

R 表示概念之间的一类关系。如概念之间的"Subclass – of"关系、"Part – of"关系等。

F 表示函数。是一种特殊的关系，其中第 n 个元素 C_n 相对于前面 $(n-1)$ 元素是唯一确定的。

A 表示公理集。概念或概念之间的关系所满足的公理，可用一阶谓词逻辑或描述逻辑进行形式化描述。

I 表示实例，属于某概念类的基本元素，即某概念类所指的具体实例。

2）基于本体的病态数据检测知识描述

为了对领域知识进行语义约束，采用 OntoClean 的本体设计思想，为领域知识增加公理约束语言（Protégé Axiom Language，PAL）描述语义约束规则。按照 PAL 的相关描述，给出病态数据检测规则定义如下：

病态数据检测规则定义为 3 元组，记做 MDCR = < RN,RC,RB >。其中，RN 表示规则名称；RC 表示规则的执行条件；RB 表示规则的执行体。

规则执行条件定义为 4 元组，RC = < CT,VD,VT,TI >。其中，CT 表示规则执行条件的类别标志符；VD 表示规则执行条件中变量的定义；VT 表示已定义变量的类型；TI 表示特定类型的条件信息。

规则执行体定义为 3 元组，记做 RB = < RBC,LC,CS >。其中：RBC 表示规则执行体的类别标志；LC 表示规则执行体中逻辑连接谓词；CS 表示规则执行体中的连接体。

在 PAL 语言中，规则执行条件描述为：defrange/defset［variable］［type］［type – specific information］。其中:defrange/defset 表示规则执行条件的类别标志符，分别用于定义变量和集合；variable 对应规则条件中的变量；type 对应规则条件中变量的类型，主要有集合（:SET），od（:Frame）、符号（:SYMBOL）、串值（:STRING）、整型（:INTEGER）等；type – specific information 对应规则条件中由

不同变量类型确定的执行条件。根据变量类型的不同,确定规则执行条件如下:

(1) 当变量类型为集合时:(defrang [variable]:SET [setname])指定变量 variable 为命名集合 setname 中的变量。

(2) 当变量类型为类时:(defrange [variable]:FRAME [classname])指定变量 variable 取舍于类 classname;(defrange [variable]:FRAME [classname] [slotname])指定变量 variable 取舍于类 classname 同时满足属性 slotname 的取舍。

(3) 当变量为整形时:(defrange [variable]:INTEGER [slotname])指定变量 variable 为命名属性 slotname 的整数取值。

当变量类型为符号和字符串类型时,相应的规则执行条件与整型情况类似。

3) 语义规则示例

鉴于 PAL 语言和特性,规则的类别标志主要有 forall 表示规则约束执行体和 findall 表示规则查询执行体。规则执行体中存在的逻辑连接谓词 LC 有:行 "⇔, = >, and, or, not"分别表示"等价、条件、与、或、非"。通常,执行体中的连接体包括断言连接体和函数连接体。其中:断言连接体用于刻画知识库中常规概念与属性的关系,包括类框架断言、算术运算断言、字符串断言和混合断言等;而函数连接体用于刻画知识库中,存在返回值的概念与属性的关系,包括类函数、强制函数和算术运算函数。连接体和连接谓词可以被全称题词(forall)或存在量词(exitsts)量化,共同构成规则执行体。

利用 PAL 描述的病态数据检测规则,按照规则执行体的类别标志,分为约束性检测规则和查询类检测规则。其中,约束性检测规则用于对领域知识进行语义约束检测,可以辅助解决数据质量问题中完整性约束没有涵盖的语义约束问题。

利用 PAL 描述的病态数据检测规则,按照规则执行体的类别标志,分为约束性检测规则和查询类检测规则。约束性检测规则用于对领域知识进行语义约束检测,可以辅助解决数据质量问题中完整性约束没有涵盖的语义约束问题。下面举一个装备完好率计算的例子,见表 10 - 3。

表 10 - 3 装备完好率

单位	装备类型	应有数	现有数	批准大修数	完好数	完好率/%
×装甲团	××坦克	94	94	1	90	95.74

一方面,装备完好率受数据库的完整性约束;另一方面,完好率的计算又受领域知识的约束。完好率的计算规定,完好率的计算基数是现有数减去批准的大修数。可见下面的完好率计算结果是有误的,虽然不满足领域知识,但却满足数据库的完整性约束。可见数据库的完整性约束不能起到约束数据语义的作用。利用领域知识和约束性检测规则,就能很好地解决该问题。下面给出一个用 PAL 描述的约束性病态数据检测规则示例。

```
(defrange? Intact_rate : FRAME 完好率)
(defrange? Intact_amont : FRAME 完好数 包含完好数)
(defrange? Have_amont : FRAME 现有数   包含现有数)
(defrange? Repair_amont : FRAME 批准大修数   包含批准大修数)

(forall? Intact_rate
    (forall? Intact_amont
        (forall? Have_amont
            (⇒(and(包含完好数? Intact_rate? Intact_amont)
                (包含现有数? Intact_rate? Have_amont)
                (包含批准大修数? Have_amont? Repair_amont))
            (Intact_rate = (/((number – of － slot － values 包含完好数?
            Intact_amont)( – (number – of － slot － values 包含现有数?
            Intact_rate)(number – of － slot － values 包含批准大修数?
                Repair_amont))))
            )
        )
    )
)
```

　　在这个检测规则中,做出如下约束:完好率的计算基数是现有数减去批准的大修数。该约束满足领域知识的约束要求,解决了缺失数据语义约束的问题。

3. 病态数据检测规则知识树

　　根据病态数据形态知识树,相应地构建病态数据检测规则知识树,如图10 – 9所示。

10.3.4　病态数据检测过程的设计

1. 病态数据检测整体流程

　　病态数据检测流程是:首先是根据检测需求制定检测计划,再根据检测计划制定出计算机更容易理解的检测规则,形成检测规则集。通过友好、易于理解的界面,用户将规则集输入到检测程序中,检测程序自动生成高效的可执行检测语句,对病态数据进行快速、准确的检测,将结果显示给用户或对用户的操病态数据检测规则知识树：

- 病态数据检测规则
  - 原始数据的病态检测规则
    - 错误数据检测规则
      - 数值错误检测规则
      - 确定符号的错误检测规则
      - 编码的错误检测规则
      - 数据序列的错误检测规则
    - 不满足需求的数据检测规则
      - 不完备的数据检测规则
      - 不完整的数据检测规则
      - 冗余数据检测规则
      - 无关数据检测规则
    - 无用数据检测规则
      - 垃圾数据检测规则
      - 没有时效的数据检测规则
      - 淘汰的数据检测规则
      - 格式不可读数据检测规则
  - 运行数据的病态检测规则
    - 版本病态检测规则
      - 版本不一致检测规则
      - 版本号丢失检测规则
      - 新版本质量不良检测规则
    - 传输中产生病态检测规则
      - 丢码造成的病态检测规则
      - 病毒侵害检测规则
      - 程序的错误检测规则
      - 操作错误检测规则
      - 设备故障检测规则
    - 恶意攻击检测规则
      - 木马欺骗检测规则

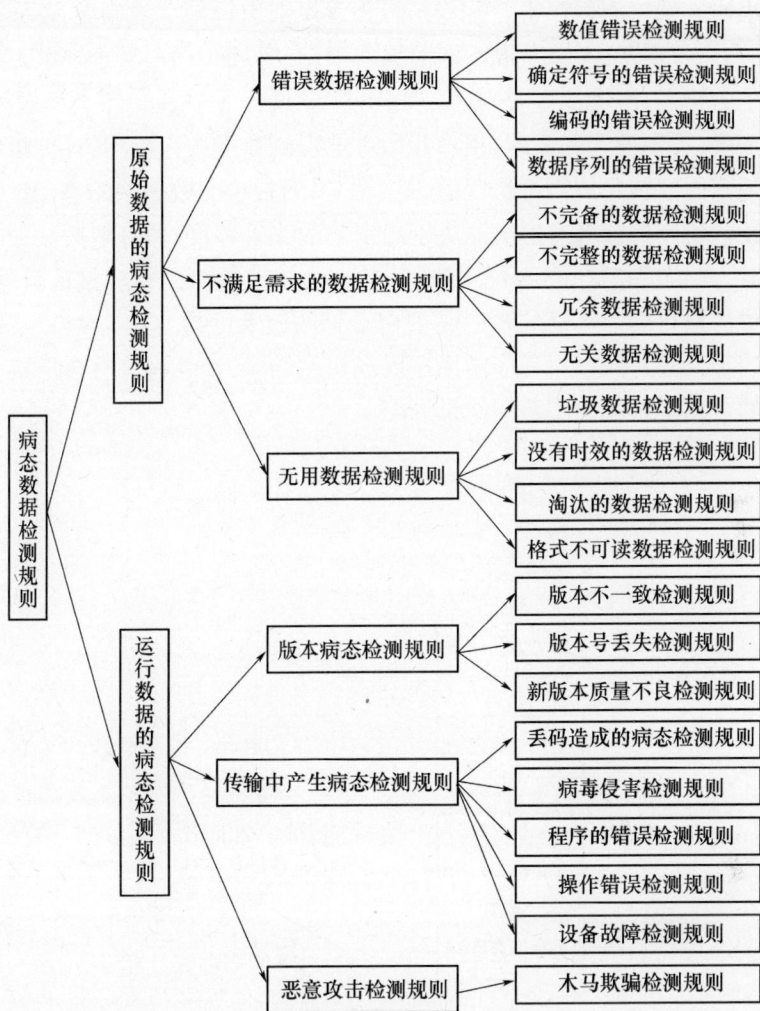

图 10-9　病态数据检测规则知识树

作进行提示。如有必要,可将检测结果打印输出。具体的检测流程如图 10-10 所示。

第一步,根据具体需要,用户制定检测计划。在此之前,用户首先是要了解待检测对象的基本情况,熟悉基本数据及其意义,否则将无法为检测准备数据,无法设置检测规则,也无法正确评估检测结果。所以,清晰地掌握检测对象的基本情况是很重要的。

第二步,根据检测计划,形成检测规则集,通过友好、易于理解的界面,用户将规则集输入到检测程序中。这首先需要将规则进行科学的分类,不同类型的规则,其输入习惯不同,应采取不同的界面设计。界面友好、易于理解可减少规则输入中的错误,也可提高规则输入效率。

第三步,规则设置完成后,用户开始对被检测数据进行检测,计算机将规则集中的规则内容转化成为可执行的 SQL 语句,对被检测数据中的每条记录进行错误判断。检测的深度与广度取决于规则集的完善程度,所以规则集的不断补充和完善,是一项持续、重要的工作。同时,由于要检测的是海量的数据信息,所以形成可执行的 SQL 语句时一定要有合理的检索机制。

第四步,检测完成后,程序向用户展现检测结果,计算机将符合所定义的检测规则的数据记录输出到检测结果界面。

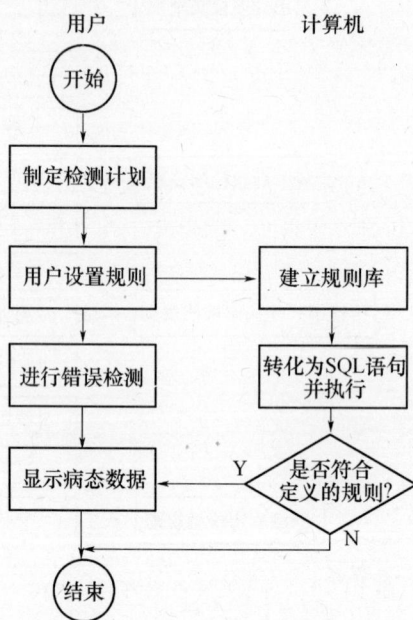

图 10 - 10 病态数据检测流程示意图

2. 制定检测计划

检测计划是病态数据检测的重要工作之一。检测计划是需要计算机来执行的,因此需要制定一个计算机认可的检测计划规范。检测计划的基本要素见表 10 - 4。

表 10 - 4　检测计划基本要素表

序号	字段	含义	说明
1	GridName	待检测表	需要检测的表对象
2	IteamName	待检测字段	需要检测表对象中的字段名称
3	DetectIteam	待检测项目	区分具体的操作
4	DetectContent	待检测内容	具体检测的内容
5	BeginFlag	开始标志	被检测对象开始标志
6	EndFlag	结束标志	被检测对象结束标志
7	ParameterList	参数列表	检测表达式所需要的参数列表
8	DetectExp	检测表达式	描述具体算法
9	Reasoning	是否进行推理	待检测的内容是否会影响其他数据,如果影响,则需进行推理

3. 规则在计算机中的实现

SQL 语句是实现检索结构化的查询语言。将规则映射为结构化的 SQL 语句,便于检测病态数据。SQL 作为一种结构化的查询语句,最多可以包含五个子句,这些子句按照下面的顺序进行指定(其中方括号中的子句是可选子句):

SELECT [ALL /DISTINCT] <目标列表达式> [<目标列表达式>]

FROM <表名或视图名> [<表名或视图名>]

[WHERE <条件表达式>]

[GROUP BY <列名 1 > [HAVING <条件表达式>]]

[ORDER BY <列名 2 > [ASC /DESC]];

这里关键字后面的内容为可替代的参数,通过用户界面将传入的参数替换掉这些可替代参数,实现对查询数据范围、要求等的控制。

其中,SELECT 后的目标列表达式,为查处错误数据后显示给用户的内容,用户可以指定某一个、某几个或是全部列,也可以是属性值经加工后的表达式,如 sum(求和)、length(字段长度)等。DISTINCT 是将查询的结果去掉重复的数据。

FROM 后的表名或视图名,为用户需要检测的表或是一个视图。

WHERE 后的条件表达式,为需要查询的条件,即判断错误数据的条件,这些条件如表 10 - 5 所列。

表 10-5 查询条件表

判断条件	谓　　词
比较	= , > , < , > = , < = ,! = , < > ,! > ,! <
确定范围	BETWEEN AND , NOT BETWEEN AND
确定集合	IN , NOT IN
字符匹配	LIKE , NOT LIKE
空值	IS NULL , IS NOT NULL

如果有 GROUP BY 子句,则将检测的结果按 < 列名 1 > 的值进行分组,该属性列值相等的元组为一个组。如果 GROUP BY 子句带 HAVING 短语,则只有满足指定条件的组才予以输出。

如果有 ORDER BY 子句,则结果表按 < 列名 2 > 的值的升序(ASC)或降序(DESC)排序。

(1) 对于第一类的规则,生成的可执行的 SQL 语句样式:

SELECT n < 目标列表达式 > FROM 表名 WHERE < 目标列 > IS NULL

其中,n 个 < 目标列表达式 > ,表名, < 目标列 > 是由用户从界面输入的参数。

(2) 对于第二类的规则,生成的可执行的 SQL 语句样式:

SELECT n < 目标列表达式 > FROM 表名 WHERE < 条件表达式 > AND < 条件表达式 >

其中,n 个 < 目标列表达式 > ,表名,两个 < 条件表达式 > 是由用户从界面输入的参数。

(3) 对于第三类的规则,生成的可执行的 SQL 语句样式:

SELECT n < 目标列表达式 > FROM 表名 WHERE < 目标列 > NOT LIKE "标准格式"

其中,n 个 < 目标列表达式 > ,表名, < 目标列 > ,标准格式是由用户从界面输入的参数。

(4) 对于第四类的规则,生成的可执行的 SQL 语句样式:

SELECT n < 目标列表达式 > FROM 表名 WHERE < 目标列 > NOT IN ("合理取值范围")

其中,n 个 < 目标列表达式 > ,表名, < 目标列 > ,合理取值范围是由用户从界面输入的参数。

(5) 对于第五类的规则,生成的可执行的 SQL 语句样式:

SELECT n 个 < 目标列表达式 > FROM k 个表名 WHERE m 个 < 条件表达式 >

其中,n 个 < 目标列表达式 >,k 个表名,m 个 < 条件表达式 > 是由用户从界面输入的参数。第五类规则中的 < 条件表达式 > 要有多种形式,支持嵌套查询、联合查询等。

(6) 第六类规则因条件复杂,情况多,尚未整理出通用的规则,因此,需要针对数据的特点和所蕴含的语义具体情况,整理具体的检测 SQL 语句。

4. 病态数据检测效率的优化

病态数据检测面对的是海量的数据和众多的检测规则,如没有有效的方法,对检测过程进行优化,时间和计算开销将难以承受。通过知识树引导,建立索引的机制,提高检测语句的执行效率等措施和手段,以提高检测的效率,节省检测的时间。

1) 基于知识树的检索

知识树从上到下,知识节点逐步细化,内涵增加,外延缩小。这种知识的组成关系符合现实世界中人们理解事物的过程,从粗到精,从繁到简。本书构建了病态数据知识树和病态数据检测规则知识树,利用病态数据知识树,明确病态数据的分类,以病态数据的分类为指导,在病态数据检测规则知识树中寻找相对应的检测规则,进行病态数据检测。可以逐渐缩小病态数据检测的空间,提高病态数据检测的效率。

2) 索引机制

索引机制是影响检索性能最重要的因素。合理的检索机制会使表扫描具有更好的检索性能。既然检索性能与具体的命令有关,为选择最佳的检索性能,必须根据具体命令来选择最佳的检索方法。病态数据检测的过程就是符合一定条件的数据检索的过程,检索机制的选取直接关系到检测的效率。

属性值空缺、格式不一致、数据本身不合理这三类规则的检索实现比较简单,在检索机制的选择上是采用逐条记录精确匹配的方式。检索的内容属于同一张数据表时,这三种规则可以同时进行,也就是进行一次表扫描完成三项检测任务,以提高检索效率。

数据间关系错误规则的检索实现比较复杂,主要是由于数据间关系的类型种类繁多,不容易逐一进行总结。但应遵循一条原则,多种数据关系组合时,应先执行返回结果少的条件限定,因为检索结果返回行数对检索性能有很大的影响,中间返回结果少的检索可以缩短整个检索所需时间。

重复数据错误是数据间关系错误的一种特殊形式,可采用多种检索机制,复杂程度和效率各有不同。可以采取的方法有直接比较、排序、分类后比较等。排序是采用排序的算法对数据集中的记录进行排序,计算机在对大量数据执行排序时明显比直接比较费时,所以排序检索的方式不宜采用;而直接比较的整个过程相当于对两个记录集做笛卡儿积,需要的操作数量也非常多;分类后比较的方法结合了二者的优点。比如,表中有 10000 条数据,直接比较,要进行 $10000 \times 10000/2 = 50000000$ 次比较。将这 10000 条数据按不同种类分为 10 块,每一块 1000 条数据,对每块内的数据进行比较,则总的比较次数为($1000 \times 1000/2$)$\times 10 = 5000000$ 次,比整个表直接进行比较少了一个数量级。所以重复数据的检索宜采用分类后比较的方式。

3)规则执行效率的优化

数据量不断增大,会使得整个系统运行变慢甚至出现系统宕机。对于海量数据,劣质 SQL 语句和优质 SQL 语句之间的速度差别可以达到上百倍[19]。所以,对于一个系统不是简单地能实现其功能就可,而是要能写出高质量的 SQL 语句,提高系统的可用性。

人们在使用 SQL 语句进行检索时往往会陷入一个误区:太关注于所得的结果是否正确,而忽略了不同的实现方法之间可能存在的性能差异。这种差异性能在大型的或是复杂的数据环境中表现得尤为明显。SQL 语句优化或用一个索引往往可以避免无用数据扫描情况的发生,提高查询效率。

(1)优化的可行性。查询优化最重要的方面就是对 SQL 语句进行优化,调整 SQL 语句对性能的改善要比调整其他方面明显得多。SQL 语句语法规则灵活,完成一个工作可以有不同的多种写法,因此,SQL 语句性能高低,直接影响到对数据库操作的效率,而且对 SQL 语句的优化独立于程序设计逻辑,相对于对程序源代码的优化,对 SQL 语句的优化在时间成本和风险上的代价都很低。

在大记录集上进行了高成本操作,如使用了引起排序的谓词,如 ORDER BY 和 GROUP BY 从句,DISTINCT 修饰符,UNION 集合操作符,这些操作的成本都十分高昂,消耗大量的 CPU 时间和内存,因此,只要有可能,就应该在 SQL 语句中尽量避免这些操作。

过多的 I/O 操作,最典型的就是未建立恰当的索引,导致对查询表进行了无用的全扫描。

处理了太多的无用记录,如在多表连接时过滤条件位置不当导致中间结果集合包含了太多的无用记录。

未充分利用数据库提供的功能,如查询的并行处理等。

(2)优化的措施。调整索引。合理地构造索引将大大有助于提高数据库查询速度。通常,对索引块的读取可以直接读取表中所要数据所在的块和行,比读取整个表来满足请示要有效得多。合理地设计索引,可以极大地减少数据库读写次数。

调整全表扫描。数据查询往往会使用全表扫描,如果处理不当,全表扫描可能造成太多读取。对全表扫描的调整,一方面可以通过修改 SQL 语句实现,另一方面也可以通过建立索引等方法来完成。

避免排序的方法。在 SELECT 语句中,使用 UNION ALL 代替 UNION,因为 UNION ALL 子句不消除重复项,因此不需要排序。对于嵌套循环表连接使用索引,可以减少全表扫描和消除排序,对经常在 ORDER BY 子句中引用的列建立索引,可以用索引提供的顺序而不用排序。

(3) SQL 书写规范。WHERE 子句中的连接顺序。ORACLE 采用自下而上的顺序解析 WHERE 子句,根据这个原理,表之间的连接必须写在其他 WHERE 条件之前,那些可以过滤掉最大数量记录条件必须写在 WHERE 子句的末尾。

SELECT 子句中避免使用" * "。在 SELECT 子句中列出所有的列时,使用动态 SQL 列引用" * "是一个方便的方法,但这是一个非常低效的方法。实际上,ORACLE 在解析的过程中会将" * "依次转换成所有的列名,这个工作是通过查询数据字典完成的,这意味着将耗费更多的时间。

用 WHERE 子句替换 HAVING 子句。避免使用 HAVING 子句,HAVING 只会在检索出所有记录之后才对结果集进行过滤。这个处理过程需要排序、总计等操作。HAVING 中的条件一般用于对一些集合函数的比较,如 COUNT 等。除此而外,一般的条件应该写在 WHERE 子句中。如果能通过 WHERE 子句限制记录的数目,就能减少这方面的开销。

使用表的别名。当在 SQL 语句中连接多个表时,使用表的别名并把别名前缀于每个列上。这样一来,就可以减少解析的时间并减少那些由列歧义引起的语法错误。

用 EXISTS 替代 IN。在对许多表的查询中,为了满足一个条件,往往需要对另一个表进行连接。在这种情况下,使用 EXISTS(或 NOT EXISTS)通常将提高查询的效率。

5. 病态数据的修正

病态数据发现后,如果符合规则,则可以通过自动修复的技术进行修复,如果不符合规则,可通过手工的方式进行修正。受目前技术的限制,病态数据的修正手段还是要以人工为主。但由于录入数据的随意性、录入人员的责任心不高、监管的失效,导致现有数据资源中病态数据随处可见。病态数据的修正提倡在数据产生地手工修改,这是提高数据正确率最可靠的方法。但装备指挥信息系统的数据是逐级汇总、一级级向上报,等到了总部级可能有五六个层次。发现病态数据时可能已经查无凭证,甚至通过人已经无法修改病态数据,更不用说自动化修复程序了。

现实情况是病态数据量太大,因此用户强烈要求开发自动修复程序。能够利用规则自动修复的一定要采用自动修复的手段修复数据。目前数据修复主要有以下方法。

1）普通方法

（1）常量替代法。常量替代法就是对所有不完整类型的病态用同一个常量来填充。所有数值型用"－1"填充；所有字符型用某个特定的字符填充，这种方法最简单，但只能治标不治本，不能从根本上解决问题。

（2）平均值替代法。平均值替代法就是使用一个字段的平均值来填充该字段的所有病态数据。

（3）最常见值替代法。最常见值替代法就是使用一个字段中出现最多的那个值来填充该字段的所有病态数据。

（4）估算值替代法。采用估算值替代法处理病态数据的过程为：首先采用相关算法，如回归、判定树归纳等算法预测该病态数据的可能值，然后用预测值替代病态数据。

2）人工智能算法

（1）基于案例的推理方法。以往的检测实践中发现的大量数据错误问题的修改方案，为病态数据的修改积累了丰富的参考信息。建议值的案例生成是在以往检测结果的基础上，将过去检测中的病态数据及其修正值进行了归纳、总结，形成病态数据修正的案例库，作为病态数据修正的参考。因此，采用基于案例的病态数据修正值的产生具有较高的参考价值[110]。

（2）流数据补齐算法。流数据补齐算法一般有基于粗集理论的流数据补齐算法、基于最小二乘支持向量机的流数据补齐算法。这两种方法都能有效地分析和处理不精确、不一致或不完整的各种不完备信息，能使具有丢失值的对象与信息系统其他相似对象的属性尽可能保持一致，即可利用相似对象的属性值的不可分辨关系对丢失数据进行补齐。

第11章

作战仿真可信性控制与分析评估实例

本章列举两个实例,分别验证前述作战仿真可信性控制与分析评估的方法,其中一个为兵团级作战仿真系统,另一个为分队级作战仿真系统。

11.1 某兵团级作战仿真可信性控制与评估

某陆军部队作战效能仿真评估任务,要求使用作战仿真的方法对某编制装备体系的整体作战效能进行评估,寻找装备体系中可能存在的缺陷,提出编配优化、结构优化和作战使用的建议,为高层决策提供定量的参考和支持。由于评估对象在不断调整发展之中,所以,到完成整个评估任务时,评估了多个编制方案。

11.1.1 基于 DMPA 方法的仿真可信性控制实现

在完成整个仿真评估任务的过程中,DMPA 方法始终贯穿全程,为控制和提高仿真可信性发挥了很大的作用。

11.1.1.1 面向数据、模型的可信性控制实现

1. 数据的可信性控制

本次仿真评估中,编制、编成、部署等数据根据权威的编制表和作战想定,通过作业生成,经逐一核对无误。

基础数据由于种类繁多、来源不同、收集的时机分散,所以可信性很难控制。本次仿真红方装备分为 58 类、344 个型号,共 12000 多个数据;蓝方装备分为 35 类、211 个型号,共 5000 多个数据。

对这 17000 多个数据,我们按照数据来源的权威性,逐类、逐型号完整地进行了校核。然后,对每个数据进行可信性评定。其中可信的数据大约占 50%,基本可信的数据约占 35%,可用和基本可用的数据约占 15%。经校核可信的数据,以权威数据源的形式存储,以备重用。

2. 模型的可信性控制

模型的可信性控制主要通过模块验证和系统集成验证两个层次来实施。

1)模块验证

模块验证主要检查软件系统最小模块的正确性,即检查一个数学模型的实现、一个最小的逻辑控制路径。此项工作与软件模块编写同步进行,即每完成一个模块,就对该模块进行验证。检查结果为:

检查模块的数据流,能够正确输入、输出,实参与形参的次序与量纲相同。

检查模块的局部数据结构:数据均经过初始化,默认值无误。

检查算术表达式与模型相符:运算次序正确、不同数据类型之间的转换所影响的精度在要求的范围内。

检查循环中循环变量的取值范围,循环中没有错误地修改循环变量,不会出现死循环的现象。

有容错处理和错误提示。

对数组进行了边界测试,输入数组运算的边界条件,检查模块运算正确。

2)系统集成验证

集成验证是在验证各子模块后,将它们集成起来进行的验证。目的是检查数据流在模块之间通过时是否会丢失或被错误地改变;子模块组合后是否能完成预期功能。验证工作自底向上进行。

首先进行各主要功能模块的各自内部组合,如各作战群指挥模块、压制效能模块、直瞄效能模块、防空效能模块、通信模块、侦察模块等。以直瞄效能模块为例,将直瞄武器的火力分配、弹种选择、弹药量计算、各种弹药毁伤效能计算等模块组合起来,给定所需的输入数据,跟踪调试程序的运行路径,数据流正确,能够正确输出所需数据。

而后将各主要功能模块组合,即形成最后的软件。给定软件初始数据,跟踪调试程序的运行路径、数据流正确,能够正确输出所需数据。

11.1.1.2 面向仿真试验过程的可信性控制实现

1. 仿真试验设计的可信性控制

由于作战过程十分复杂,当建立的仿真模型中引入大量的随机过程时,一般理论上较难确定实验次数,需要进行探索性仿真试验,分析实验次数对实验结果的影响。按照第 9 章提出的方法进行了 150 次连续实验,观察实验次数和结果的关系的变化规律。

图 11 - 1 为 150 次探索性仿真试验中,装备体系中某自行高炮的平均战损率随仿真次数增加的变化趋势图。图 11 - 2 为该装备平均战损率的方差随仿真次数增加的变化趋势图。作战仿真中,有 12 门自行高炮参战,150 次仿真平均战损率为 45.61% ,标准差为 5.69% ;平均战损数为 5.47 门,标准差为 0.68门。在装备战损服从正态分布时,在置信度为 95% 的条件下,该装备战损率的置信区间为[39.3% ,55.1%];在置信度为 99% 的条件下,该装备战损率的置信区间为[36.1% ,52.9%]。

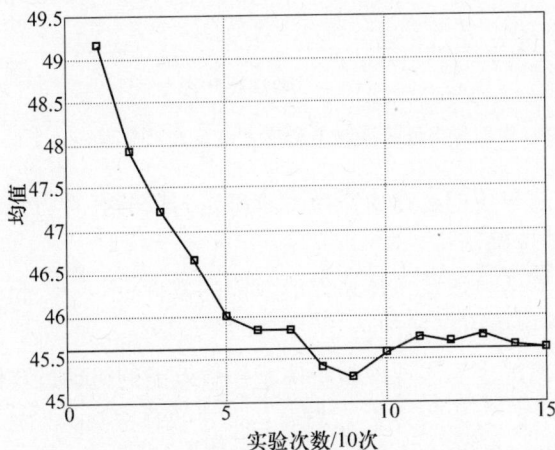

图 11 - 1 某自行高炮的平均战损率随仿真次数增加的变化趋势图

通过分析发现:实验次数过少,仿真结果的精度不够;实验次数过多,仿真结果的精度提高并不多,而投入的人力、计算机时增加较大,效率降低。经过该探索性实验,将多样本重复实验的次数确定为 100 次,既能减少仿真评估的工作量,保证按期完成评估任务,仿真精度也能适应评估任务要求。

所以本次仿真试验的样本数为 100 个,分成 10 组,每组各 10 个样本,各组之间在高性能刀片服务器上并行仿真,组内各样本串行实验。

2. 边界条件的可信性控制

1)作战想定权威、合理

(1)由权威机关提供评估论证编制(红方编制);

(2)由长期从事陆军作战研究,具有深厚军事理论功底的专家编写作战想定;

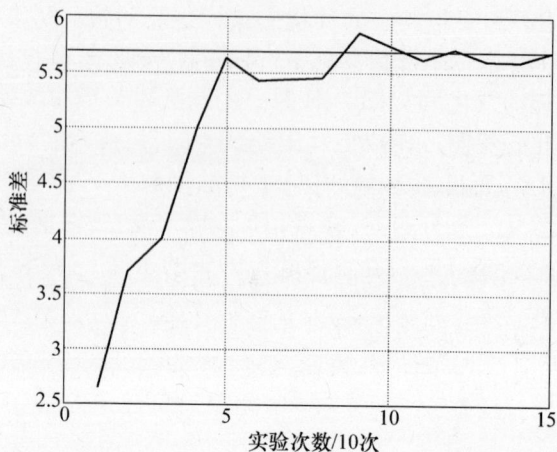

图 11 - 2　某自行高炮的战损率标准差随仿真次数增加的变化趋势图

（3）敌方作战单位的选择由军事专家确定，其编制（蓝方编制）由权威部门提供，想定编写单位确认；

（4）作战地形适合该装备体系作战效能的发挥，由权威部门提供纸质作战地图，并依此生产矢量电子地图；

（5）作战样式选定为体现该装备体系作战效能的机动进攻作战；

（6）红蓝双方兵力比约为4∶1，符合机动进攻作战兵力对比条件；

（7）想定的细化由想定编写单位和仿真单位共同进行。

2）仿真的开始、结束条件合理

仿真试验的开始时间、作战阶段转换、胜负判断等仿真试验的边界条件由编写作战想定的军事专家明确，并经军事专家和仿真专家共同评审后方可使用。

仿真开始时刻定为想定的×××年×月×日×时×分，红方开始开进。仿真结束条件包括三个，只要满足其中任一条件，则仿真结束。

（1）交战双方有一方被歼灭。约定某一方被歼灭的条件是其主战装备战损率达到65%。

（2）到达想定中明确的作战结束时间。

（3）红方占领预定地域。

3）联合作战背景及复杂电磁环境因素的处理合理

本次红方遂行作战任务，必将是在联合作战的背景和复杂电磁环境下。但为了更好地体现评估对象的作战效能,把海、空、二联合作战因素当成外部条件,红方和蓝方在一个相对孤立的环境中进行仿真对抗。仿真系统中,主要模拟了战役级电子对抗行为,战略级电子对抗支援的频段、强度、地域、持续时间作为外部条件。

3. 指挥规则的可信性控制

1) 指挥规则文本书档的校核

指挥规则的文本书档表示如表11-1所列。每一条规则分别用自然语言形式和结构化形式进行描述,然后打印提供给军事专家进行评审。经评审,军事专家认为规则的设计基本符合想定,正确性较好。但规则比较简单,对战场中将会出现的情况考虑不够详细,即完备性还存在缺陷,经完善后可用。

表11-1 指挥规则文本书档表示

	内　容	结论
自然语言描述	右翼突击群已穿过线段 L,线段 L 端点坐标分别为 (××79000,×××40000)、(××21000,×××40000)	军基本指挥所转移到 (××93000,×××26000)
结构化描述	S3 型:①右翼突击群当前坐标;②线段 L 端点坐标(××79000,×××40000)、(××21000,×××40000);③外侧。 命令:指挥所转移,执行方:军基本指挥所,转移位置为(××93000,×××26000)	

2) 指挥规则库的校核

对指挥规则的校核、验证通过指挥规则管理系统中的 V&V 工具进行。该工具主要通过数据结构分析法检查规则设置的完整性,通过置信区间分析法检查规则数据的合理性。检查结果分为警告和错误两个等级:警告是指那些不会影响仿真运行,但可能影响仿真可信性的问题;错误是指那些影响仿真运行、违背军事常识的问题。图11-3为本次仿真使用的指挥规则在"量化"输入后,对指挥规则库进行校核的结果。结果显示,所有指挥规则一共存在4个错误和3个警告。在仿真中,有时又将指挥规则称为"预案"。

3) 指挥规则使用前的校核

经条件测试,所有规则均能按照指挥规则设置的条件触发,并输出命令和请求。说明指挥规则是适应仿真系统的,是可以被规则推理机使用的。

指挥规则使用中间数据的验证、指挥规则运行结果数据的验证等活动融合在仿真结果数据分析之中,在此不单独说明。

无标题 - CounterPlan

文件(F) 编辑(E) 查看(V) 工具 帮助(H)

预案序号	使用指挥所	指挥员	条件件数	命令数	请求数	预案说明
1	红方：穿插突击群基本指挥所	指挥员	2	6	0	穿插群第1条
2	红方：穿插突击群基本指挥所	指挥员	1	5	0	穿插群第2条
3	红方：穿插突击群基本指挥所	指挥员	2	5	0	穿插群第3条
4	红方：穿插突击群基本指挥所	指挥员	2	1	0	穿插群第6条
5	红方：穿插突击群基本指挥所	指挥员	1	1	0	穿插群第7条
6	红方：穿插突击群基本指挥所	指挥员	2	1	0	穿插群第8条
7	红方：穿插突击群基本指挥所	指挥员	1	6	0	穿插11条-1
8	红方：穿插突击群坦克1营基本指挥所	指挥员	1	3	0	穿插群坦克1营第2条
9	红方：穿插突击群坦克1营基本指挥所	指挥员	1	0	1	穿插群坦克1营第5条
10	红方：基本指挥所	作战参谋	2	1	0	师基指作战参谋，第1条
11	蓝方：基本指挥所	指挥员	1	8	0	蓝方旅长 第1条
12	红方：穿插突击群坦克2营基本指挥所	指挥员	1	3	0	穿插群坦克2营第5条
13	红方：穿插突击群坦克3营基本指挥所	指挥员	1	3	0	穿插群坦克3营第5条
14	红方：火力突击群基本指挥所	指挥员	1	0	1	穿插群坦克3营第8条
15	红方：火力突击群基本指挥所	指挥员	2	3	0	火力群，补充第1条
16	红方：穿插突击群步兵营基本指挥所	指挥员	3	3	0	穿插群步兵营第8条

预案设置数据的校核

错误1：预案15，红方穿插突击群基本指挥所结论1遗漏设置压制等级
错误2：预案67，红方信息感知群基本指挥所结论1的任务开始时间不能小于0
错误3：预案143，红方主屏群基本指挥所条件2的兵力战损值不能大于1
警告1：预案133，蓝方炮兵基本指挥所的结论1遗漏设置弹种，系统将默认为主用弹
警告2：预案156，红方主屏群坦克营指挥所的请求1遗漏设置支援规模，系统将默认为连级
警告3：工化保障群基本指挥所没有设置预案
警告4：红方预备指挥所没有设置预案
对抗模拟任务1：错误3个，警告4个

就绪   数字

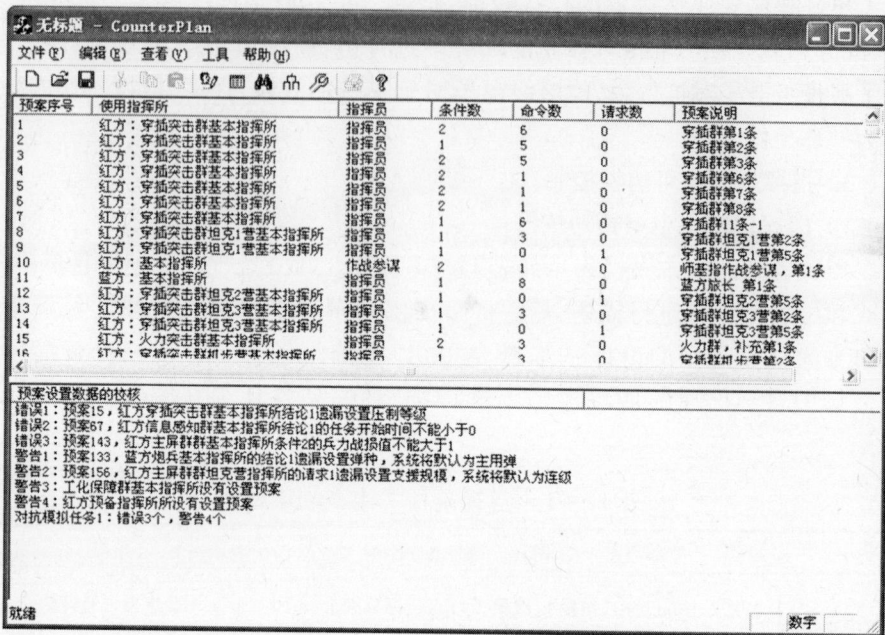

图 11-3 指挥规则库的校核

4. 实验实施可信性控制

1）超长周期随机数种子生成

经估算,要满足本次 100 个样本并行仿真试验随机数完全不相关的要求,随机数种子全周期大约在 10^{12} 量级,所以,需要生成优质超长周期的随机数种子。通过密码学的研究,产生随机数的以下同余发生器先后被破译[125]:

(1)线性同余发生器;

(2)二次同余发生器;

(3)任意多项式同余发生器;

(4)截断线性同余发生器;

(5)未知参数的截断线性同余发生器。

所以,本书利用密码学的研究结果,采用组合同余发生器的方法产生了全周期达到 10^{18} 量级的随机数种子,显然能满足本次仿真评估的要求。

组合发生器是指组合两个独立的线性同余发生器得到的随机数发生器。它具有加长发生器的周期;减少递推算法带来的自相关性,提高独立性;提高随机数的密度,从而提高均匀性;对参与构成的发生器的统计特性要求较低等优点,但是运算速度比较慢。采用组合发生器产生均匀分布随机数的部分代码

如下:

```
#define FUCTION F(a,b,d,m,s);
double EvenRand::combinedLCG(void)
{
  long q;
  long z;
  FUCTION F( 53668,40014,12211,2147483563L, s1);
  FUCTION F( 52774,40692, 3791,2147483399L, s2 );
  z = s1 - s2;
  if  ( z < 1 )
    z + = 2147483562;
  return z * 4.656613e - 10;
}
```

2）在多样本仿真试验前进行调试实验

单次仿真试验的结果不是仿真评估的数据来源,因为作战过程的不确定性决定了一次仿真的可信性很低,只有具有统计性的多次实验产生的结果才能初步反映作战的不确定性规律。但是,并不是一开始就进行多样本实验,因为,由于初始数据、规则等因素的错误,可能导致仿真中出现诸多不合理的现象,如果在这些错误没有校正之前就进行多样本实验,那么每一个样本中都会出现不合理的现象,降低了仿真结果可信性。所以,先要排除仿真初始条件中的错误,然后才能进行多样本实验,本书称这种排除错误的实验为"调试实验"。

在多次实验之前,进行"调试实验","调试实验"有可能要进行多次,通过"实验—可信性分析—再实验—再分析"的不断循环,直到结果合理为止。本次仿真评估,对每一个编制方案的仿真评估大约要进行 10~15 次调试实验才能满足要求。

5. 仿真结果处理的可信性控制

对 100 个样本的仿真结果,需要进行统计,得到均值、方差等统计量。对这些统计量需要进行分布检验,然后以置信区间的形式表示仿真结果。

对每一个仿真结果,都采用了三种假设检验方法:第一种是 Lilliefors 正态分布的拟合优度检验;第二种是 Jarque - Bera 正态分布的拟合优度检验;第三种是柯尔莫哥洛夫 - 斯米尔诺夫(Kolmogorov - Smirov)正态分布检验。

表 11 -2 为某型装备的弹药消耗量在三种正态分布检验下的结果,图 11 - 4 为该装备弹药消耗量正态分布检验图。根据检验结果可以认为该型装备的弹药消耗量符合正态分布规律。

表 11 - 2　某型装备的弹药消耗量通过三种正态分布检验方法的检验结果

检验方法	置信度	是否正态分布	假设成立显著性概率参数	统计测量值	拒绝原假设的临界值
Lilliefors 正态分布的拟合优度检验	0.95	结果数据不服从正态分布	0.0465	0.0757	0.0746
	0.99	结果数据服从正态分布	0.0465	0.0757	0.0868
Jarque – Bera 正态分布的拟合优度检验	0.95	结果数据服从正态分布	0.1635	3.6219	5.9915
柯尔莫哥洛夫 – 斯米尔诺夫正态分布检验	0.95	结果数据服从正态分布	0.3814	0.0757	0.1131

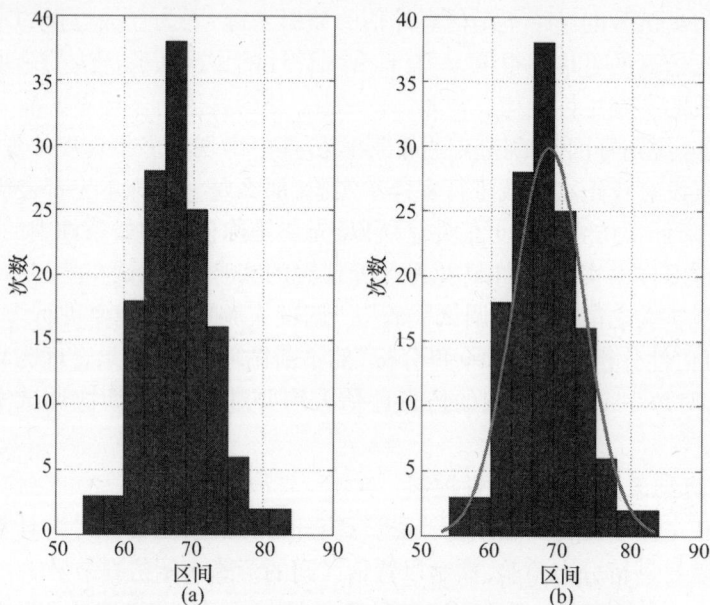

图 11 - 4　某型装备弹药消耗量正态分布检验图
(a) 仿真结果样本分布的频数直方图；(b) 正态分布曲线图。

11.1.1.3　面向仿真应用的可信性控制实现

因编制方案的动态调整以及进行装备体系效能对照实验的需要,本次仿真评估共针对 5 个编制方案,对 13 个想定进行了仿真评估,这些想定均为权威的军事专家编写,并经过了评审。仿真评估中,对每一个想定都进行了 100 次以上的多样本重复仿真实验。通过如此高密度、多想定的应用,模型、基础数据中存在的问题被大量暴露和解决,仿真系统的可信性不断提高。最直接的表现就是,随着仿真评估的深入,对一个新想定进行仿真时,所需调试实验的次数越来越少。所以说,本次仿真评估的过程,就是一个多想定应用的过程,也是仿真可信性不断提高的过程。

11.1.2　可信性分析与评估实现

以本次仿真评估任务中某想定的仿真结果为例,来进行仿真可信性的分析与评估。

1. 基于仿真结果的可信性分析

1）部分仿真结果

（1）作战的胜负。100 次仿真中,红方获胜。

（2）作战的时间。约为 4h。

（3）平均推进速度。红方约为 20km/h,蓝方约为 35km/h。

（4）平均决策周期。红方约为 590s,蓝方约为 540s。

（5）作战的消耗。在置信度为 95% 的情况下,红方装备战损率的置信区间为[11.7%,29.1%],蓝方装备战损率的置信区间为[65.0%,83.3%]。红方导弹、大口径火炮的弹药消耗量的置信区间为[3485,11851],蓝方弹药消耗量的置信区间为[1627,8033]。

由于可以理解的原因,详细的作战消耗数据不在此列出。

2）结果分析

专家通过宏观层次的边界分析、毁伤原因分析、威胁排序分析发现部分直瞄武器和陆航武器的毁伤效能过高。再结合二维态势,进行作战集团和作战群分析,以及作战单元分析,通过跟踪交火关系发现直瞄武器毁伤效能过高是由两个原因造成:一是模型中没有对目标进行通视性判断;二是命中概率使用的数据太高、太理想。而陆航武器毁伤效能过高的原因也有两个:一是模型中使用的单发导弹命中概率参数过高,达到 95%;二是对方防空武器的部署不合理,没有对重要方向的重要目标形成有效的防护。由于这两者的毁伤效能过高,导致双方装备战损率短时间内急剧增加,使作战时间偏短。

2. 基于战斗态势图的结果可信性分析

二维态势图在辅助作战集团和作战群分析、作战单元分析中作用非常关键,而且可以对网络拓扑、侦察范围、战场容量等进行专项分析,图11-5是红方在战役的开进展开阶段的通信网络拓扑图。利用该图,结合红方各指挥所的位置、各通信节点的毁伤情况,可以对通信网络拓扑模型的可信性进行分析。图上显示,红方共有10辆干线节点车,均完好无损,各网络节点之间是全部联通的,网络拓扑模型合理。

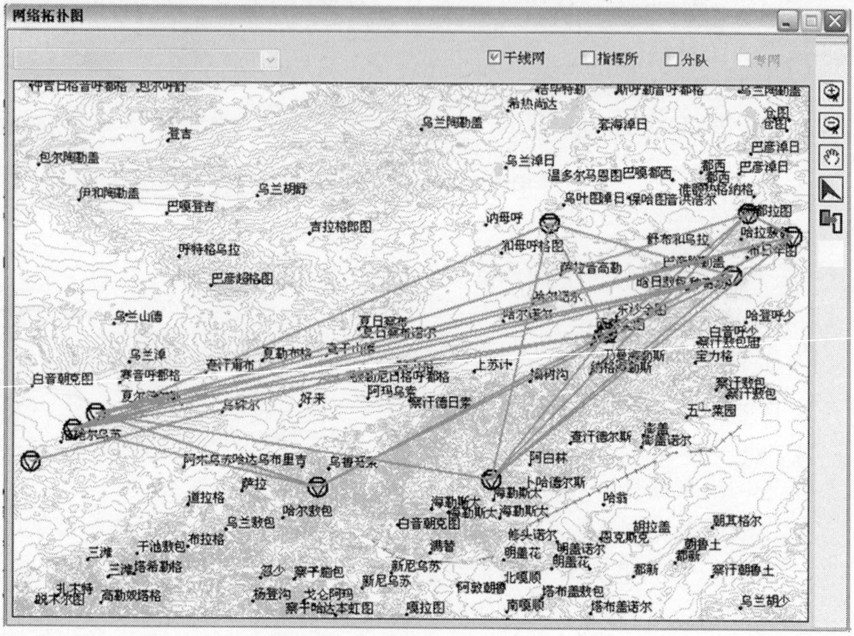

图11-5 利用二维态势进行通信网络拓扑模型可信性分析

三维态势图能够更加形象地描述战场环境,进行专项分析。图11-6是利用三维态势图对某旅指挥所与其下辖的信息感知群、突击群构成的通信网络中的流量进行分析。图中:指挥所之间的通信用动态的点状线表示,点状线运动方向表示信息流动方向;点状线的深浅表示流量大小,依次表示网络由"忙"到"闲"的不同繁忙程度。图11-6反映了敌方通信干扰强度逐渐增大时,本方某旅通信网的通信繁忙程度激增,直到网络全部堵塞的过程,说明通信干扰模型比较合理。

3. 基于关键要素规则推理的可信性评估实现

本次仿真可信性评估以描述战役整体性的关键要素的规则推理来实现。按照该方法的步骤,先要给出描述战役整体性规律的5个要素,即战役的胜负、作战的消耗、作战的时间、平均推进速度、平均决策周期的仿真结果,然后由专

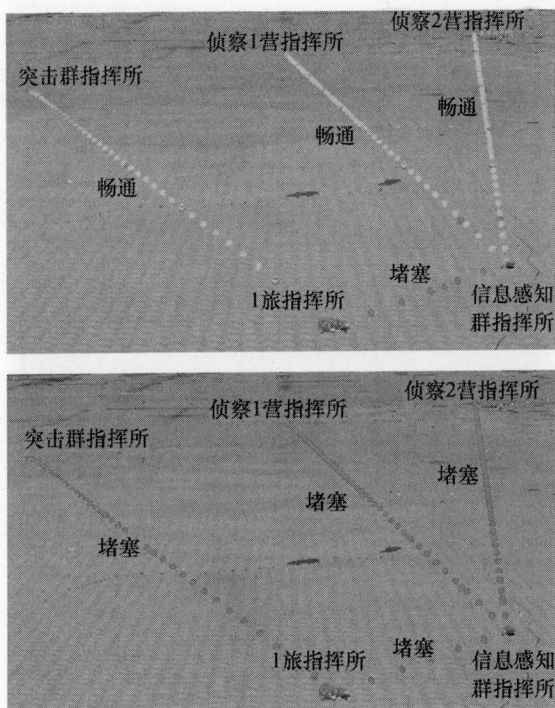

图 11-6 利用三维态势进行通信干扰模型可信性分析

家对这几个方面打分,根据分值定性评定可信性等级,再依据规则推理得到整个仿真的可信性。这里,所有要素的仿真结果都是 100 次重复仿真结果的统计值。

表 11-3 为 5 名专家针对仿真结果的打分,专家权重向量为(0.3,0.15, 0.2,0.25,0.1)。

表 11-3　专家对仿真可信性各方面的打分表

指标 项目	作战的胜负 可信性	作战的消耗 可信性	作战的时间 可信性	平均推进速度 可信性	平均决策周期 可信性
专家1	95	50	75	90	70
专家2	93	62	70	85	74
专家3	99	62	65	80	80
专家4	94	55	67	87	79
专家5	96	67	78	84	70

经过加权、分级后,各要素的情况可信性情况如表 11-4 所列:

表 11 -4 专家对仿真可信性各方面打分加权处理后的结果表

指标 / 项目	作战的胜负可信性	作战的消耗可信性	作战的时间可信性	平均推进速度可信性	平均决策周期可信性
数值	95.35	57.15	70.55	85.90	74.85
可信性等级	I	III	II	I	II

根据规则

    IF   作战的胜负可信性等级 = I

    And 作战的消耗可信性等级 = III

    And 作战的时间可信性等级 = II

    And 平均推进速度可信性等级 = I

    And 平均决策周期可信性等级 = II

    THEN   作战仿真可信性等级 = II

可推理得到作战仿真可信性等级 = II 。

解释为:本次作战仿真结果较为信性,其中对作战的胜负、平均推进速度的整体规律体现很好;作战的时间偏短,平均决策周期比较符合一般规律;但作战的消耗偏少,装备战损率偏高。

综合考虑仿真可信性控制的各环节的效果,可给出本次仿真评估可信性的总体结论:

本次仿真中用到的数据比较可信,但存在部分可信的装备性能数据偏高、在模型中不宜用的情况,如直瞄武器、陆航命中概率偏高,影响了仿真可信性;军事概念模型体现了陆军集团军机动进攻作战各阶段的主要行动特点;仿真模型中防空装备的部署模型、部分直瞄武器的毁伤模型有待完善,其余模型的可信性能满足需求;仿真试验设计合理、边界条件较为科学、实验实施过程严密、结果处理无误,但指挥规则比较简单,指挥决策的完备性和智能性不够理想;仿真结果对战役发展的趋势反映正确,较为合理地表现了所评估装备体系的作战效能,但作战时间偏短、作战消耗偏少、装备战损率偏高。总体而言,仿真评估得到的该装备体系的作战效能比较科学、客观,可作为决策的一种参考。

11.2 某分队级作战仿真可信性评估

某陆军先进分布作战仿真对抗系统有 16 辆战斗车辆仿真器,1 个导弹发射架,三维战场为 5km × 5km(精细范围)、30km × 30km(粗略范围),1000M 以太网为骨干的局域网可以和院网络中心及其他网络连通,内部构成基于 HLA 的分布交互仿真的体系结构,通过网络将各种坦克、装甲车、火炮、导弹、虚拟士兵、人在回路中的装备仿真器以及其他计算机生成兵力连接起来,使其加入到具有逼真地形地貌、地表特征和自然景像的分布式虚拟战场环境中,实现陆军先进分布作战仿真的对抗,在某种作战想定条件下进行对抗仿真,形成一个分布交互式作战仿真系统,可进行红蓝双方的战术级对抗实验,为陆军的作战仿真研究提供了作战需求、效能评估的环境。

仿真节点的具体形式主要有三类:人在回路仿真器、游戏杆控制的简化仿真器以及 CGF 节点。具体结构参见图 11 -7。

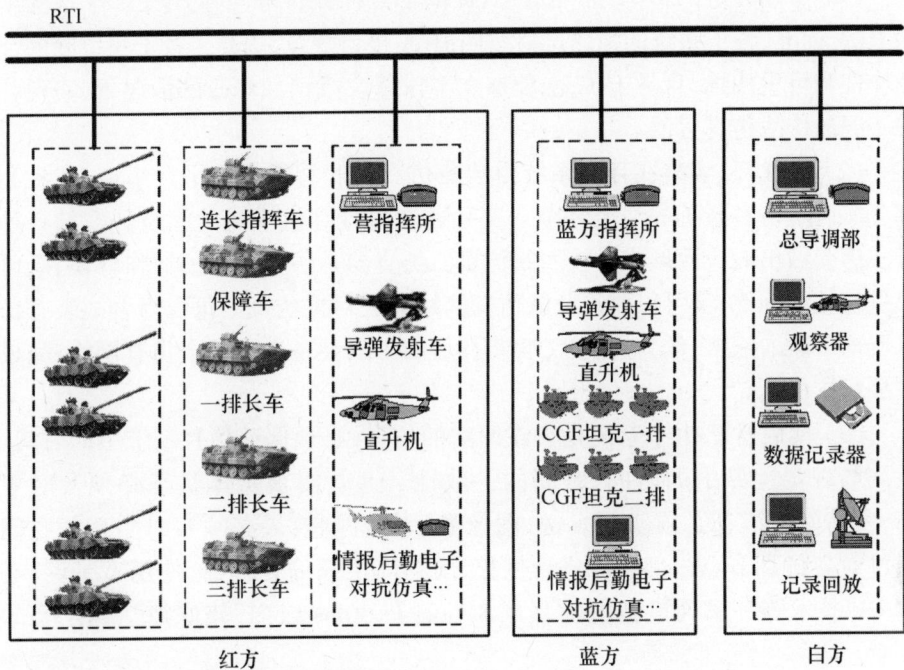

图 11 -7 陆军先进分布作战仿真对抗组成示意图

11.2.1 系统组成

从红、蓝、白方的角度分,其组成简要介绍如下:

(1)红方。包括 6 辆 X1 型坦克仿真器、3 辆 X2 型坦克仿真器、1 辆连长指挥车仿真器、1 辆保障车仿真器、1 个营指挥所仿真器、1 架武装直升机仿真器、1套情报后勤电子对抗仿真系统、红方指挥所。

（2）蓝方。人在环仿真器包括 2 辆 M1A2 坦克仿真器和 1 辆导弹发射车；计算机生成兵力包括两个坦克排,1 架武装侦察直升机仿真器、1 辆导弹发射车仿真器、1 套情报后勤电子对抗仿真系统和蓝方指挥所。

（3）白方（导调部）。白方仿真演练管理器具备网络测试、作业初始化、记录控制、回放控制、统计分析等功能,数据记录器和态势显示（二维态势、三维视景）单元。

11.2.2　系统的主要特点

（1）采用先进的 HLA 标准构建,提高了互操作性和可重用性。本系统采用 HLA 标准,各子系统的构建严格按照 HLA 接口规范,提高了各子系统间的互操作性和可重用性,且易于扩充,能够在不作修改或稍加修改的情况下,实现各种不同的作战仿真目的。

（2）人在环、实装在环。系统由装备仿真器和智能兵力平台组成,实兵和部分实装是仿真系统的一个环节。实兵通过对计算机生成的综合环境的各种真实感受做出响应而形成人在回路仿真。仿真器是仿真实车的操作环境,既可以进行技能训练,又可以联入分队仿真网络完成对抗仿真。每台组合式装备仿真器均可联入网络,作为人在环、实装在环的主战装备进入整个仿真网络,完成作战对抗仿真。

（3）实时性。由于系统是人在回路的仿真,必须保证仿真系统中的时间、空间与现实世界中的时间、空间的一致性。这就要求实体状态必须实时更新,实体间的信息必须实时发送,图像显示与音响效果必须实时生成。我们通过对各仿真节点内部程序进行优化、配置高主频的处理器、使用宽带网、运用 DR 技术等一系列措施把仿真周期控制在 30ms 以内,较好地达到了实时要求。

（4）数字化终端显示。能够根据作战的实际地形、地物情况,显示逼真的三维战场环境;实现对抗双方兵力、装备及工事部署的二维态势显示;利用全球卫星定位系统（GPS）的定位显示车辆或部队的机动路线;利用无线数据传输完成态势的自动采集;显示作战文书的自动传输,完成上情下达以及对下属单位或车辆的指挥控制等。

（5）实兵对抗。所有实验过程由官兵直接操作仿真器,在虚拟战场环境中完成实兵对抗。参试官兵要经过严格的训练,具有良好的实验心理状态,从而保证实验结果具有较高的可信性。

11.2.3　系统主要功能

陆军先进分布作战仿真对抗系统除了能完成陆军分队的战术和技术训练任务，为陆军部队人员训练、技术保障研究和院校人才培养提供高水平的技术平台和研究实验环境外，更主要的是可用于数字化部队战法和训法研究、数字化高技术装备的作战效能评估、对数字化分队的作战方案进行评估和优化。

1. 数字化部队战法、训法研究

美军认为"虚拟现实模拟技术"是 21 世纪的主要训练方式，在数字化部队建设中，强调把迅速发展的计算机仿真模拟技术作为军事训练的有效手段，把计算机技术与分布式模拟训练技术结合起来，让部队进行有针对性的训练。数字化部队是一个新生事物，我军在 1995 年建立了第一支数字化实验部队，但是对于我军数字化部队战法、训法研究而言，其可借鉴的资料并不多。通过仿真系统对数字化部(分)队的战法、训法进行研究具有可靠、安全、经济、无破坏性和多次重复等优点，所以应重点研究。

2. 评估高技术武器装备的作战效能

高技术武器装备包含多种高技术，如控制技术、信息技术、计算机技术等，需要多个武器装备系统配合使用，涉及多维的空间战场。这种多技术、多系统、多维空间带来的复杂关系，给评估高技术武器装备的作战效能造成了极大的困难。运用数字化部队作战仿真系统对高技术武器装备进行作战效能评估能够较好地考虑信息对作战效能的影响、各系统间的相关性以及对模型和数据进行有效性检验，能够较好地解决高技术武器装备实验成本高、风险大、组织困难、不可能进行大量实弹检验的矛盾。

3. 作战方案的评估和优化

在对作战方案特别是对数字化部队的作战方案评估中，经常需要人在回路参与仿真对抗。运用数字化部队作战仿真系统对作战方案进行评估，可以允许各兵种指挥员运用数字化指控系统同时进入回路参与指挥，就像实际作战中的指挥一样，可以在数字化终端上同时看到各分战场或各兵种的作战态势及整个战场的整体态势，可以通过分布计算加速模拟的进程。当然，利用数字化部队作战仿真系统评估作战方案并不是企求通过模拟获得该方案准确的作战结局。其主要目的是通过对待评方案的作战过程或某些关键环节，更清楚地了解该作战方案的缺陷、薄弱环节，导致重大伤亡或被动局面的主要原因，从而可以比较各参评方案的优劣，提出修改和优化作战方案的具体建议。

11.2.4 先进分布作战仿真对抗系统可信性评估

综合分析陆军分布作战仿真对抗系统的可信性主要从两个方面着手。根据本书评估仿真可信性的思路,建立仿真可信性评估的指标体系,根据粗糙集理论和模糊评判理论计算评估指标的权重,进而评估整个仿真系统的可信性。

1. 用粗糙模糊综合评判研究仿真的可信性

陆军先进分布作战仿真对抗系统是一个复杂的大系统,其评估问题具有复杂的指标层次结构,而可信性评估涉及很多因素,本书根据作战仿真系统的自身特点和评估要求构建了一个包含 6 个方面 4 个层次的指标体系,参见图 11 –8。

2. 可信性综合评估

在构建的评估指标体系的基础上,针对 6 种不同的仿真目的,多次运行该仿真系统,以 10 分制打分得到原始数据样本列表(表 11 –5)。

表 11 –5 原始数据样本列表

项目	样本	1	2	3	4	5	6	7	8	9	10
C_1	C_{11}	9	8	7	6	8	9	7	8	6	5
	C_{12}	8	7	9	8	8	8	9	8	8	7
	C_{13}	7	9	8	7	6	9	7	6	8	2
	C_{14}	8	9	7	7	6	8	9	8	7	9
	C_{15}	7	9	8	6	9	7	8	6	9	7
	C_{16}	9	7	8	9	6	7	8	9	7	7
C_2	C_{21}	8	7	9	6	9	8	7	6	9	8
	C_{22}	9	7	8	9	9	8	7	7	7	8
	C_{23}	9	8	7	8	7	7	8	8	8	8
C_3	C_{31}	8	9	7	8	7	8	6	9	7	8
	C_{32}	7	8	9	7	6	9	8	7	7	8
	C_{33}	8	9	7	6	9	8	7	8	9	6
C_4	C_{41}	9	8	7	6	9	8	8	7	9	9
	C_{42}	8	7	9	6	8	8	9	7	8	8
	C_{43}	9	8	9	7	8	7	8	9	8	8
	C_{44}	7	7	8	9	8	7	6	9	8	7

项目	样本	1	2	3	4	5	6	7	8	9	10
C_5	C_{51}	7	8	9	6	9	8	7	6	9	7
	C_{52}	9	7	8	8	7	9	8	7	9	6
	C_{53}	9	9	8	7	7	6	9	8	7	6
C_6	C_{61}	8	8	7	7	6	7	9	9	8	7
	C_{62}	7	9	8	6	9	8	7	7	8	6
	C_{63}	9	9	8	7	6	9	8	7	9	8
	C_{64}	8	7	9	7	6	8	9	7	8	7

其中,C_{41}、C_{42}、C_{43}、C_{44}是在综合考虑其子指标结构基础上获得的分值。文中借助 MATLAB 将每个指标下的对象分为 3 类。经过专家评议约简处理和离散化,最终得到约简后的信息,见表 11 - 6。

表 11 - 6 约简后的数据信息列表

项目	样本	1	2	3	4	5	6	7	8	9	10
C_1	C_{11}	3	3	3	2	3	3	3	3	2	2
	C_{12}	3	3	3	3	3	3	2	3	3	3
	C_{13}	3	3	3	3	2	3	3	2	3	1
	C_{14}	3	3	3	3	2	3	3	3	3	3
	C_{15}	3	3	3	2	3	3	3	2	3	3
C_2	C_{21}	3	3	3	3	3	3	3	3	2	3
	C_{22}	3	3	3	3	3	3	3	3	3	3
	C_{23}	3	3	3	3	3	3	3	3	3	3
C_3	C_{31}	3	3	3	3	3	3	3	2	3	3
	C_{32}	3	3	3	3	3	2	3	3	3	3
C_4	C_{41}	3	3	3	2	3	3	3	3	3	3
	C_{42}	3	3	3	3	2	3	3	3	3	3
	C_{44}	3	3	3	3	3	3	3	2	3	3
C_5	C_{51}	3	3	3	2	3	3	3	3	2	2
	C_{52}	3	3	3	2	3	3	3	3	2	2
C_6	C_{61}	3	3	3	3	3	3	3	3	3	3
	C_{63}	3	3	3	3	2	3	3	3	3	3
	C_{64}	3	3	3	3	2	3	3	3	3	3

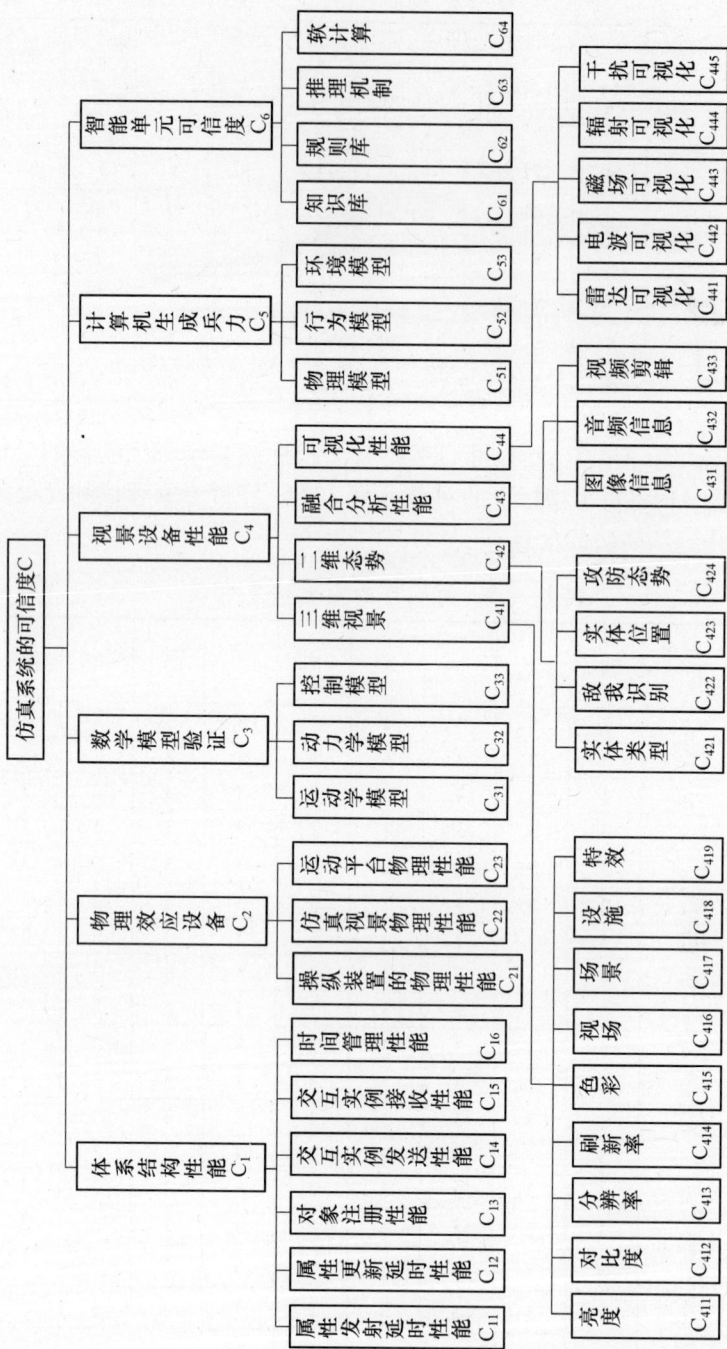

图11-8 陆军先进分布作战仿真系统可信性评估的指标体系

仿真系统的可信度C
- 体系结构性能 C_1
  - 属性发射延时性能 C_{11}
  - 属性更新延时性能 C_{12}
  - 对象注册性能 C_{13}
  - 交互实例发送性能 C_{14}
  - 交互实例接收性能 C_{15}
  - 时间管理性能 C_{16}
- 物理效应设备 C_2
  - 操纵装置的物理性能 C_{21}
  - 仿真视景物理性能 C_{22}
  - 运动平台物理性能 C_{23}
- 数学模型验证 C_3
  - 运动学模型 C_{31}
  - 动力学模型 C_{32}
  - 控制模型 C_{33}
- 视景设备性能 C_4
  - 三维视景 C_{41}
    - 亮度 C_{411}
    - 对比度 C_{412}
    - 分辨率 C_{413}
    - 刷新率 C_{414}
    - 色彩 C_{415}
    - 视场 C_{416}
    - 场景 C_{417}
    - 设施 C_{418}
    - 特效 C_{419}
  - 二维态势 C_{42}
    - 实体类型 C_{421}
    - 敌我识别 C_{422}
    - 实体位置 C_{423}
    - 攻防态势 C_{424}
  - 融合分析性能 C_{43}
    - 图像信息 C_{431}
    - 音频信息 C_{432}
    - 视频剪辑 C_{433}
  - 可视化性能 C_{44}
    - 雷达可视化 C_{441}
    - 电波可视化 C_{442}
    - 磁场可视化 C_{443}
    - 辐射可视化 C_{444}
    - 干扰可视化 C_{445}
- 计算机生成兵力 C_5
  - 物理模型 C_{51}
  - 行为模型 C_{52}
  - 环境模型 C_{53}
- 智能单元可信度 C_6
  - 知识库 C_{61}
  - 规则库 C_{62}
  - 推理机制 C_{63}
  - 软计算 C_{64}

根据前面介绍的关于粗糙集的信息量和重要度的概念,利用式(11-1)~式(11-3)经过相应调整和归一化处理后,得出各个变量的权重,如表11-7所列。

$$I(P) = \sum_{i=1}^{n} \frac{|X_i|}{|U|}\left[1 - \frac{|X_i|}{|U|}\right] = 1 - \frac{1}{|U|^2}\sum_{i=1}^{n}|X_i|^2 \qquad (11-1)$$

$$\mathrm{sig}_{p-\{\mathrm{attr}\}}(\mathrm{attr}) = I(P) - I(P - \{\mathrm{attr}\}) \qquad (11-2)$$

$$w_i = \frac{\mathrm{sig}_{p'-\{p_i'\}}(p_i')}{\sum_{k=1}^{s}\mathrm{sig}_{p'-\{p_i'\}}(p_i')} \qquad (11-3)$$

表11-7　各个变量的权重列表

元素	C_{11}	C_{12}	C_{13}	C_{14}	C_{15}	C_{21}	C_{22}	C_{23}	C_{31}	C_{32}	C_{33}
权重	0.046	0.047	0.032	0.029	0.033	0.067	0.055	0.051	0.039	0.046	0.037
评价/%	98	97	90	95	98	96	91	87	98	97	90
元素	C_{41}	C_{42}	C_{44}	C_{51}	C_{52}	C_{53}	C_{61}	C_{63}	C_{64}		
权重	0.054	0.053	0.063	0.063	0.037	0.061	0.069	0.035	0.083		
评价/%	91	93	92	92	90	95	96	97	95		

根据获得的权重,结合模糊综合评估,得到该仿真系统在6种不同的仿真目的下的可信性的评估结果,现取其中的10组样本,得到仿真可信性的评估结果,如表11-8所列。

表11-8　仿真可信性的评估结果

状态 　　　　项目	样本数	均值	标准差	置信区间上限	置信区间下限	可信度
state1	10	0.40	0.23	0.50	0.00	0.97
state2	10	0.30	0.00	1.03	1.00	0.98
state3	10	0.20	0.00	1.20	1.02	0.96
state4	10	0.10	0.46	1.68	0.68	0.95
state5	10	1.00	0.42	0.75	0.68	0.97
state6	10	0.70	0.23	0.46	0.34	0.98

仿真可信性结果用序偶的形式表示为:

{(state1,0.97),(state2,0.98),(state3,0.96),(state4,0.95),(state5,0.97),(state6,0.98)}

得到可信性集合后,可以发现在对不同的仿真目的进行仿真时,该仿真系统均具有较高的可信性,从而验证了该系统进行仿真时具有足够的可信性。

参 考 文 献

[1] 王精业，杨学会. 仿真科学与技术的发展及其理论体系[J]. 计算机仿真, 2006 (1):1-4.

[2] 李伯虎. 现代建模与仿真技术发展中的几个焦点[J]. 系统仿真学报, 2004, 16(9):1-8.

[3] 杨志远，彭燕眉. 战术学[M]. 北京:军事科学出版社,2002:2-6.

[4] 王厚卿，张业兴,等. 战役学[M]. 北京:国防大学出版社, 2000: 9-12, 43-47,288-293.

[5] 胡晓峰，罗批,等. 战争复杂系统建模和仿真[M]. 北京:国防大学出版社, 2005: 40-47.

[6] 白松卫，龚传信,等. "一体化联合作战"的概念辨析[J]. 装甲兵工程学院学报,2006(8):15-18.

[7] 王精业. 军事转型中的仿真科学与技术[J]. 系统仿真学报, 2005(6):1282-1288.

[8] 中国人民解放军军事科学院译. 战争论[M]. 北京:解放军出版社, 2004:30-35.

[9] 王子才. 仿真科学的发展及形成[J]. 系统仿真学报, 2005(6):1279-1281.

[10] Brad Rosenberg, Paul G Gonsalves. Adaptation of a Multi-resolution Adversarial Model for Asymmetric Warfare[J]. Modeling and Simulation for Military Applications, Edited by Kevin Schum, Alex F. Sisti-Proc. of SPIE Vol. 6228, 62280S, 2006.

[11] 钱学森，于景元，戴汝为. 一个科学新领域-开放的复杂巨系统及其方法论[J]. 科学决策与系统工程,1990:1-5.

[12] 刘忠. 现代军用仿真技术基础[M]. 北京:国防工业出版社, 2007:112-119.

[13] Hermann C F. Validation Problems in Games and Simulation with Special Reference to Model of International Politics[J]. Behavioral Science,1967 (3):216-231.

[14] Wigan R Miharm. The Fitting Calibration and Validation of Simulation Models[J]. Simulation,1972 (1): 32-38.

[15] 廖瑛，邓万林,等. 系统建模与仿真的校核、验证与确认(VV&A)技术[M]. 北京:国防科技大学出版社, 2006:54-57, 202-206.

[16] Brade D M Lemaître. Assessment Criteria and VV Levels in JP11.20[C]. Spring Simulation Interoperability Workshop, SISO,Arlington, VA, 2004.

[17] Cuneyd F. Conceptual Modeling and Conceptual Analysis in HLA[C]. 2004 Fall SIW Paper Number: 04F-SIW-021.

[18] Balsoy O,Jin Y, Aydin G. Automating Metadata Web Service Deployment for Problem Solving Environments[J]. Future Generation Comp. Syst,2005,21(6):910-919.

[19] David H Broyles, Curtis Blais. Automating Standardized Information for the Verification, Validation, and Accreditation Process An Acquisition[C]. 2007 Winter Computer Simulation Conference, Paper Number: 07F-SIW-06820.

[20] Wang Zhongshi, Axel Lehmann. Expanding the V-Modell R XT for Verification and Validation of Modelling and Simulation Applications[C]. Proceedings of ICSC 2008,Paper Number:1118.

[21] Osman Balci, Robin J Adams, David S Myers. A Collaborative Evaluation Environment for Credibility As-

sessment of Modeling and Simulation Applications[C]. Proceedings of WSC. USA 2002:322 −326.

[22] 方可,马萍,等. 一种基于层次评估的 VV&A 评估体系[C]. 哈尔滨工业大学 2004 交流论文集, 139 −149.

[23] 张伟. 仿真可信度研究[D]. 北京航空航天大学博士论文. 2002: 77 −85.

[24] Robert Freigassner, Herbert Praehofer. A Systems Approach to a Verification and Validation Methodology within the FEDEP Six − Step − Process[C]. 2001 Europe Computer Simulation Conference, Paper Number:01E − SIW −085.

[25] 王立国. 装备级作战仿真的可信性研究[D]. 装甲兵工程学院博士论文. 2008: 63 −65, 85 −87.

[26] 孙勇成. 基于灰色聚类法的仿真系统可信度分析[J]. 计算机仿真, 2005(10):94 −96.

[27] 王曙钊,刘兴堂,等. 利用灰色关联度理论对仿真模型的评估研究[J]. 空军工程大学学报,2007 (2):73 −76.

[28] 王子才. 复杂系统仿真概念模型研究进展及方向[J]. 宇航学报, 2007(7):779 −785.

[29] 刘飞,马萍,杨明,等. 复杂仿真系统可信度量化研究[J]. 哈尔滨工业大学学报,2007(1):1 −3.

[30] 刘飞,杨明,王子才. 仿真验证工具研究[J]. 电机与控制学报, 2007,(11):655 −658.

[31] 刘飞,杨明. 分布式仿真逼真度研究[J]. 计算机仿真, 2005, 22(6): 49 −51.

[32] 杨明,张冰,马萍,等. 仿真系统 VV&A 发展的五大问题[J]. 系统仿真学报, 2003, 15(11): 1506 −1508.

[33] 王子才. 关于仿真理论的探讨[J]. 系统仿真学报, 2000, 12(6): 605 −607.

[34] 曹星平. HLA 仿真系统的校核、验证与确认研究[D]. 国防科技大学博士论文. 2004: 46 −52.

[35] 李姝. 导弹系统仿真模型验证方法研究[D]. 国防科技大学硕士论文. 2003,(11):15 −30.

[36] 孙世霞. 复杂大系统建模与仿真的可信性评估研究[D]. 国防科技大学博士论文. 2005: 69 −73.

[37] 刘兴堂,刘力,等. 仿真系统 VV&A 及其标准/ 规范研究[J]. 计算机仿真, 2006(3):61 −66.

[38] 商长安,刘兴堂,等. 军用大型复杂仿真系统的特点及其置信度评估对策[J]. 系统仿真学报, 2005(3):609 −612.

[39] 柳世考,刘兴堂,等. 利用相似度对仿真系统可信性进行定量评估[J]. 系统仿真学报. 2002, 14(2): 143 −145.

[40] 李兆雷,吴晓燕. 建模与仿真中数据 VV&C 的研究[J]. 计算机仿真, 2005(1):63 −67.

[41] 刘兴堂,刘力. 对复杂系统建模的几点重要思考[J]. 系统仿真技术及其应用, 2007:114 −117.

[42] 吴晓燕,赵敏荣,等. 仿真系统可信性评估及模型验证方法[J]. 计算机仿真, 2002, 19(3): 25 −27.

[43] Tan Yaxin, Wang Jingye, Zhang Wei. Discussion on Credibility Theory of Simulation Application [C]. Proceedings of ICSC 2008,Paper Number:0888.

[44] Xu Xiangzhong, Wang Jingye, Ma Yalong. An Exploration on the Simulation System Theory of the Discipline of Simulation Science and Technology[C]. Proceedings of ICSC 2008,Paper Number:0894.

[45] Yang Na, Wang Jingye. Discussion on the Preknowledge of Simulation Science and Technology[C]. Proceedings of ICSC 2008,Paper Number:0896.

[46] Xu Haohua, Wang Jingye. Research on the Architecture of Modeling Theory in SS&T[C]. Proceedings of ICSC 2008,Paper Number:0930.

[47] Sun Le, Wang Jingye, Yang Xuehui,et al. Theory of Simulation Model and Research Object[C]. Proceedings of ICSC 2008,Paper Number:0944.

[48] Zhu Min jie, Wang Jing ye, Yang Xue hui, et al. The Ideas of Course and Text Book Architecture for Simulation Science and Technology[C]. Proceedings of ICSC 2008, Paper Number:0945.

[49] Sun Ming, Wang Jingye. Methodology of Simulation Science and Technology[C]. Proceedings of ICSC 2008, Paper Number:1015.

[50] 周美立. 相似系统工程[J]. 系统工程理论与实践, 1997(9):36 - 42.

[51] 文传源. 相似理论的探讨[J]. 系统仿真学报, 1989(1):2 - 4.

[52] 文传源. 系统仿真的理论探索[J]. 系统仿真学报, 2005, 1(1): 1 - 4.

[53] 张光鉴. 相似论[M]. 南京:江苏科学技术出版社, 1992:15 - 30.

[54] 周美立. 相似学[M]. 北京:中国科学技术出版社, 1993:33 - 57.

[55] 周美立. 相似系统论[M]. 北京:科学技术文献出版社, 1994:21 - 44.

[56] 周美立. 仿真系统建模的相似性与复杂性[J]. 系统仿真学报, 2004(12):3211 - 3215.

[57] 周美立. 相似系统的分析与度量[J]. 系统工程, 1996(7): 4 - 6.

[58] 周美立. 相似性科学[M]. 北京:科学出版社, 2004: 80 - 88.

[59] 徐迪. 基于相似理论的系统仿真基本概念框架[J]. 系统工程理论与实践, 2000 (8):58 - 61.

[60] 中国社会科学院语言研究所词典编辑室. 现代汉语词典[M]. 北京:商务印书馆, 1982:1042.

[61] 许国志. 系统科学[M]. 上海:上海科技教育出版社, 2000:17 - 36, 249 - 257, 297 - 318.

[62] 王精业, 等. 仿真科学与技术的学科发展现状与学科理论体系[J]. 科技导报(北京), 2007(12): 5 - 11.

[63] 谭亚新. 王精业, 等. 现代战争系统的非线性及其研究方法初探[C]. 第四届博士论坛论文集. 2006:187 - 191.

[64] 胡晓峰. 战争模拟引论[M]. 北京:国防大学出版社, 2003:511, 530 - 550.

[65] 郭巍. 用相似理论讨论仿真的可信性[J]. 系统仿真学报, 1999, 10(2): 113 - 115.

[66] 李云峰. 数字仿真模型的可信性研究[J]. 武汉大学学报(工学版), 2002, 35(3):104 - 106.

[67] 肖斌. 计算机仿真系统的可信性评估[J]. 计算机仿真, 2000, 17(4): 18 - 20.

[68] 杨惠珍, 康凤举, 等. 基于模糊 AHP 的系统仿真可信性评估方法[J]. 计算机仿真, 2003, 20(8): 43 - 45.

[69] David C. Gross (redactor). Report from the Fidelity CAS Ementation Study Group[C]. 1999 Spring Simulation Interoperability Workshop (SIW) Papers, March 1999.

[70] Dr. ing. Curzio Batini, Dr. ing. Emiliano Dall' Acqua. T&E Based on M&S VV&A: The CASortance of Experience Capitalization[C]. 2004 Summer Computer Simulation Conference, Paper Number:04S - SIW - 005.

[71] 傅惠民, 陈建伟. 动态仿真结果距离检验方法[J]. 机械强度, 2007(2):206 - 211.

[72] 华梁, 王肇敏, 等. 系统仿真置信度研究中的若干问题与准则[J]. 系统仿真学报. 2000, 12(1): 40 - 43.

[73] Siegfried Pohl, Dirk Brade. Representing Results of V&V - Activities in Fuzzy Decision Analysis Value Trees[C]. 2005 European Computer Simulation Conference, Paper Number:05E - SIW - 01269.

[74] 孙勇成. M&S 的相关 VV&A 技术研究[D]. 南京理工大学博士学位论文. 2005:5 - 7.

[75] 刘兴堂, 梁炳成, 等. 复杂系统建模理论、方法与技术[M]. 北京:科学出版社, 2008:14 - 15, 341 - 363.

[76] 刘舒燕. 用相似理论讨论仿真可信性的一点思考[J]. 湖北工学院学报, 2002, 17(2):20 - 22.

[77] 闵飞炎,杨明. 基于知识的仿真模型的验证方法[J]. 系统仿真学报,2006(8):140-143.

[78] 蔡游飞,曾宪钊. 基于计算实验的复杂作战系统研究方法[J]. 系统仿真学报,2005(9): 2239-2243.

[79] Pace D K. Validation Elaboration[J]. In Proc. 2002 SCS Summer Simulation Conference. np. 2002: 145-149.

[80] 杨惠珍,康凤举. 水下航行器制导仿真的校核、验证和确认技术[J]. 系统工程与电子技术,2002, 24(9):57-59.

[81] 宋富志,关世义,等. 飞航导弹武器装备论证仿真的模型研究[J]. 战术导弹技术,2005(2): 63-65.

[82] 薛青,张伟,王立国. 装备级作战仿真[M]. 北京:兵器工业出版社,2006:123-133.

[83] 曹星平,黄柯棣,等. 数据的 VV&C 研究[J]. 计算机仿真,2004(9):54-56.

[84] DMSO. M&S Data Engineering Technical Framework, download at http://www.mso.mil.

[85] IEEE Std 1278.4-1997: IEEE Trial-use Recommended Practice for Distributed Interactive Simulation—Verification, Validation and Accreditation[C]. Distributed Interactive Simulation Committee of the IEEE Computer Society, December 1997.

[86] Harmon S Y, Simone M Youngblood. A Proposed Model for Simulation Validation Process Maturity[J]. Volume 2, Number 4 JDMS:180-190.

[87] DMSO. Federation Development and Execution Process Model[M]. Version1.5, 8, December, 1999.

[88] Rene Jacquart. A Socio-technical View of a VV&A methodology[C]. 2003 Europe Computer Simulation Conference, Paper Number:03E-SIW-027.

[89] Robert J Might, Requirements. The First Essential Ingredient in a VV&A Process[C]. 2001 Europe Computer Simulation Conference, Paper Number:01E-SIW-064-29.

[90] 邵秋峰. 登陆作战仿真可信性研究[D]. 装甲兵工程学院硕士论文. 2004:14-25.

[91] Hicks J T, Walker J Q. A quick Check of Network Performance[J]. International Journal of Network Management, 2001,11:65-72.

[92] ITOP. A CMMI-compliant Simulation Development Environment[C]. 2003 Summer Computer Simulation Conference, Paper Number: 03s-SIW-011.

[93] ITOP. ITOP on VV[EB/OL]. http://www.itops.dtc.army.mil/, 2005.

[94] Jacquart R, Bouc P, Brade D. A Common Verification,Validation and Accredititation Framework for Simulation: Project JP11.20. REVVA[C]. Spring Simulation Interoperability Workshop, SISO, Arlington. VA.2004.

[95] 王景会,张明. M&S 全周期中 VV&A 过程模型研究[J]. 计算机仿真,2007(5):54-57.

[96] 唐见兵,李革. HLA 作战仿真的 VV&A 过程[J]. 计算机工程,2007(7):254-256.

[97] 吴大林,马吉胜,李伟. 基于虚拟样机的仿真系统校核、验证与确认研究[J]. 计算机仿真,2006 (7):69-72.

[98] 王精业. 系统论与作战复杂性[M]. 济南:黄河出版社,2006:233-251.

[99] 胡晓峰,杨镜宇,等. 战争复杂系统仿真分析与实验[M]. 北京:国防大学出版社,2008:1-28, 96-98, 365-368, 433-437.

[100] 张伟,马亚龙,等. 仿真模型中数据的可信度[J]. 计算机仿真,2008(10):101-104.

[101] 曹星平. 作战模型验证的过程成熟度模型[J]. 系统仿真学报,2006(8):2355-2357.

[102] 徐学文. 美国校核、验证与确认实践指南[M]. 北京:海潮出版社, 2001:23 - 34.

[103] Charles N Calvano, Philip John. System Engineering in an Age of Complexity[J]. System Engineering, 2004(7):67 - 74.

[104] 杨雪榕. 仿真模型验证与建模仿真管理技术研究[D]. 国防科技大学研究生论文. 2005:34 - 37.

[105] 刘庆鸿, 陈德源, 等. 建模与仿真校核、验证与确认综述[J]. 系统仿真学报,2003(7):925 - 930.

[106] Logan R W, Nitta C K. Validation, Uncertainty and Quantitative Reliability at Confidence (QRC). AIAA Paper, January 2003. No. 2003 - 1337.

[107] Oberkampf W L, Trucano T G, Hirsch C. Verification, Validation and Predictive Capability in Computational Engineering and Physics. SAND Report SAND Albuquerque, NM:Scandia National Laboratories, February 2003: 653 - 659.

[108] 康凤举, 杨惠珍, 等. 现代仿真技术与应用[M]. 北京:国防工业出版社, 2006:347 - 355.

[109] 复杂性理论与网络中心战[M]. 海军信息战研究教育中心译. 北京:军事科学出版社, 2006: 55 - 68.

[110] 宋春瑶. 系统评估理论与方法[D]. 装甲兵工程学院博士论文. 2008:18.

[111] Sargent R G. Verification and validation of simulation model[C]. Proceeding of Winter Simulation Conference, 2004, 17 - 28.

[112] Law A M, Kelton W D. Simulation modeling and analysis [M]. 2nd edition, McGraw - Hill, New York, 2001:24 - 45.

[113] 何晓晔, 吴永波, 等. 任务空间概念模型 VV&A 研究[J]. 火力指挥与控制,2006(3):34 - 37.

[114] 王正中. 复杂系统仿真方法及应用[J]. 计算机仿真, 2001(1):3 - 6.

[115] 武显微, 武杰. 从简单到复杂[J]. 科学技术与辩证法, 2005(8):60 - 65.

[116] 张广群, 汪杭军, 刘真祥. 仿真可信度评估理论研究[J]. 福建电脑, 2006(6):21 - 22.

[117] 范剑锋. 桥梁健康状态的智能评估方法研究[D]. 武汉理工大学博士论文. 2006: 64 - 69.

[118] 郭齐胜, 周深根. 装备级作战仿真概论[M]. 装甲兵工程学院, 2001: 1 - 2.

[119] 贺丽梅, 陈致明, 等. 相似理论在仿真可信性分析中的应用[J]. 计算机应用研究. 2000(12): 111 - 113.

[120] Nicholas A Allen, Clifford A Shaffer, Layne T Watson. Building Modeling Tools That Support Verification, Validation, and Testing For The Damain Expert[C]. Proceedings of the 2005 Winter Simulation Conference, 233 - 241.

[121] Robert G Sargent. Verification and Vlidation of Simulation Models[C]. Proceedings of the 2005 Winter Simulation Conference,251 - 259.

[122] 李柯, 马亚平, 等. 联合作战模拟的 VV&A[J]. 计算机仿真, 2004, 21(7): 15 - 16.

[123] 王正中. 基于演化的复杂系统与仿真研究[J]. 系统仿真学报, 2003, 15(7): 905 - 909.

[124] 王立国, 薛青. 基于 HLA 装备级作战仿真数据的 VV&C 研究[J]. 计算机工程与应用, 2006, 42(21): 200 - 203.

[125] 施奈尔. 应用密码学—协议、算法与 C 源程序[M]. 吴世忠, 等译. 北京:机械工业出版社, 2001: 262 - 263.

[126] William J Bertch, Thomas A Zang. Development of NASA's Models and Simulations Standard[C]. 2008 Spring Computer Simulation Conference, Paper Number: 08S - SIW - 037.

[127] 许素红, 吴晓燕, 等. 关于仿真可信性评估的探讨[J]. 计算机仿真, 2003, 20(4): 1 - 3.

[128] 张琪, 王达, 等. 概念模型的描述方法和验证过程[J]. 计算机仿真. 2004, 21(12):70-72.

[129] 张琰, 张宏俊, 等. 提高红外仿真系统精度与可信性研究[J]. 上海航天, 2002(5):27-29.

[130] 张淑丽, 杨遇峰, 等. 导弹仿真系统可信性评估的层次分析法[J]. 战术导弹技术, 2005(1):23-25.

[131] 郑伟, 汤国建. 基于区间估计的系统综合评判仿真方法[J]. 系统工程与电子技术, 2001,23(9):100-102.

[132] 周威, 谷奇平, 常显奇. 建模 VV&A 与仿真 VV&A 比较之浅见[J]. 计算机仿真, 2005,22(5):60-62.

[133] Cao Xingping, Huang Kedi. The Integration of VV&A and T&E[C]. 2002 Europe Computer Simulation Conference, Paper Number:02E-SIW-004.

[134] Volino P, Magnenat-Thalmann N. Accurate Garment Protyping and Simulation[J]. Computer-Aided Design(S0010-4485),2005,2:1-9.

[135] Sushil J, Louis, John McDonnell. Learning with Case Injected Genetic Algorithms[C]. IEEE Transactions on Evolutionary Computation, 2004.

[136] Marti S, Garcia-Molina H. Limited Reputation Sharing in P2P Systems[C]. Proceedings of the 5th ACM Conference on Electronic Commerce. 2004:91-101.

[137] The Most Misunderstood Friend of Models and Simulations[C]. 2000 Winter Computer Simulation Conference, Paper Number:00F-SIW-063.